सुपर जीनियस कंप्यूटर लर्नर 7

मनुज बजाज • **अनिल अहलावत**

बी.ई.
इंजीनियरिंग कॉलेज, दिल्ली

बी.ई.
पुणे यूनिवर्सिटी

भूमिका

प्रो. बी.पी. खण्डेलवाल
पूर्व चेयरमैन, सी.बी.एस.ई.

प्रभात प्रकाशन

प्रस्तावना

कंप्यूटर ही जीवन है—यह वाक्य अतिशयोक्ति नहीं कहा जाएगा; क्योंकि कंप्यूटर ने आज हमारे जीवन में एक अभिन्न स्थान बना लिया है। बैंकों से लेकर अस्पताल तक और घर से लेकर रेलवे स्टेशन तक, सभी जगह कंप्यूटर हमारा जीवन आसान करने में लगा है। आज हम सुबह उठने से लेकर देर रात सोने तक किसी-न-किसी तरह कंप्यूटर से जुड़े रहते हैं। इसके उदाहरण हैं—ई-मेल, मोबाइल फोन, ए.टी.एम. इत्यादि। आज टी.वी., रेडियो, कार, मौसम की जानकारी, बैंक कार्य, शिक्षा, खरीददारी, सीमाओं की रक्षा, मनोरंजन, स्वास्थ्य, यात्रा आदि लगभग सभी कार्य कंप्यूटर की सहायता से हो रहे हैं। इसलिए यह आवश्यक हो जाता है कि हम सभी कंप्यूटर के बारे में जानें, उस पर बेहतर कार्य करने के तौर-तरीके सीखें।

रटे-रटाए तरीकों से हम परीक्षाएँ तो पास कर सकते हैं, लेकिन कंप्यूटर को बेहतर ढंग से नहीं समझ सकते। यह गणित की भाँति है, अत: कंप्यूटर के सूत्र सीखकर हम इस पर तरह-तरह के रचनात्मक कार्य कर सकते हैं। इसी बात को ध्यान में रखकर यह **'सुपर जीनियस कंप्यूटर लर्नर'** शृंखला भाग 1 से 8 तक तैयार की गई है। हमारा उद्देश्य है कि प्रत्येक विद्यार्थी स्वयं कार्य करे और कंप्यूटर पर बेहतर ढंग से सभी एप्लीकेशंस को चलाना सीखे। विद्यार्थी जितना ज्यादा समय प्रायोगिक कार्य करेंगे, एप्लीकेशन को बेहतर ढंग से चलाना सीख पाएँगे। अत: इस पुस्तक में प्रायोगिक ज्ञान पर ज्यादा जोर दिया गया है। विभिन्न प्रोग्राम तथा उनके स्क्रीन देने से पुस्तक का महत्त्व बहुत बढ़ गया है। इनमें तो सीधे-सीधे यह समझाया गया है कि कंप्यूटर से क्या-क्या कार्य किए जा सकते हैं तथा किस प्रकार से कार्यों को बेहतर और त्वरित गति से किया जा सकता है। गहन अनुसंधान के बाद हमने यह पाठ्यक्रम तैयार किया है और उसका परिणाम आपके हाथों में है। हमें आशा ही नहीं, वरन् पूर्ण विश्वास है कि इन पुस्तकों से आप जो सीखेंगे, वह जीवन भर आपके लिए उपयोगी सिद्ध होगा।

—लेखकद्वय

प्रकाशक • **प्रभात प्रकाशन प्रा. लि.**
4/19 आसफ अली रोड,
नई दिल्ली-110002

संस्करण • 2026
मूल्य • तीन सौ पचास रुपए
मुद्रक • नरुला प्रिंटर्स, दिल्ली

SUPER GENIUS COMPUTER LEARNER-7
by Manuj Bajaj & Anil Ahlawat ₹ 350.00
Published by Prabhat Prakashan Pvt. Ltd, 4/19 Asaf Ali Road, New Delhi-2
e-mail: prabhatbooks@gmail.com ISBN 978-81-7315-929-9

भूमिका

आधुनिक युग के विकास में कंप्यूटर का अतुलनीय योगदान है। आज किसी भी क्षेत्र में कंप्यूटर की उपस्थिति अनिवार्य रूप में देखी जा सकती है। हमारे रोजमर्रा के लगभग सभी कार्य कंप्यूटर पर निर्भर हैं। बैंक का लेन-देन, रेल टिकट, ए.टी.एम. सेवा, मोटरकार व हवाई जहाज नियंत्रण, पुस्तक-प्रकाशन, दस्तावेज तैयार करना, फोटो, फिल्म व संगीत से जुड़े कार्य, कक्षा में पढ़ाई करना इत्यादि सभी कार्य कंप्यूटर की मदद से सरलता से, तेजी से और त्रुटिहीनता के साथ पूरे हो जाते हैं। यही कारण है कि आज के युग को 'कंप्यूटर का युग' कहा जाता है।

विज्ञान, तकनीकी, शोध, चिकित्सा, प्रौद्योगिकी, उड्डयन, संचार एवं शिक्षा के साथ-साथ कंप्यूटर ने कृषि के क्षेत्र में भी अहम भूमिका निभाई है। कंप्यूटर क्रांति ने विश्व को एकसूत्र में बाँध दिया है। इंटरनेट ने तो कंप्यूटर के प्रचार-प्रसार में और भी बड़ी भूमिका निभाई है। इंटरनेट के माध्यम से आज एक 'क्लिक' करके हम दुनिया के किसी भी कोने में पहुँच सकते हैं। इंटरनेट टेलीफोनी और इ-मेल ने संचार क्रांति को पंख लगा दिए हैं। इंटरनेट टेलीफोनी से हम लगभग नि:शुल्क दुनिया के किसी भी कोने में टेलीफोन की तरह बात कर सकते हैं। 'चैट' के जरिए 'लाइव' बातचीत की जा सकती है।

कंप्यूटर का विकास जिस द्रुत गति से हुआ है, उतना संभवत: दूसरा किसी का नहीं हुआ। आम बोलचाल की भाषा में कहें तो आज हर वस्तु का कंप्यूटरीकरण हो गया है। कंप्यूटर ने हर क्षेत्र को एक नया आयाम दे दिया है। कंप्यूटर के पास हमारे सभी प्रश्नों के उत्तर हैं।

कंप्यूटर-जगत् का विकास और विस्तार अंग्रेजी के माध्यम से आरंभ हुआ। अत: पठन-पाठन सामग्री भी अंग्रेजी में विकसित हुई। क्रमागत विकास के साथ-साथ विभिन्न देशों में विभिन्न भाषाओं में कंप्यूटर की शिक्षा दी जाने लगी है। इससे शिक्षार्थी कई भाषाओं में क्षमता विकसित कर रहे हैं।

हिंदी भाषा में इसे अपनाने के लिए आधारिक पाठ्यपुस्तकों का अभाव लग रहा था। अत: इस श्रृंखला द्वारा विद्यालयों में शुरू से ही हिंदी माध्यम से पढ़ने और अभ्यास द्वारा क्रमागत जानकारी देने का यह एक सराहनीय प्रयास हुआ है। इससे हिंदी-जगत् की एक बड़ी कमी की प्रतिपूर्ति हुई है। सरल भाषा में जानकारी उपलब्ध कराने से कंप्यूटर प्रयोग के ज्ञान और कौशल का विकास भविष्य में अनेकानेक लाभकारी व्यापक कार्यक्षेत्रों की उपलब्धि कराएगा। इसी पृष्ठभूमि में कंप्यूटर की कक्षा 1 से 8 तक के लिए अत्यंत सार्थक एवं उपयोगी श्रृंखला प्रकाशित हो रही है। यह प्रशंसनीय पहल है। इस श्रृंखला की पुस्तकों में भाग एक के कंप्यूटर की आरंभिक जानकारी दी गई है। इसके बाद के भागों में क्रमश: सॉफ्टवेयर, हार्डवेयर, सीडी, माइक्रोसॉफ्ट, पावर पॉइंट, फोटो शॉप, मूवी एडिटिंग सॉफ्टवेयर, ऑपरेटिंग सिस्टम, इंटरनेट, इ-मेल इत्यादि की जानकारी दी गई है, साथ ही इनके साथ कार्य करना इतनी सरलता से सिखाया गया है कि आप बिना किसी की सहायता के इन्हें स्वयं सीख सकते हैं। कोई विद्यार्थी इससे स्वयं भी सीख सकता है।

आशा ही नहीं, पूर्ण विश्वास है कि यह पुस्तक श्रृंखला कंप्यूटर अध्ययन और उसके 'मास्टर' बनने में अत्यंत उपयोगी सिद्ध होगी। साथ ही, इससे आम पाठक भी लाभान्वित हो सकेंगे।

—प्रो. बी.पी. खंडेलवाल
पूर्व चेयरमैन, सी.बी.एस.ई. एवं
शिक्षा निदेशक, उत्तर प्रदेश

विषय-सूची

माइक्रोसॉफ्ट ऑफिस

विजुअल बेसिक

फ्लैश

इ-मेलिंग (एडवांस्ड)

1 प्री-प्रिंटेड स्टेशनरी का प्रयोग

वर्ड 2003 में

प्री-प्रिंटेड स्टेशनरी

आपको यह जानकर आश्चर्य हो रहा होगा कि प्री-प्रिंटेड स्टेशनरी क्या है और वह कंप्यूटर में कैसे प्रयोग होती है। प्री-प्रिंटेड स्टेशनरी क्या है, यह समझने के लिए नीचे दिए गए उदाहरण देखिए।

मान लीजिए कि अगले सप्ताह आपका जन्मदिन है और आपके सभी मित्रों को भेजने के लिए निमंत्रण-पत्र तैयार करने हैं। आप पढ़ चुके हैं कि आप दो विधियों से निमंत्रण-पत्र बना सकते हैं।

- हाथ से
- कंप्यूटर से

यद्यपि हाथ से निमंत्रण बनाना अधिक व्यक्तिगत लगेगा, परंतु इसमें समय बहुत लगेगा। थकान लगेगी और साफ-सुथरा नहीं होगा और यदि आपको 15-20 निमंत्रण-पत्र बनाने हों तो सोचिए, कितना समय लगेगा। आपसे गलतियाँ भी होंगी जैसे गलत नाम लिखना और स्पेलिंग की गलती आदि।

वैकल्पिक रूप से आप जल्दी से क्लिप आर्ट या इंटरनेट से अच्छी, रंगीन ग्राफिक्स लेकर अपना स्वयं इन्वीटेशन बना सकते

हैं। इसके लिए आपको एक अच्छे रंगीन प्रिंटर की आवश्यकता होगी, जिससे उसे प्रिंट कर सकें। आप स्टेशनरी शॉप से पहले से डिजाइन किए गए इन्वीटेशन स्टेशनरी भी प्रयोग कर सकते हैं।

हम पिछली कक्षा में वर्ड में बर्थडे इन्वीटेशन कार्ड बनाना सीख चुके हैं। अच्छी बात यह है कि चूँकि स्टेशनरी सीट पहले से ही रंगीन है, अत: आपको अच्छी क्वालिटी के कलर प्रिंटर की आवश्यकता नहीं होगी। आप किसी ब्लैक एंड व्हाइट प्रिंटर का प्रयोग भी कर सकते हैं। यह ऊपर वर्णित विकल्पों की अपेक्षा अधिक सस्ता भी होगा।

आइए, अब यहाँ दिखाए गए इन्वीटेशन कार्ड को डिजाइन करना सीखें।

अतिरिक्त जानकारी : प्री-प्रिंटेड इन्वीटेशन स्टेशनरी

इन्वीटेशन स्टेशनरी स्थानीय स्टेशनरी की दूकान पर उपलब्ध होती है। ये कई थिम और स्टाइल में आती हैं, जैसे बर्थडे, न्यू इयर, हाउस वार्मिंग पार्टी, वर्षगाँठ आदि। कुछ इन्वीटेशन में साथ में लिफाफे भी आते हैं, जो देखने में बहुत अच्छे लगते हैं। अपने अगले बर्थडे के लिए आप इसे प्रयोग कर सकते हैं।

हम उदाहरण के लिए, नीचे दिखाए गए स्टेशनरी के हिस्से का प्रयोग करेंगे। आप अपने अवसर और उपलब्धता के अनुसार कोई दूसरी स्टेशनरी भी प्रयोग कर सकते हैं।

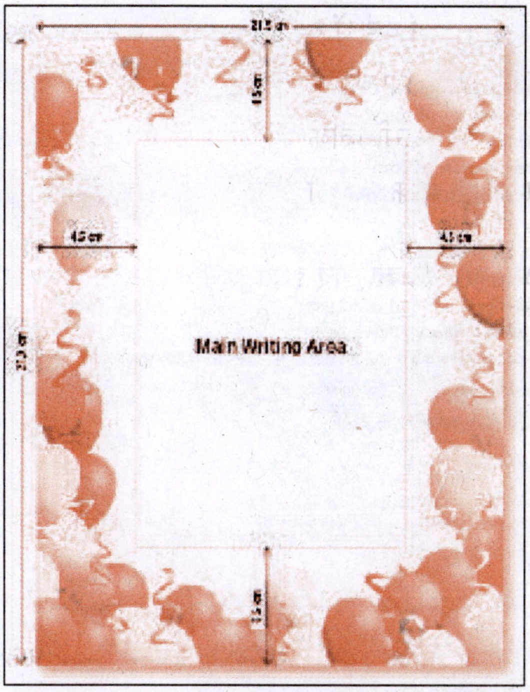

ऊपर जो स्टेशनरी दिखाई गई है उसका आकार 21.5 सेंटीमीटर चौड़ा और 27.9 सेंटीमीटर लंबा है। यह 8.5 × 11 इंच के अनुसार स्टैंडर्ड है, जिसे **लेटर साइज** कहते हैं। मार्जिन इस प्रकार है। ऊपर 4.5 सें.मी., नीचे 5.5 सें.मी., बाएँ 4.5 सें.मी., दाएँ 4.5 सें.मी.। डिफाल्ट से माइक्रोसॉफ्ट वर्ड को आकार को इंच में दिखाता है, जैसा कि बाईं ओर **File>Page Setup>Paper** क्लिक करने से आनेवाले स्क्रीन शॉट में दिखाया गया है। इंच के निशान (") पर ध्यान दीजिए जो 8.5" चौड़ाई और 11" ऊँचाई का पेपर दिखा रहा है।

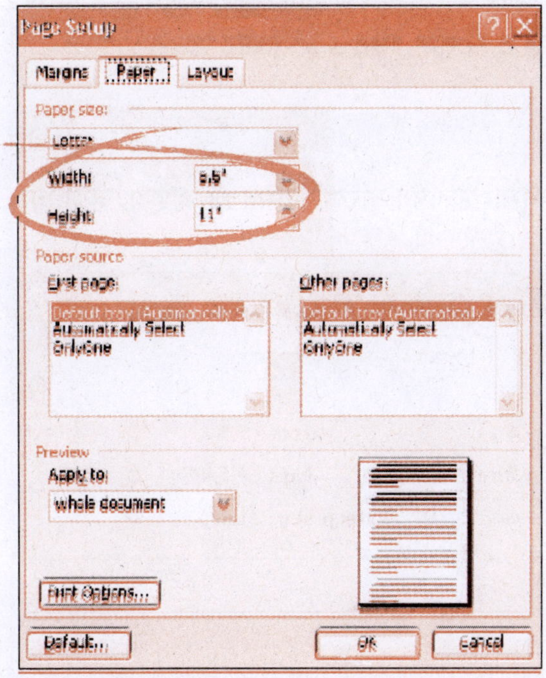

हम डिमेंशन को **Tools> Options** पर क्लिक करके सेंटीमीटर में भी बदल सकते हैं। Options डायलॉग बॉक्स आ जाता है, जैसा कि दिखाया जाता है। Measurement units को Centimeters में बदलिए। OK बटन पर क्लिक करिए।

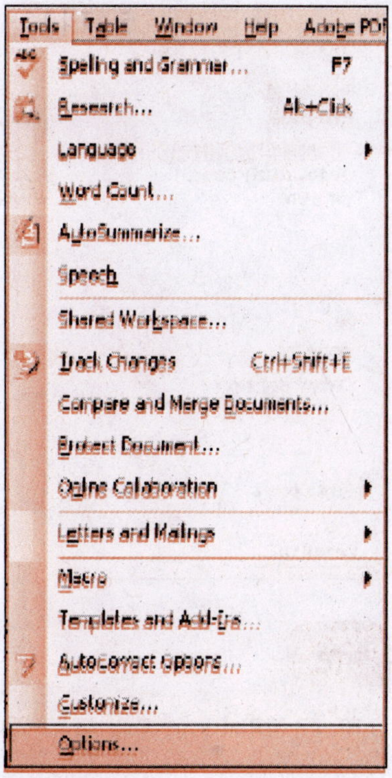

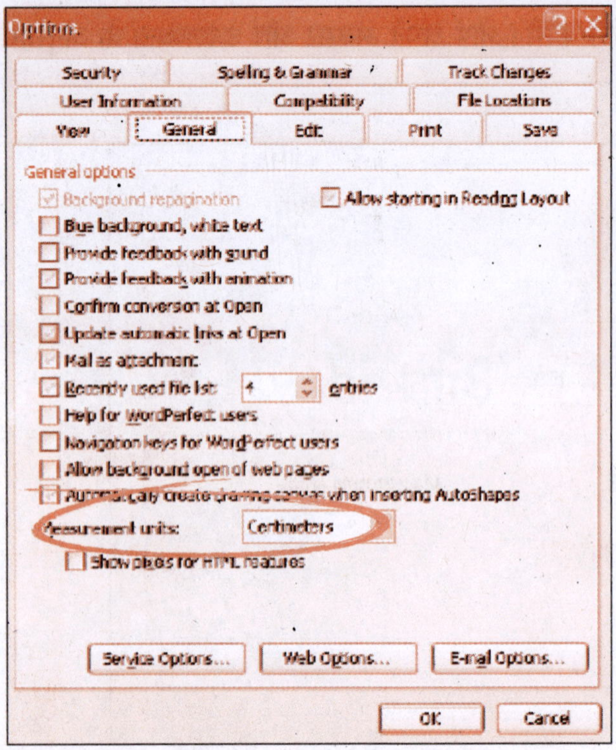

अब **File>Page Setup** विकल्प चुनिए।

स्क्रीन पर **Page Setup** डायलॉग बॉक्स आ जाता है। **Paper** टैब पर क्लिक करिए। अब पेपर की ऊँचाई और चौड़ाई सेंटीमीटर में दिखाई जाएगी।

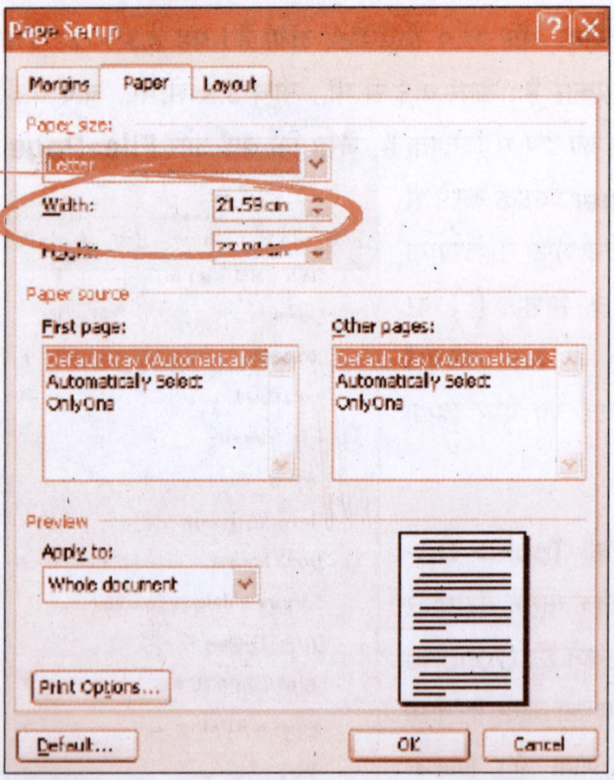

अब **Margins** टैब पर क्लिक करिए। जैसा चित्र में दिखाया गया है वैसे मार्जिन सेट करिए। टॉप 4.5 सें.मी., बॉटम 5.5 सें.मी. लेफ्ट 4.5 सें.मी., राइट 4.5 सें.मी.

मार्जिन के अनुसार टाइपिंग एरिया सीमित हो जाएगा, जैसा कि

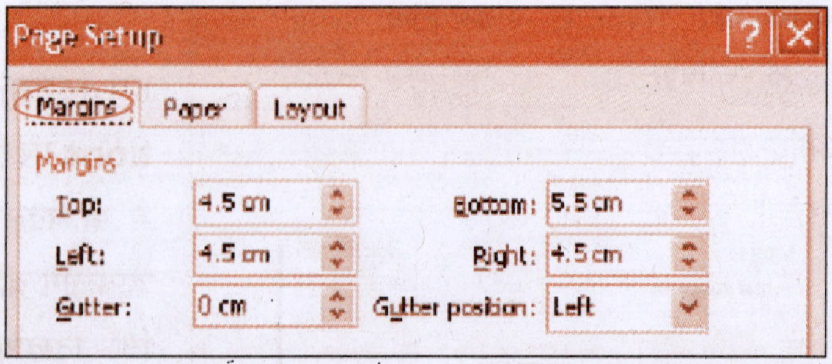

नोट

मार्जिन चुनी गई स्टेशनरी के अनुसार भिन्न हो सकती है।

दिखाया गया है। इन्वीटेशन का मैटर टाइप करिए, जैसा कि ऊपर दिखाया गया है।

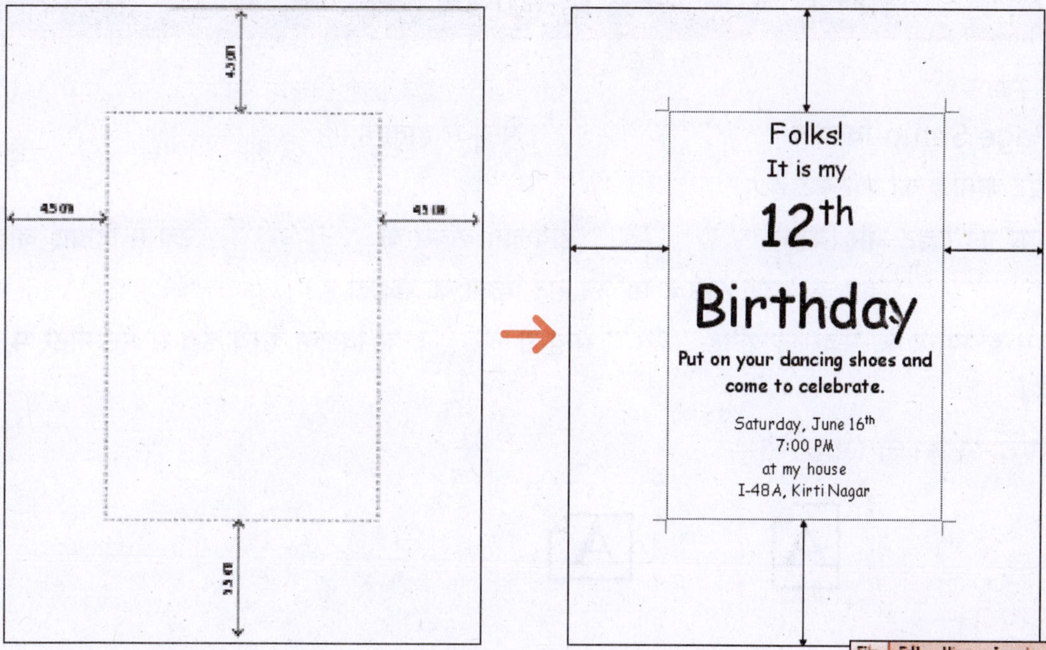

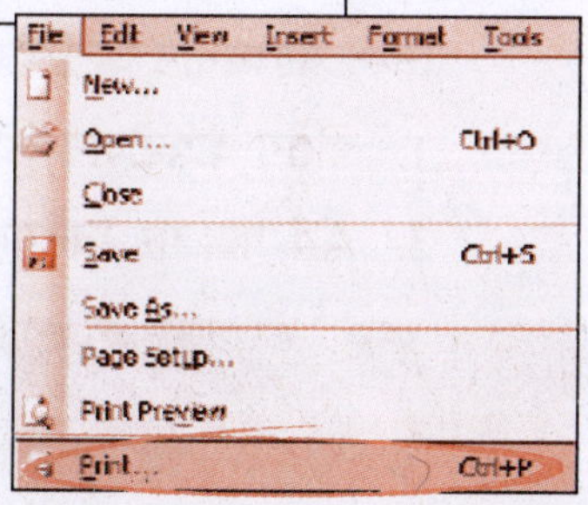

File menu **> Print** पर क्लिक करके या **Ctrl+P** दबाकर इन्वीटेशन प्रिंट करिए। Print कमांड देने से पहले प्रिंटर में लगे हुए कागज को जाँच लें और याद रखें। आप सादे कागज पर टेक्स्ट प्रिंट निकालकर कागज की सही स्थिति और ओरिएंटेशन सुनिश्चित कर सकते हैं और स्टेशनरी बरबाद होने से बचा सकते हैं।

प्री-प्रिंटेड स्टेशनरी पर टाइप किए गए टेक्स्ट को प्रिंट करने के बाद आपका इन्वीटेशन इस तरह दिखाई देगा, जैसा यहाँ चित्र में दिखाई देगा।

आपकी स्टेशनरी, साइज और मार्जिन के अनुसार परिणाम भिन्न हो सकते हैं।

अब आप प्री-प्रिंटेड स्टेशनरी पर प्रिंट निकालना सीख चुके हैं, अत: अपने मम्मी, पापा, रिश्तेदारों, क्लास टीचर इत्यादि को उनकी एप्लीकेशन, लेटर, रिपोर्ट, नोटिश, मैमो आदि उनकी स्टेशनरी पर जैसे लेटर हैड, लिफाफे आदि पर प्रिंट करने की सहायता प्रदान कर सकते हैं। यह साधारण, अच्छा, तेज और स्मार्ट तरीका है।

याद करें

1. डिफाल्ट द्वारा वर्ड डॉक्यूमेंट की नाप को इंच में दिखाता है।
2. आप डिफाल्ट मेजरमेंट को Tools>Options>General सिलेक्ट करके दूसरी यूनिट में बदल सकते हैं।

अभ्यास

(अ) रिक्त स्थान भरें—

1. Page Setup विकल्प .... मेन्यू में होता है।
2. प्रिंट कमांड का शॉर्टकट है : .... ।
3. पेपर की हाइट और विड्थ .... डायलॉग बॉक्स के .... टैब में दिखाई जाती है।
4. ....बार का प्रयोग करके मार्जिन सेट किया जा सकता है।
5. हम डॉक्यूमेंट की मेजरमेंट यूनिट .... मेन्यू से ....पर क्लिक करके इंच से सेंटीमीटर में बदल सकते हैं।

(ब) ओरिएंटेशन का लेबल करिए—

(स) एक्टिविटी—

निम्न को बनाने के लिए प्री-प्रिंटेड स्टेशनरी का प्रयोग करिए।

1. पेंटिंग कंपटीशन का नोटिस
2. मीटिंग के लिए सर्कुलर
3. A4 पेज पर रेक्टेंगुलर एरिया देकर छात्रों को कुछ मैटर उस एरिया में फिट करने के लिए कहें।

बहुविकल्पीय प्रश्न

निम्नलिखित चार विकल्पों में से सही विकल्प पर (✔) निशान लगाएँ।

1. डिफाल्ट मोड में माइक्रोसॉफ्ट वर्ड डॉक्यूमेंट का डाइमेंशन इसमें दिखाता है।

अ. सेंटीमीटर — ब. इंच

स. मिलीमीटर — द. पिक्सल्स

2. डॉक्यूमेंट का ओरिएंटेशन यह हो सकता है।

अ. केवल पोट्रेट — ब. केवल लैंडस्केप

स. एक ही समय में अ और ब दोनों — द. एक समय में केवल अ या ब

3. Page Setup ऑप्शन प्रयोग होता है।

अ. मार्जिन — ब. लेआउट

स. पेपर सिलेक्शन — द. उपर्युक्त सभी

4. प्रिंट कमांड का शॉर्टकट है।

अ. Ctrl+P — ब. Alt+P

स. Shift+P — द. इनमें से कोई नहीं

2 एक्सेल में फंक्शंस

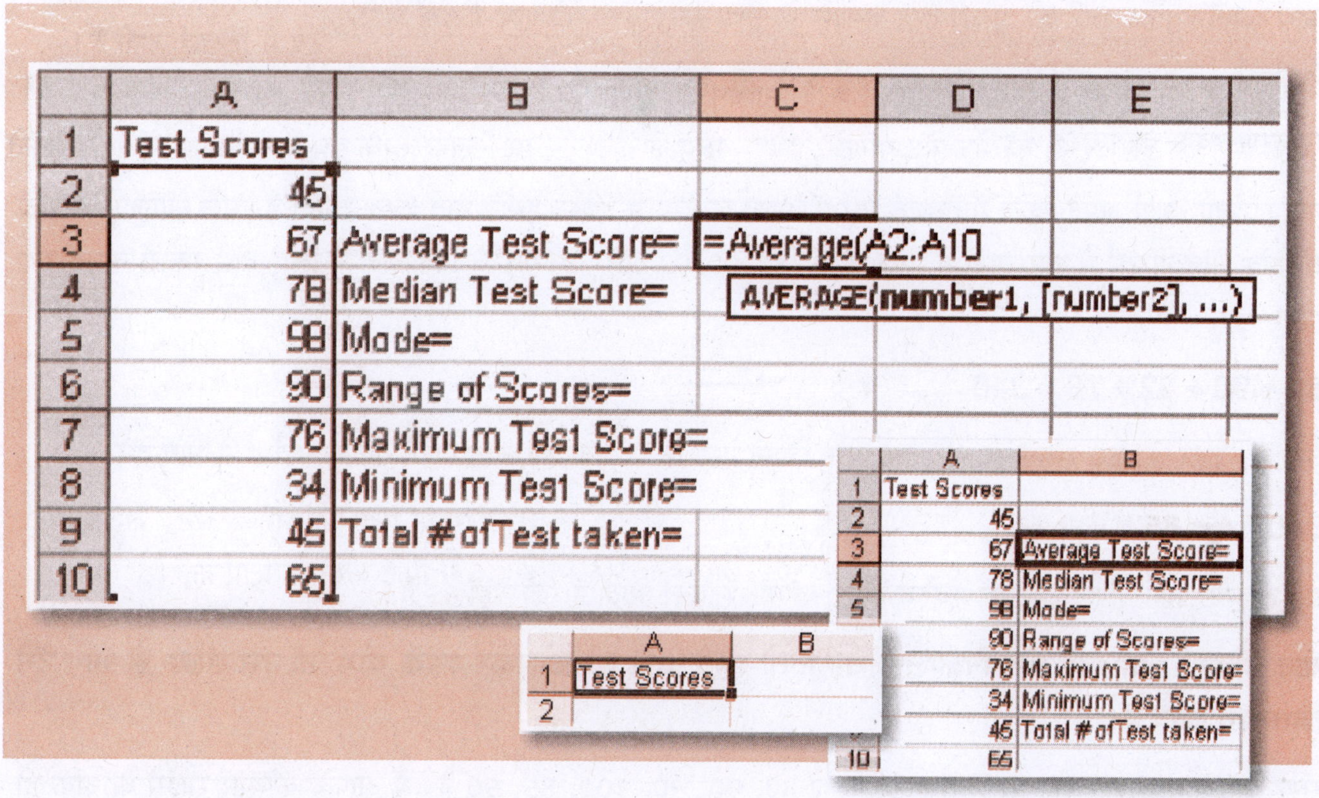

हम पिछली कक्षा में पढ़ चुके हैं कि माइक्रोसॉफ्ट एक्सेल बेसिक कैलकुलेशन कर सकता है; जैसे—जोड़, घटाना, गुणा, भाग। हम समझ चुके हैं कि एक्सेल सभी कैलकुलेशन गणित के महत्त्वपूर्ण नियम BODMAS (ब्रैकेट ऑफ डिवीजन, मल्टीप्लिकेशन, एडिशन, सब्ट्रैक्शन) के आधार पर करता है। इस अध्याय में हम एक्सेल का प्रयोग उसकी वास्तविक शक्ति को देखने के लिए एडवांस कैलकुलेशन के लिए प्रयोग करें।

क्या आप जानते हैं कि एक्सेल में बिल्ट इन फॉर्मूला और फंक्शन होते हैं, जो कैलकुलेशन की प्रक्रिया को साधारण और तेज गति से कर सकते हैं। इन इनबिल्ट फंक्शन का प्रयोग करके हम मीन, मीडियन, मोड और रेंज कैलकुलेट करना सीखेंगे। हम अपने स्वयं के फॉर्मूले बना सकते हैं, जिन्हें प्रयोग करके एरिया, पैरिमीटर, प्रोफिट और लॉस, सिंपल इंट्रेस्ट आदि कैलकुलेट करना सीखेंगे। आप इन सबके बारे में अपनी गणित की कक्षा में पढ़ चुके होंगे। आइए, अब आगे बढ़ें और इन्हें कंप्यूटर में पढ़ें। लेकिन पहली चीजें पहले। हमें बेसिक कंसेप्ट समझने से आरंभ करना चाहिए।

मीन, मीडियन, मोड और रेंज

मीन, मीडियन, मोड और रेंज क्या है?

हम मीन, मीडियन, मोड और रेंज का प्रयोग एवरेज वैल्यू रिपिटिव वैल्यू, मीडिल वैल्यू, मैक्सिमम और मिनिमम वैल्यू प्राप्त करने के लिए करते हैं। मीन, मीडियन और मोड सभी प्रकार के एवरेज हैं और प्रत्येक विशेष प्रकार की स्थिति में सर्वोत्तम कार्य करता है। इन सभी को अच्छी तरह समझने के लिए हमें उनकी परिभाषा देखनी चाहिए।

मीन एक सबसे अधिक कॉमन प्रकार का एवरेज है और इसे सामान्यतः अर्थ मैटिक मीन कहते हैं। अर्थ मैटिक मीन एक साधारण प्रकार का एवरेज है।

मान लीजिए, आप अपने स्कूल में पिछली टर्म में गणित के टेस्ट में एवरेज स्कोर ज्ञात करना चाहते हैं। मान लीजिए, आपको जो अंक पिछली टर्म में चार टेस्टों में मिले वे हैं—80, 90, 92 और 78। एवरेज निकालने के लिए चारों स्कोरों को जोड़ना होगा—

80 + 90 + 92 + 78 = 340

अब इस उत्तर को उस संख्या से भाग देना होगा जितने टेस्ट के ये अंक हैं। उदाहरण के लिए, यहाँ 4 से भाग देंगे।

340 / 4 = 85

इस तरह आपका गणित टेस्ट का एवरेज स्कोर या मीन निकल आता है, जो यहाँ 85 है।

याद रखिए : आप जब मीन निकालना चाहेंगे तो सभी वैल्यू को जोड़कर उसके योग को उस संख्या से भाग देंगे जितनी वे वैल्यू हैं।

संख्याओं के एक और सेट पर विचार करिए जो **80, 90, 90, 100, 85, 90** है। ये आपके कंप्यूटर साइंस के अंक हो सकते हैं। संख्याओं को जोड़िए और संख्या से भाग दीजिए जितने ये अंक हैं **(80 + 90 + 90 + 100 + 85 + 90) / 6 = (535 / 6) = 89.16** इस प्रकार इस स्थिति में 89.16 मीन है।

मीडियन वह बीच वाला नंबर होता है, जो संख्याओं की क्रमवार सूची में बीच में आता है। मीडियन को समझने के लिए आइए एक प्रश्न लेते हैं—"**कर्मचारियों के वेतन का मीडियन क्या है?**" उदाहरण के लिए, 9 कर्मचारियों के वेतन हैं—**6000, 4000, 67000, 23000, 6000, 98000 8000, 16000, 37000**

मीडियन निकालने के लिए पहले लिस्ट में दी गई वैल्यू को बढ़ते हुए क्रम में व्यवस्थित करना होगा और फिर यह ज्ञात करना होगा कि मध्य में कौन सी वैल्यू है। **4000, 6000, 6000, 8000, 16000, 23000, 37000, 67000 और 98000 अब मध्य में कौन सी वैल्यू है?** यहाँ 9 संख्याएँ हैं। अतः मध्य वाली संख्या पाँचवीं है, जो **16000** है, अतः इसका **16000** मीडियन है।

वैल्यू के एक और सेट पर विचार करिए : 30, 30, 30, 45, 56, 77। इस स्थिति में लिस्ट में वैल्यू के इवेन नंबर है। ऐसी स्थिति में आप मीडियन कैसे निकालेंगे? ऐसी स्थिति में जब वैल्यू इवेन नंबर होती है तो बीच के दो नंबर का मीन मीडियन

होता है। इसलिए इस स्थिति में बीच के दो नंबर 30 और 45 हैं। इनका मीन (30 + 45) / 2 = 75 / 2 = 37.5 है। इस तरह मीडियन 37.5 है।

नोट : मीडियन

जब संख्याएँ ऑड नंबर में होती हैं, तो उनका मीडियन बीचवाला नंबर होता है। जब संख्याएँ इवेन नंबर में होती हैं तो उनका मीडियन बीचवाली दो संख्याओं का मीन होता है।

मोड एक अन्य प्रकार का एवरेज होता है, जिसे आप विभिन्न स्थितियों में जानना चाहते हैं।

मोड वह नंबर होता है, जो बार-बार आता है। ऊपरवाले उदाहरण में **6000** मोड होगा, क्योंकि वह दोबारा आ रहा है। जबकि बाकी संख्याएँ एक बार ही आ रही हैं। ऊपर मीडियन के दूसरे उदाहरण में 30 संख्या तीन बार आ रही है, अत: मोड 30 होगा। डेटा के एक सेट में एक से अधिक मोड भी हो सकते हैं।

सबसे कम और सबसे अधिक वैल्यू के अंतराल को **रेंज** कहते हैं। उपर्युक्त वर्णित दूसरे उदाहरण में रेंज (77–30 = 47) है। रेंज यह बताती है कि डेटा कितना फैला हुआ है।

मीन, मीडियन, मोड, रेंज, मैक्स, मिन, काउंट की गणना करने के लिए एक्सेल का प्रयोग

मीन, मीडियन, मोड, रेंज, मैक्स, मिन और काउंट एक्सेल में कैसे कैलकुलेट करें, इसका निर्देश नीचे दिया गया है। आप या तो अपना डेटा टाइप करके प्रयोग कर सकते हैं अथवा इस पुस्तक में प्रयोग किया गया डेटा **www.mtges.com** से डाउनलोड कर सकते हैं।

1. एक्सेल खोलिए।
2. सेल **A1** को अपने डेटा के अनुसार लेबल करिए। उदाहरण के लिए, हमारा डेटा टेस्ट स्कोर है, अत: कॉलम को "Test Scores" लेबल करिए।

	A	B
1	Test Scores	
2		

3. कॉलम **A** में अपना डेटा रखिए। (सेल **A2** से आरंभ करके **A10** तक)सेल **B3** में एवरेज टेस्ट स्कोर टाइप करिए। कॉलम **B** को टेक्स्ट से पूरी तरह भरिए, जैसे कि दिखाया गया है। जब यह कार्य पूरा हो जाएगा तो आपकी स्प्रेडशीट ऐसी दिखेगी जैसा नमूना यहाँ दिखाया गया है।

	A	B
1	Test Scores	
2	45	
3	67	Average Test Score=
4	78	Median Test Score=
5	98	Mode=
6	90	Range of Scores=
7	76	Maximum Test Score=
8	34	Minimum Test Score=
9	45	Total # of test taken=
10	65	

नोट : फॉर्मूला और फंक्शन

एक्सेल में **फॉर्मूला** एक गणितीय समीकरण है, जो वैल्यू कैलकुलेट करने के लिए प्रयोग होता है और इसे = के चिह्न से आरंभ होना चाहिए। फंक्शन एक पहले से बनाया गया फॉर्मूला है जो निश्चित वैल्यू को एक निश्चित क्रम में कैलकुलेट करता है। एक्सेल में सैकड़ों फंक्शन होते हैं, जो साधारण या जटिल गणनाएँ करने के लिए प्रयोग होते हैं; जैसे एवरेज, मीडियन, मोड, मिन, मैक्स, काउंट आदि।

4. अब सेल **C3** में **=Average(A2:A10)** टाइप करिए। आप सेल **A2–A10** को भी हाईलाइट कर सकते हैं। ध्यान दीजिए कि एवरेज एक्सेल में पहले से उपलब्ध फंक्शन होता है।

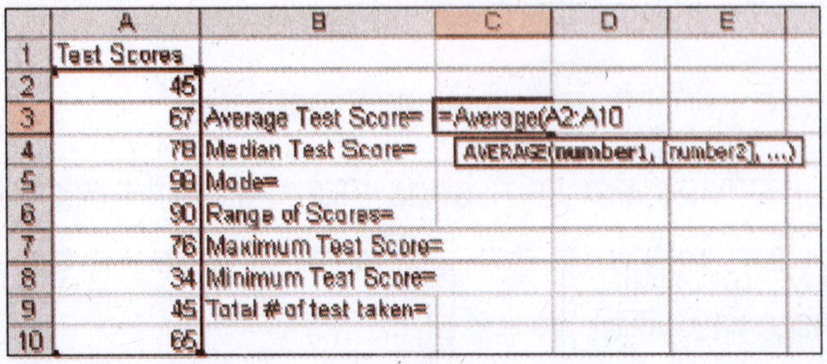

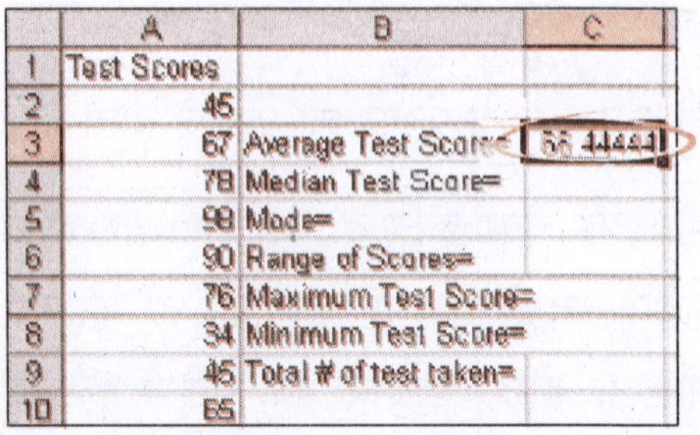

5. अब **Enter** की दबाइए तो उस सेल में एक नंबर आ जाएगा, यह आपके डेटा पॉइंटस का अर्थ मैटिक मीन है।

6. सेल **C4** में **=Median(A2:A10)** टाइप करिए और **Enter** दबाइए। यह नंबर आपके डेटा पॉइंट का **मीडियन** है।

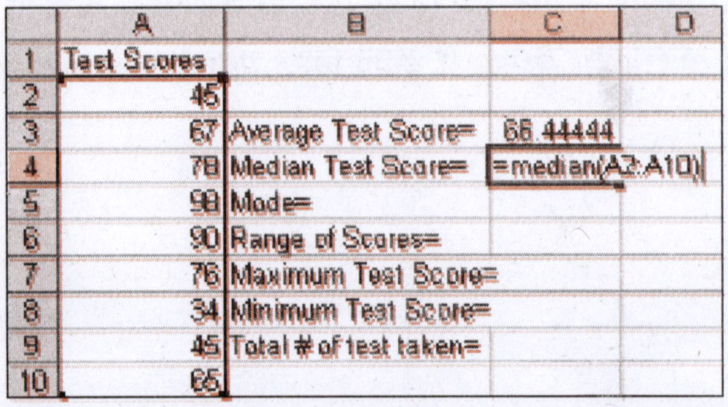

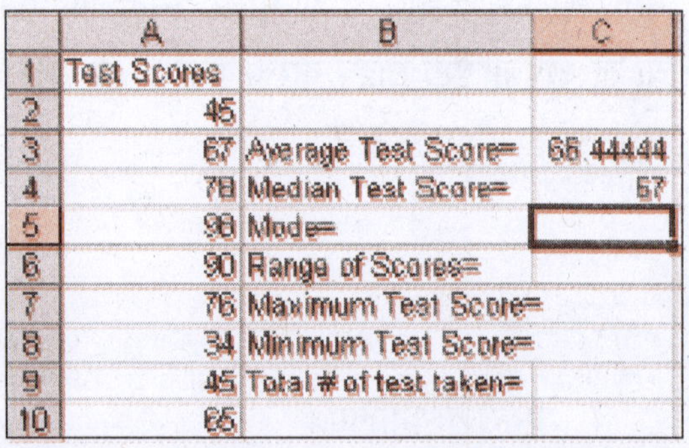

7. सेल **C5** में **= Mode(A2:A10)** टाइप करिए और **Enter** दबाइए। यह नंबर आपके डेटा पॉइंट का **मोड** है। आप अपनी डेटा वैल्यू को हाईलाइट करके **Enter** दबा सकते हैं।

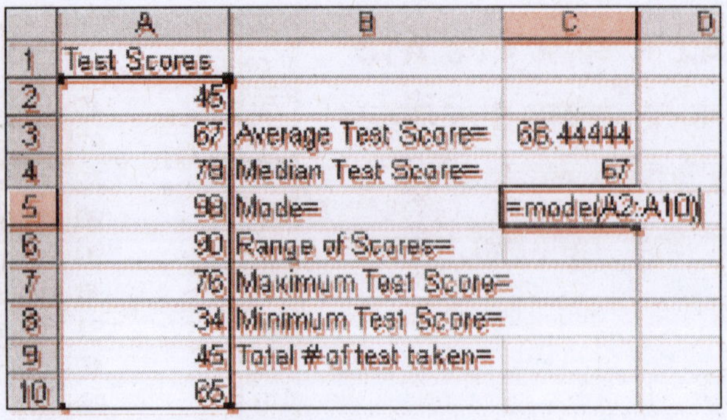

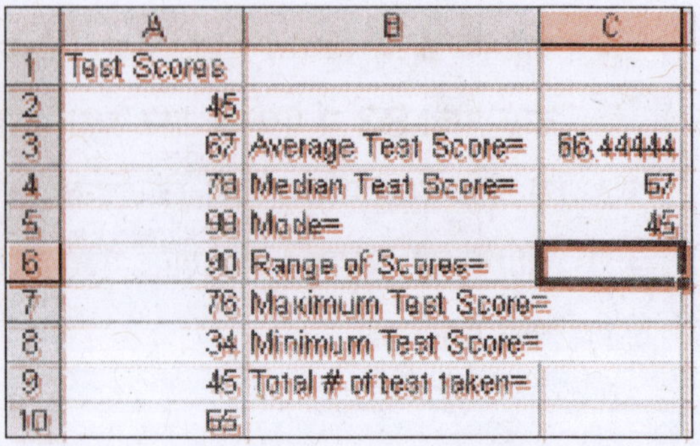

8. **C6** में **=Max(A2:A10) – Min(A2:A10)** टाइप करिए और **Enter** दबाइए। यह लिस्ट में मिनिमम और मैक्सिमम नंबर के बीच का अंतराल कैलकुलेट करेगा, जो कि **रेंज** है।

	A	B	C	D	E
1	Test Scores				
2	45				
3	67	Average Test Score=	66.44444		
4	78	Median Test Score=	67		
5	98	Mode=	45		
6	90	Range of Scores=	=MAX(A2:A10)-MIN(A2:A10)		
7	76	Maximum Test Score=			
8	34	Minimum Test Score=			
9	45	Total # of test taken=			
10	65				

	A	B	C
1	Test Scores		
2	45		
3	67	Average Test Score=	66.444444
4	78	Median Test Score=	67
5	98	Mode=	45
6	90	Range of Scores=	64
7	76	Maximum Test Score=	
8	34	Minimum Test Score=	
9	45	Total # of test taken=	
10	65		

9. **C7** में **=Max(A2:A10)** टाइप करिए और **Enter** दबाइए।

	A	B	C
1	Test Scores		
2	45		
3	67	Average Test Score=	66.444444
4	78	Median Test Score=	67
5	98	Mode=	45
6	90	Range of Scores=	64
7	76	Maximum Test Score=	=max(A2:A10)
8	34	Minimum Test Score=	
9	45	Total # of test taken=	
10	65		

	A	B	C
1	Test Scores		
2	45		
3	67	Average Test Score=	66.444444
4	78	Median Test Score=	67
5	98	Mode=	45
6	90	Range of Scores=	64
7	76	Maximum Test Score=	98
8	34	Minimum Test Score=	
9	45	Total # of test taken=	
10	65		

10. **C8** में **=Min(A2:A10)** टाइप करिए और **Enter** दबाइए।

	A	B	C
1	Test Scores		
2	45		
3	67	Average Test Score=	66.444444
4	78	Median Test Score=	67
5	98	Mode=	45
6	90	Range of Scores=	64
7	76	Maximum Test Score=	98
8	34	Minimum Test Score=	=min(A2:A10)
9	45	Total # of test taken=	
10	65		

	A	B	C
1	Test Scores		
2	45		
3	67	Average Test Score=	66.444444
4	78	Median Test Score=	67
5	98	Mode=	45
6	90	Range of Scores=	64
7	76	Maximum Test Score=	98
8	34	Minimum Test Score=	34
9	45	Total # of test taken=	
10	65		

11. **C9** में **=Count(A2:A10)** टाइप करिए और **Enter** दबाइए।

	A	B	C
1	Test Scores		
2	45		
3	67	Average Test Score=	66.444444
4	78	Median Test Score=	67
5	98	Mode=	45
6	90	Range of Scores=	64
7	76	Maximum Test Score=	98
8	34	Minimum Test Score=	34
9	45	Total # of test taken=	=count(A2:A10)
10	65		

	A	B	C
1	Test Scores		
2	45		
3	67	Average Test Score=	66.444444
4	78	Median Test Score=	67
5	98	Mode=	45
6	90	Range of Scores=	64
7	76	Maximum Test Score=	98
8	34	Minimum Test Score=	34
9	45	Total # of test taken=	9
10	65		

नोट : सेलेक्टिंग / हाईलाइटिंग सेल रेंज

आपको प्रत्येक बार (A2 : A10) टाइप करने की आवश्यकता नहीं बल्कि इन सेलों को हाईलाइट करने के लिए माउस से क्लिक और ड्रैग करके Enter दबा सकते हैं। इस तरह एक्सेल में काम की गति बढ़ जाती है।

याद करें

1. **MEAN** सबसे अधिक प्रयोग होनेवाला ऐवरेज है और अकसर अर्थ मैटिक मीन को रेफर करता है।
2. **MEDIAN** बीच वाली संख्या है, जो किन्हीं संख्याओं की क्रमवाली सूची के मध्य में होती है।
3. **MODE** वह संख्या है, जो बार-बार आती है।
4. **RANGE** सूची में सबसे बड़ी और सबसे छोटी संख्या के बीच का अंतर होता है।
5. फॉर्मूला गणितीय सूत्र है, जो वैल्यू कैलकुलेट करने के लिए प्रयोग होता है और = के चिह्न से शुरू किया जाता है।
6. फंक्शन एक प्रिडिफाइंड फॉर्मूला है, जो एक निश्चत क्रम में किन्हीं विशेष वैल्यू का प्रयोग करके कैलकुलेशन करता है।

अभ्यास

(अ) निम्न के लिए फॉर्मूला लिखिए—

1. Mean ....
2. Median ....
3. Mode ....
4. Range ....

	Set 1	Set 2	Set 3	Set 4
1				
2				
3				
4				
5				
6	Mean	Med	Mode	Range

(ब) एक्सेल का प्रयोग करके निम्न कार्य करिए—

अपनी कक्षा के बच्चों के एक यूनिट टेस्ट में मिले टोटल मार्क्स एंटर करिए और मीन, मीडियन, मोड व रेंज कैलकुलेट करिए।

बहुविकल्पीय प्रश्न

निम्नलिखित चार विकल्पों में से सही विकल्प पर (✔) निशान लगाएँ।

1. सबसे अधिक प्रयोग होनेवाले एवरेज को कैलकुलेट करने का फॉर्मूला है—

अ. Median ब. Mean

स. Mode द. Range

2. दी गई संख्याओं के सेट का अर्थ मैटिक मीन कैलकुलेट करने का फंक्शन है—

अ. = Avg(number1, number2, ...)

ब. = Average(number1, number2, ...)

स. = Ave(number1, number2, ...)

द. = Mean(number1, number2, ...)

3. दी गई संख्याओं के सेट का मीडियन कैलकुलेट करने का फंक्शन है—

अ. = Median (number1, number2, ...)

ब. = Med(number1, number2, ...)

स. अ और ब दोनों

द. इनमें से कोई नहीं

4. दी गई संख्याओं के सेट का मोड कैलकुलेट करने का फंक्शन है—

अ. = Median (number1, number2, ...)

ब. = Mod(number1, number2, ...)

स. अ और ब दोनों

द. इनमें से कोई नहीं

5. दी गई संख्याओं के सेट का रेंज कैलकुलेट करने का फंक्शन है—

अ. = Range(number1, number2, ...)

ब. = Max(number1, number2, ...) − **Min** (number1, number2,...........)

स. = Ran(number1, number2, ...)

द. इनमें से कोई नहीं

6. एक्सेल में संख्याओं की रेंज में सबसे बड़ी संख्या कैलकुलेट करने के लिए यह फंक्शन प्रयोग किया जाएगा—

अ. = Max(number1, number2, ...)

ब. = Maximum(number1, number2, ...)

स. अ और ब दोनों

द. इनमें से कोई नहीं

3 एक्सेल में फॉर्मूला

इंटरेस्ट, प्रोफिट व लॉस, एरिया और पेरिमीटर कैलकुलेट करना

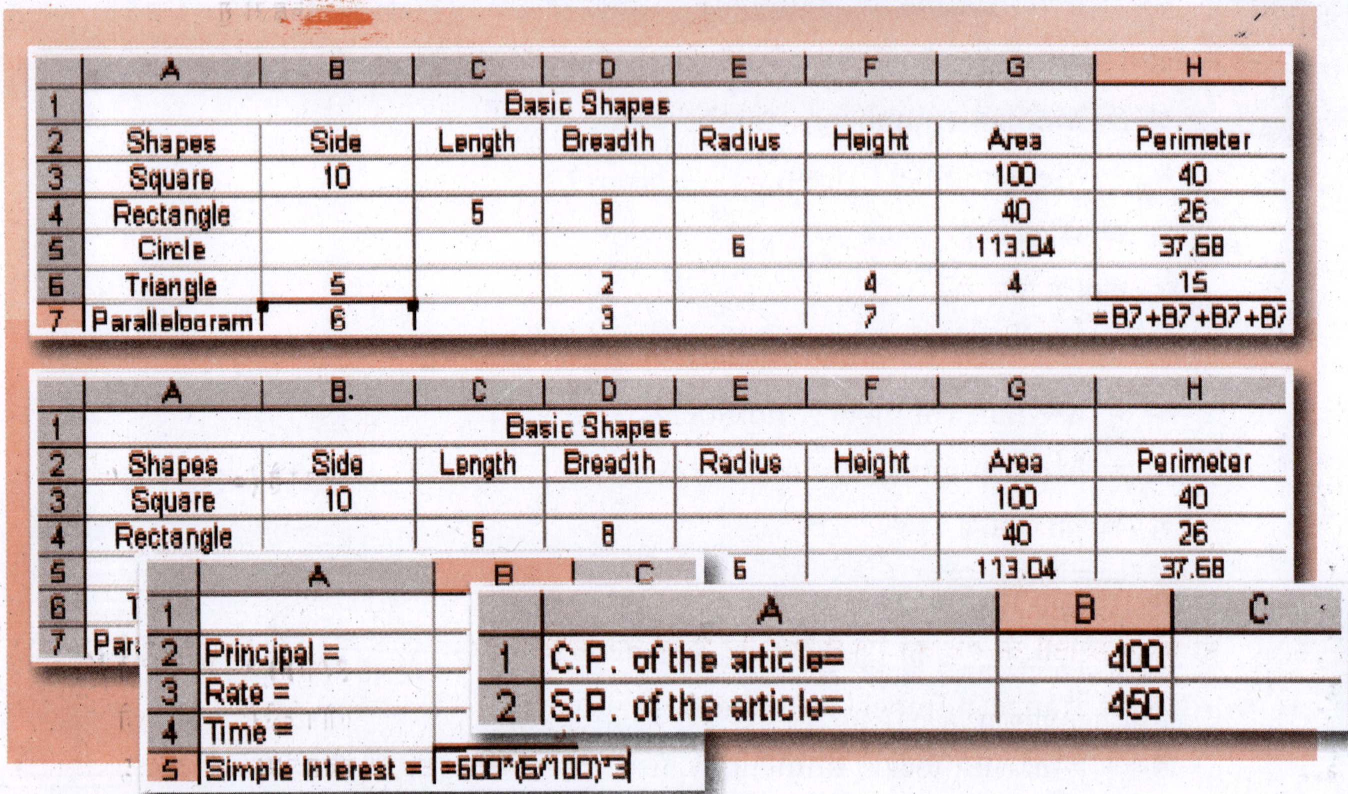

अब हम एक्सेल को साधारण इंटरेस्ट कैलकुलेट करने के लिए प्रयोग करना सीखेंगे। क्या आपने अपनी गणित की कक्षा में साधारण इंटरेस्ट (ब्याज) के बारे में पढ़ा है?

साधारण इंटरेस्ट क्या है?

साधारण इंटरेस्ट का अर्थ क्या है, यह समझने के लिए आइए, एक उदाहरण दें। मान लीजिए, आपने बैंक से एक निश्चित अवधि के लिए कुछ धन उधार लिया है। बैंक आपको दिए गए पैसे पर कुछ शुल्क लेगा। इसके रेट के अनुसार आपको बैंक को धन वापस करते समय कुछ अतिरिक्त पैसा देना होगा। यह अतिरिक्त पैसा साधारण इंटरेस्ट कहलाता है। **साधारण इंटरेस्ट** केवल **मूलधन** (जो पैसा उधार लिया गया है) पर कैलकुलेट किया जाता है। इंटरेस्ट की राशि इंटरेस्ट के रेट, उधार लिये गए पैसे और जितने समय के लिए उधार लिया गया है उस अवधि पर निर्भर करता है।

साधारण इंटरेस्ट निकालने का फॉर्मूला है : $= \dfrac{(\text{Principal} \times \text{Rate} \times \text{Time})}{100}$

यहाँ **रेट** किसी अवधि के लिए साधारण रेट है, **प्रिंसपल** आरंभिक बैलेंस है और **समय** की अवधि है।

साधारण इंटरेस्ट कंप्यूट करने के लिए एक्सेल का प्रयोग

Simple Interest = Principal × (Rate/100) × Time (Years)

Rate = Interest for 1 year/ Principal × 100

उदाहरण : 600 रुपए पर 6% वार्षिक की दर से तीन वर्षों के लिए साधारण इंटरेस्ट निकालिए।

नोट : फॉर्मूला

फॉर्मूला एक गणितीय समीकरण है, जो वैल्यू कैलकुलेट करने के लिए प्रयोग होता है और (=) चिह्न से शुरू होता है।

हल—

1. एक्सेल खोलकर निम्न प्रकार डेटा टाइप करिए।

	A	B
1		
2	Principal =	600
3	Rate =	6
4	Time =	3

2. साधारण इंटरेस्ट कैलकुलेट करने के लिए **B5** सेल में फॉर्मूला लिखिए, जैसा कि दिखाया गया है **(=600*(6/100)*3)**

नोट : वही परिणाम

क्या आपने कभी सोचा है कि यदि आप संख्याओं के स्थान पर सेल नंबर **(=B2*(B3/100)*B4)** लिखेंगे तो भी वही परिणाम मिलेगा? हाँ, यदि आप B5 सेल में फॉर्मूला में सेल नंबर प्रयोग करेंगे तो भी वही परिणाम मिलेगा। लेकिन आपका कैलकुलेशन सजीव हो जाता है। यदि आप कोई संख्या जैसे प्रिंसपल, रेट, टाइम (600, 6,3) बदलेंगे तो साधारण इंटरेस्ट का परिणाम भी तुरंत बदल जाएगा।

	A	B	C
1			
2	Principal =	600	
3	Rate =	6	
4	Time =	3	
5	Simple Interest =	=600*(6/100)*3	

3. Enter दबाइए तो साधारण इंटरेस्ट निम्न प्रकार कंप्यूट हो जाएगा—

	A	B	C
1			
2	Principal =	600	
3	Rate =	6	
4	Time =	3	
5	Simple Interest =	108	

प्रोफिट और लॉस कैलकुलेट करना

इस टॉपिक में किसी व्यक्ति द्वारा किसी दूसरे को अपनी चीज बेचने के उदाहरण को ध्यान में रखते हुए स्थिति का वर्णन किया गया है।

Cost price वह मूल्य है जितने में वह सामान दूकान के मालिक को मिला (इसे C.P. भी कहते हैं।)

Selling price वह है जिस मूल्य पर वस्तु को बेचा जा रहा है। (इसे S.P. भी कहते हैं।)

यदि दुकानदार किसी वस्तु को खरीदे गए मूल्य से अधिक में बेच रहा है तो उसका अंतर प्रोफिट कहलाएगा।

Profit = selling price − cost price

यदि दुकानदार किसी वस्तु को खरीदे गए मूल्य से कम में बेच रहा है तो उसका अंतर लॉस कहलाएगा।

Loss = cost price − selling price

प्रोफिट और लॉस दोनों ही या तो रुपए में अथवा कीमत मूल्य के प्रतिशत में व्यक्त किए जाते हैं।

प्रोफिट और लॉस फॉर्मूला

1. यदि S.P. > C.P. तो, S.P. − C.P. = gain (profit)
2. यदि C.P. > S.P. तो, C.P. − S.P. = Loss
3. यदि हमारे पास S.P. और Profit है तो, S.P. − Loss = C.P.
4. यदि हमारे पास S.P. और Loss है तो, S.P. + Loss = C.P.
5. यदि हमारे पास C.P. और Loss है तो, C.P. − Loss = S.P.
6. यदि हमारे पास C.P. और Profit है तो, C.P. + Profit = S.P.

प्रोफिट और लॉस पर्सेंट फॉर्मूला

1. Profit Percentage $= \dfrac{\text{Total Profit}}{\text{Total C.P.}} \times 100$
2. Loss Percentage $= \dfrac{\text{Total Loss}}{\text{Total C.P.}} \times 100$

एक्सेल प्रयोग करके प्रोफिट और लॉस का प्रतिशत कंप्यूट करना

उदाहरण 1 : एक व्यापारी एक वस्तु 400 रुपए में लाया और उसे 450 रुपए में बेच दिया, उसका प्रोफिट का प्रतिशत कैलकुलेट कीजिए।

1. एक्सेल खोलिए और जैसा चित्र में दिखाया गया है, डेटा टाइप करिए।

	A	B	C
1	C.P. of the article=	400	
2	S.P. of the article=	450	

2. प्रोफिट कैलकुलेट करने के लिए फॉर्मूला =450-400 या = **B2−B1** सेल **B3** में लिखिए और **Enter** दबाइए।

	A	B	C
1	C.P. of the article=	400	
2	S.P. of the article=	450	
3	Profit=	=450-400	

	A	B	C
1	C.P. of the article=	400	
2	S.P. of the article=	450	
3	Profit=	50	

3. प्रोफिट प्रतिशत कैलकुलेट करने के लिए फॉर्मूला **=(50/400)*100** या **=(B3/B1)*100** लिखिए और **Enter** दबाइए।

	A	B	C
1	C.P. of the article=	400	
2	S.P. of the article=	450	
3	Profit=	50	
4	Profit Percentage=	=(50/400)*100	

	A	B	C
1	C.P. of the article=	400	
2	S.P. of the article=	450	
3	Profit=	50	
4	Profit Percentage=	12.5	

उदाहरण 2 : एक आदमी 400 रुपए के 200 आम खरीदता है और उन्हें 300 रुपए में बेच देता है, उसके लॉस का प्रतिशत कैलकुलेट कीजिए।

1. एक्सेल खोलिए और जैसा दिखाया गया है, डेटा टाइप कीजिए।

	A	B	C
1	Cost Price of 200 mangoes=	400	
2	Total S.P. of 200 mangoes=	300	

2. प्रोफिट कैलकुलेट करने के लिए फॉर्मूला = **((400-300)** या **= (B1−B2)** और **Enter** दबाइए।

	A	B	C
1	Cost Price of 200 mangoes=	400	
2	Total S.P. of 200 mangoes=	300	
3	Loss=	=(400-300)	

	A	B	C
1	Cost Price of 200 mangoes=	400	
2	Total S.P. of 200 mangoes=	300	
3	Loss=	100	

3. प्रोफिट कैलकुलेट करने के लिए फॉर्मूला **= (100/400)*100** या **=(B3/B1)*100** सेल **B3** में लिखिए और **Enter** दबाइए।

	A	B	C
1	Cost Price of 200 mangoes=	400	
2	Total S.P. of 200 mangoes=	300	
3	Loss=	100	
4	Loss Percentage=	=(100/400)*100	

	A	B	C
1	Cost Price of 200 mangoes=	400	
2	Total S.P. of 200 mangoes=	300	
3	Loss=	100	
4	Loss Percentage=	25	

एक्सेल का प्रयोग करके क्षेत्रफल निकालना

चित्र का क्षेत्रफल उसके द्वारा घेरे गए क्षेत्र का आकार नापता है। यह अकसर स्क्वेयर यूनिट के टर्म में व्यक्त किया जाता है। इस यूनिट के कुछ उदाहरण हैं—स्क्वेयर मीटर, स्क्वेयर सेंटीमीटर, स्क्वेयर इंच या स्क्वेयर किलोमीटर।

स्क्वेयर, रेक्टेंगल, सर्कल, ट्राएंगल और पैरलेलोग्राम

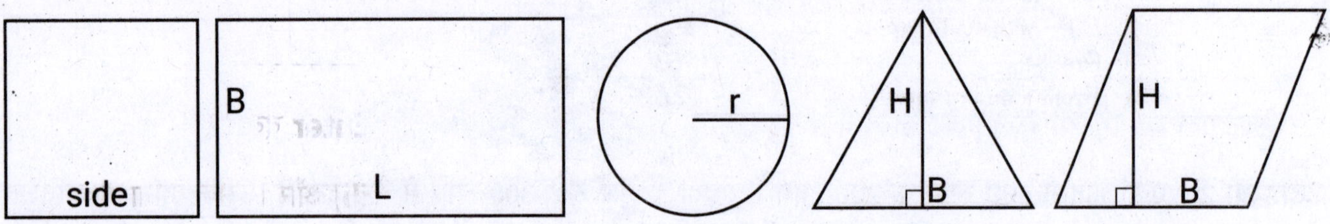

Side * Side **L * B** πr^2 **½ B * H** **B * H**

बेसिक शेप का पैरीमीटर और एरिया कंप्यूट करने के लिए एक्सेल का प्रयोग

1. एक्सेल खोलिए और उसमें जैसे दिखाया गया है, डेटा टाइप करिए।

	A	B	C	D	E	F
1	Basic Shapes					
2	Shapes	Side	Length	Breadth	Radius	Height
3	Square	10				
4	Rectangle		5	8		
5	Circle				6	
6	Triangle	5		2		4
7	Parallelogram	6		3		7

2. **स्क्वेयर का एरिया** कैलकुलेट करने के लिए **G3** में टाइप करिए **= B3*B3** और **Enter** दबाइए।

	A	B	C	D	E	F	G
1				Basic Shapes			
2	Shapes	Side	Length	Breadth	Radius	Height	Area
3	Square	10					=B3*B3

	A	B	C	D	E	F	G
1				Basic Shapes			
2	Shapes	Side	Length	Breadth	Radius	Height	Area
3	Square	10					100

	A	B	C	D	E	F	G
1				Basic Shapes			
2	Shapes	Side	Length	Breadth	Radius	Height	Area
3	Square	10					100
4	Rectangle		5	8			=C4*D4

	A	B	C	D	E	F	G
1				Basic Shapes			
2	Shapes	Side	Length	Breadth	Radius	Height	Area
3	Square	10					100
4	Rectangle		5	8			40

3. **रेक्टेंगल का एरिया** कैलकुलेट करने के लिए **G4** में टाइप करिए =**C4*D4** और **Enter** दबाइए।

4. **सर्कल का एरिया** कैलकुलेट करने के लिए **G5** में टाइप करिए **= 3.14*(E5*E5)** और **Enter** दबाइए। कृपया ध्यान दें कि π का मान 3.14 होता है।

	A	B	C	D	E	F	G
1				Basic Shapes			
2	Shapes	Side	Length	Breadth	Radius	Height	Area
3	Square	10					100
4	Rectangle		5	8			40
5	Circle				6		=3.14*(E5*E5)

	A	B	C	D	E	F	G
1				Basic Shapes			
2	Shapes	Side	Length	Breadth	Radius	Height	Area
3	Square	10					100
4	Rectangle		5	8			40
5	Circle				6		113.04

5. **ट्राएंगल का एरिया** कैलकुलेट करने के लिए **G6** में टाइप करिए **=1/2×(D6*F6)** और **Enter** दबाइए।

	A	B	C	D	E	F	G
1				Basic Shapes			
2	Shapes	Side	Length	Breadth	Radius	Height	Area
3	Square	10					100
4	Rectangle		5	8			40
5	Circle				6		113.04
6	Triangle	5		2		4	=(1/2*(D6*F6))

	A	B	C	D	E	F	G
1				Basic Shapes			
2	Shapes	Side	Length	Breadth	Radius	Height	Area
3	Square	10					100
4	Rectangle		5	8			40
5	Circle				6		113.04
6	Triangle	5		2		4	4

6. **पैरलेलोग्राम का एरिया** कैलकुलेट करने के लिए **G7** में टाइप करिए **=D7*F7** और **Enter** दबाइए।

	A	B	C	D	E	F	G
1				Basic Shapes			
2	Shapes	Side	Length	Breadth	Radius	Height	Area
3	Square	10					100
4	Rectangle		5	8			40
5	Circle				6		113.04
6	Triangle	5		2		4	4
7	Parallelogram	6		3		7	=D7*F7

	A	B	C	D	E	F	G
1				Basic Shapes			
2	Shapes	Side	Length	Breadth	Radius	Height	Area
3	Square	10					100
4	Rectangle		5	8			40
5	Circle				6		113.04
6	Triangle	5		2		4	4
7	Parallelogram	6		3		7	21

एक्सेल का प्रयोग करके पेरीमीटर कैलकुलेट करना

पौलिगन या शेप का पेरीमीटर उसकी सभी भुजाओं की लंबाइयों का योग होता है।

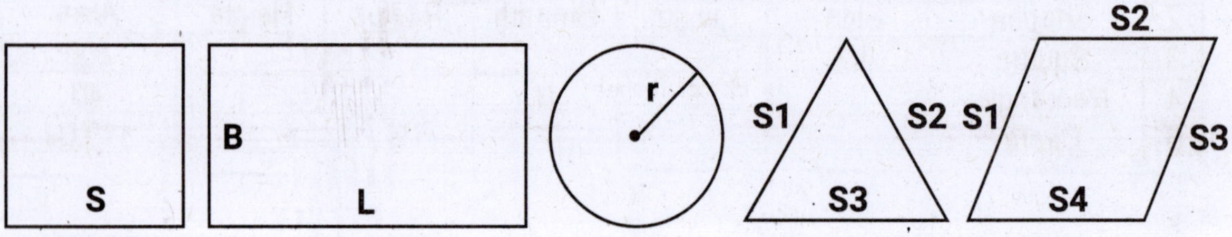

Side * 4   2(L + B)   2πr   (side1 + side2 + side3)   (side1 + side2 + side3 + side4)

स्क्वेयर, रेक्टेंगल, सर्कल, ट्राएंगल और पैरलेलोग्राम का पेरीमीटर

एक्सेल का प्रयोग स्क्वेयर, रेक्टेंगल, सर्कल, ट्राएंगल और पैरलेलोग्राम का पेरीमीटर कंप्यूट करना

	A	B	C	D	E	F	G	H
1				Basic Shapes				
2	Shapes	Side	Length	Breadth	Radius	Height	Area	Perimeter
3	Square	10					100	=B3*4

	A	B	C	D	E	F	G	H
1				Basic Shapes				
2	Shapes	Side	Length	Breadth	Radius	Height	Area	Perimeter
3	Square	10					100	40

1. **स्क्वेयर का पेरीमीटर** कैलकुलेट करने के लिए **H3** में टाइप करिए **=B3*4** और **Enter** दबाइए।

	A	B	C	D	E	F	G	H
1				Basic Shapes				
2	Shapes	Side	Length	Breadth	Radius	Height	Area	Perimeter
3	Square	10					100	40
4	Rectangle		5	8			40	=2*(C4+D4)

	A	B	C	D	E	F	G	H
1				Basic Shapes				
2	Shapes	Side	Length	Breadth	Radius	Height	Area	Perimeter
3	Square	10					100	40
4	Rectangle		5	8			40	26

2. **रेक्टेंगल का पेरीमीटर** कैलकुलेट करने के लिए **H4** में टाइप करिए **= 2*(C4+D4)** और **Enter** दबाइए।

	A	B	C	D	E	F	G	H
1				Basic Shapes				
2	Shapes	Side	Length	Breadth	Radius	Height	Area	Perimeter
3	Square	10					100	40
4	Rectangle		5	8			40	26
5	Circle				6		113.04	=2*(3.14*E5)

	A	B	C	D	E	F	G	H
1				Basic Shapes				
2	Shapes	Side	Length	Breadth	Radius	Height	Area	Perimeter
3	Square	10					100	40
4	Rectangle		5	8			40	26
5	Circle				6		113.04	37.68

3. **सर्कल का पेरीमीटर** कैलकुलेट करने के लिए **H5** में टाइप करिए **= 2*(3.14*E5)** और **Enter** दबाइए।

	A	B	C	D	E	F	G	H
1				Basic Shapes				
2	Shapes	Side	Length	Breadth	Radius	Height	Area	Perimeter
3	Square	10					100	40
4	Rectangle		5	8			40	26
5	Circle				6		113.04	37.68
6	Triangle	5		2		4	4	=B6+B6+B6

	A	B	C	D	E	F	G	H
1				Basic Shapes				
2	Shapes	Side	Length	Breadth	Radius	Height	Area	Perimeter
3	Square	10					100	40
4	Rectangle		5	8			40	26
5	Circle				6		113.04	37.68
6	Triangle	5		2		4	4	15

4. **ट्राएंगल का पेरीमीटर** कैलकुलेट करने के लिए **H6** में टाइप करिए **= B6+B6+B6** और **Enter** दबाइए।

5. **पैरलेलोग्राम का पेरीमीटर** कैलकुलेट करने के लिए **H7** में टाइप करिए **= B7+B7+B7+B7** और **Enter** दबाइए।

	A	B	C	D	E	F	G	H
1				Basic Shapes				
2	Shapes	Side	Length	Breadth	Radius	Height	Area	Perimeter
3	Square	10					100	40
4	Rectangle		5	8			40	26
5	Circle				6		113.04	37.68
6	Triangle	5		2		4	4	15
7	Parallelogram	6		3		7		=B7+B7+B7+B7

	A	B	C	D	E	F	G	H
1				Basic Shapes				
2	Shapes	Side	Length	Breadth	Radius	Height	Area	Perimeter
3	Square	10					100	40
4	Rectangle		5	8			40	26
5	Circle				6		113.04	37.68
6	Triangle	5		2		4	4	15
7	Parallelogram	6		3		7	21	24

याद करें

1. आप एक्सेल को इस प्रकार के कैलकुलेशन करने के लिए प्रयोग कर सकते हैं, जैसे—मैक्सीमम, मिनिमम, रेंज, मीन, मोड, मीडियन, इंटरेस्ट, प्रोफिट, लॉस, एरिया, पेरीमीटर आदि।
2. एक्सेल में विभिन्न फंक्शन उपलब्ध हैं, जिन्हें आप अपनी कैलकुलेशन की गति बढ़ाने के लिए प्रयोग कर सकते हैं।
3. यदि आप कैलकुलेशन के लिए जो फंक्शन चाहते हैं, वे एक्सेल में उपलब्ध नहीं हैं तो आप अपना स्वयं फंक्शन बना सकते हैं।
4. एक्सेल में सभी फॉर्मूले = चिह्न से शुरू होते हैं।

अभ्यास

(अ) निम्न फॉर्मूले लिखिए और एक्सेल का प्रयोग करके उत्तर दीजिए—

1. **साधारण इंटरेस्ट** कैलकुलेट करिए।

   Interest = Principal ×Rate of Interest × Time / 100

	A	B	C	D	E
1	Principal	Rate of Interest	Time duration		Interest
2	3500	6.5	2		?

2. **प्रोफिट या लॉस**

	A	B	C
1	Cost Price	Sale Price	Profit / Loss
2	200	400	?

3. **स्क्वेयर, सर्कल, ट्राएंगल के पेरामीटर बताइए। पेरीमीटर के फॉर्मूले हैं—**

   Perimeter of Square: 4* side

   Perimeter of Circle: 2* 3.14 * radius

   Perrimeter of Triangle: side 1 + side 2 + side 3

	A	B	C	D
1		Square Sides	Radius of Circle	Triangle Sides
2		2	5	8
3				8
4				8
5	Perimeter	?	?	?

(ब) एक्सेल का प्रयोग करके निम्न को कैलकुलेट करो—

1. रुपए 1200 पर 7% वार्षिक की दर से 5 वर्ष के लिए साधारण ब्याज।
2. एक व्यापारी एक वस्तु रुपए 1400 में लाया और उसे 1450 में बेच दिया, उसके प्रोफिट का प्रतिशत निकालिए।
3. बेसिक शेप का पेरीमीटर और एरिया कंप्यूट करिए।

	A	B	C	D	E	F
1	Basic Shapes					
2	Shapes	Side	Length	Breadth	Radius	Height
3	Square	12				
4	Rectangle		10	16		
5	Circle				12	
6	Triangle	10		4		8
7	Parallelogram	12		6		14

बहुविकल्पीय प्रश्न

निम्नलिखित चार विकल्पों में से सही विकल्प पर (✔) निशान लगाएँ।

1. **दी गई एक्सेल शीट के लिए सेल B4 में फॉर्मूला प्रयोग करके साधारण इंटरेस्ट निकालने के लिए—**

	A	B
1	Principal	2000
2	Interest rate per year (%)	5
3	Period (years)	9
4	Simple Interest	?

1. अ. $\frac{Bv \times Bw \times Bx}{100}$ ब. $= \frac{Bv * Bw * Bx}{100}$

स. $= \frac{Bv \times Bw \times Bx}{100}$ द. इनमें से कोई नहीं

2. **निम्नलिखित एम.एस. ऑफिस एप्लीकेशन का प्रयोग गणितीय संख्याओं को कैलकुलेट करने के लिए किया जा सकता है।**

अ. एम.एस. वर्ड ब. एम.एस. एक्सेल

स. एम.एस. पेंट द. अ और ब दोनों

3. **विक्रय मूल्य कैलकुलेट करने के लिए फॉर्मूला यह होगा—**

	A	B
1	S.P.	?
2	C.P.	200
3	Profit	50

अ. B2+B3 ब. = B2+B3

स. = 200+50 द. उपर्युक्त सभी

4. **प्रोफिट तब होता है जब**

अ. SP > CP ब. CP > SP

स. SP >= CP द. CP >= SP

	A	B	C	D	E	F	G
1		Side1	Side2	Side3	Side4	Height	Area
2	Square	4	4	4	4		?
3	Rectangle	4	6	4	6		?
4	Triangle	7.5	9	7.5		6	?

Excel sheet for Question Nos. 5 and 6

5. **स्क्वेयर का क्षेत्रफल कैलकुलेट करने के लिए फॉर्मूला है—**

अ. B2 * C2 ब. =B2 * C2

स. =B2 * B2 द. अ और ब दोनों

6. **ट्राएंगल का क्षेत्रफल कैलकुलेट करने के लिए फॉर्मूला है—**

अ. = ½ * Cy * F4 ब. =0.5 * C4 * F4

स. अ और ब दोनों द. =B4 * C4

4 एक्सेल 2003 में एडवांस चार्ट बनाना

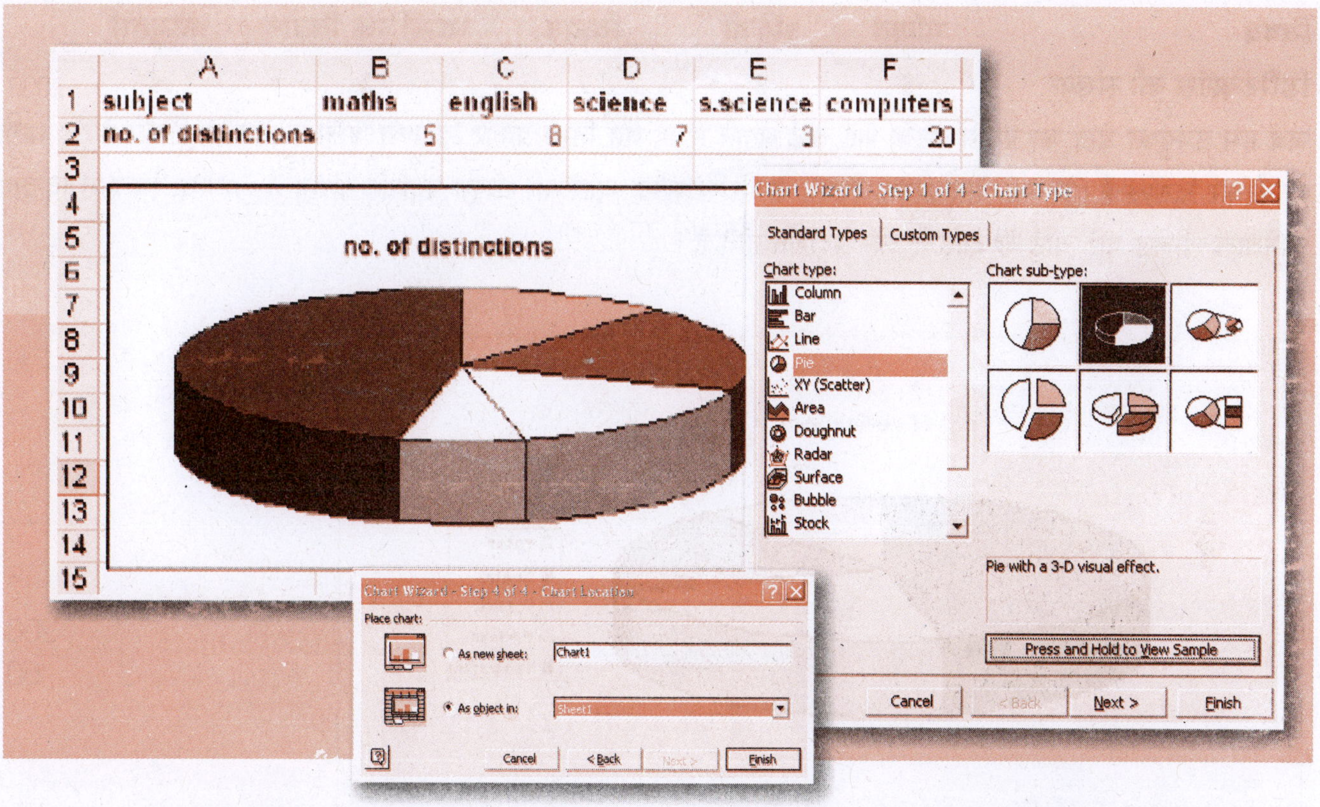

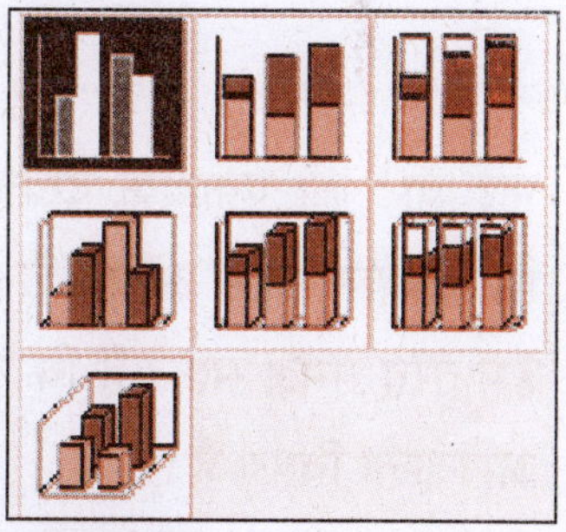

पिछली कक्षा में हमने चार्ट के बारे में सीखा और यह जाना कि इन्फॉरमेशन का यह विजुअल रूप डेटा को टेबल रूप की अपेक्षा समझने और विश्लेषण करने में अधिक आसान है। पिछली कक्षा में हमने कॉलम चार्ट बनाना सीखा। अब हम दूसरे प्रकार के चार्ट, जिसे **पाई चार्ट** कहते हैं, के बारे में सीखेंगे।

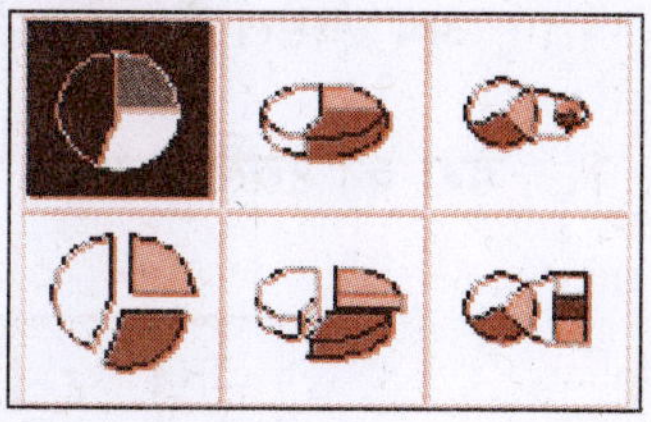

एक सर्कुलर चार्ट जो कई खंडों और सेक्टरों में बँटा होता है, उसे पाई चार्ट कहते हैं। पाई चार्ट में प्रत्येक सेक्टर के आर्क की लंबाई उस मात्रा के अनुपात में होती है, जिसे वह व्यक्त करती है। सेक्टर्स मिलकर एक पूरी डिस्क बनाते हैं। इसका अर्थ है कि यदि सेक्टर्स डिगरी को रिप्रजेंट करेंगे तो उसका योग 360 होगा। अन्यथा यदि वे प्रतिशत को रिप्रजेंट करेंगे तो उनका योग 100 होगा। इसका नाम पाई इसलिए रखा गया है, क्योंकि वह भागों को काटकर दिखाती है।

आइए, निम्न स्थिति पर विचार करें और एक्सेल में पाई चार्ट का प्रयोग करके उसे ग्राफिक रूप में देखें।

30 बच्चों की एक कक्षा में हमें विषय के आधार पर बच्चों द्वारा प्राप्त डिस्टिंक्शन का विश्लेषण करना है। हमारे पास डेटा की नीचे दिखाई गई टेबल है।

विषय	**गणित**	**अंग्रेजी**	**विज्ञान**	**सामाजिक विज्ञान**	**कंप्यूटर्स**
डिस्टिंक्शंस की संख्या	**5**	**8**	**7**	**3**	**20**

जब हम उपर्युक्त डेटा का प्रयोग करके पाई चार्ट बनाते हैं तो वह निम्न प्रकार दिखाया जाता है। पाई कई सारे रंगीन भागों में बँटकर दिखता है। प्रत्येक भाग प्रत्येक विषय के डिस्टिंक्शन स्कोर की संख्या प्रदर्शित करता है। प्रत्येक रंग द्वारा दिखाए जानेवाले लीजेंड पाई चार्ट के दाहिनी ओर प्रदर्शित होते हैं।

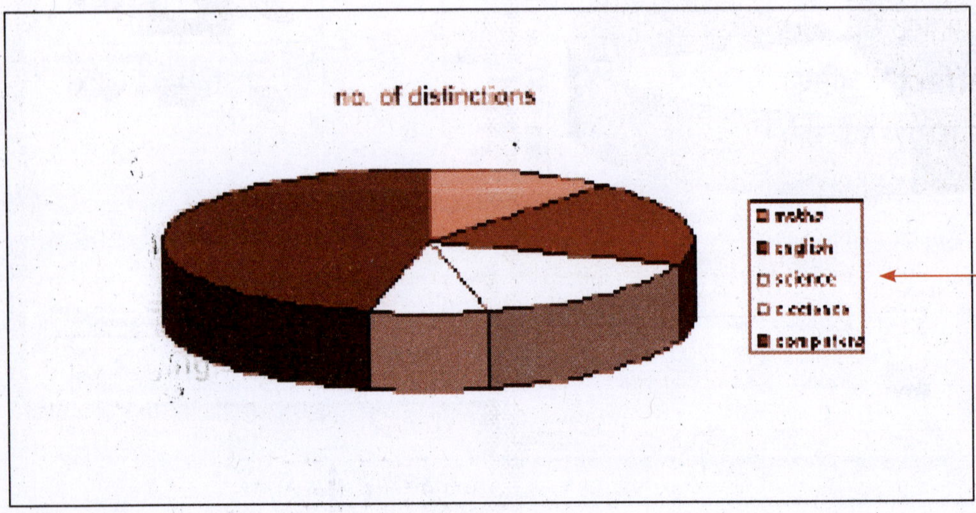

पाई चार्ट को एकाएक देखकर आप बता सकते हैं कि सबसे बड़ा भाग बैंगनी रंगवाला है। अत: उसके द्वारा प्रदर्शित डिस्टिंक्शन सबसे अधिक है। लीजेंड का संदर्भ लेकर हम पाते हैं कि बैंगनी रंग कंप्यूटर विषय को प्रदर्शित करता है, अत: हम तुरंत समझ सकते हैं कि कंप्यूटर इस कक्षा को सबसे आसान लगनेवाला और पसंद आनेवाला और सबसे अधिक समझ आनेवाला विषय है।

आइए, अब एक्सेल में पाई चार्ट बनाना सीखें। पाई चार्ट बनाने के नीचे दिखाई गई स्टेप्स का अनुसरण करिए।

1. डेटा का टेबल बनाइए, जैसा कि चित्र में दिखाया गया है।

	A	B	C	D	E	F
1	subject	maths	english	science	s.science	computers
2	no. of distinctions	5	8	7	3	20

2. अब पूरा डेटा सिलेक्ट करिए।

	A	B	C	D	E	F
1	subject	maths	english	science	s.science	computers
2	no. of distinctions	5	8	7	3	20

3. **स्टैंडर्ड टूलबार में चार्ट विजर्ड आइकन** पर क्लिक करिए या **Insert** मेन्यू से **चार्ट** को चुनिए। **"Chart Wizard"** डायलॉग बॉक्स खुल जाएगा।

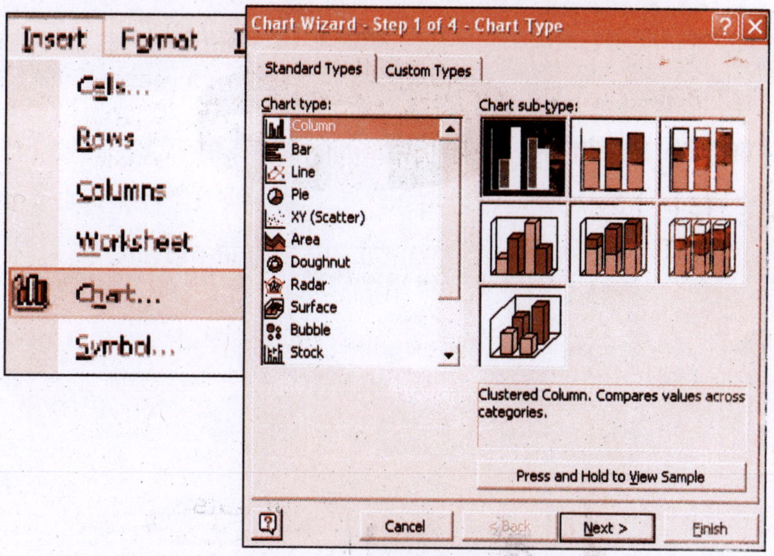

4. **चार्ट विजर्ड की स्टेप** 1 में **"Chart type"** बॉक्स से **पाई** चुनिए और फिर **"Chart sub-type"** बॉक्स से **"pie with 3-D visual effect"** चुनिए। **"Next"** बटन पर क्लिक करिए। पाई चार्ट के और भी कई सारे तरीके उपलब्ध हैं। आप इन सबको खोलकर देख सकते हैं।

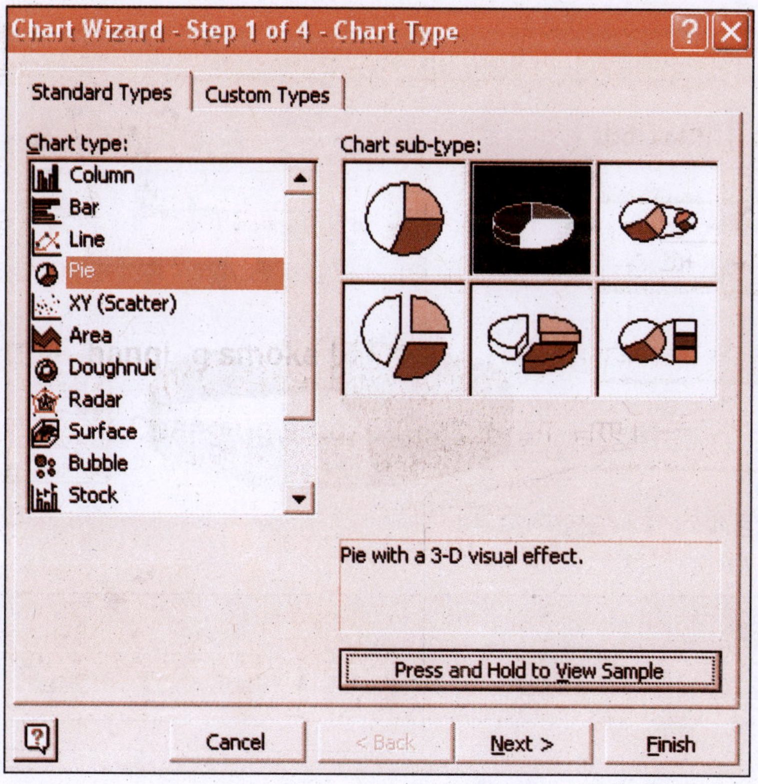

5. **Chart Wizard** की **Sept 2** में **"Chart Source Data"** दिखाया जाता है। यदि आपने चार्ट विजर्ड आरंभ करने से पहले डेटा सिलेक्ट किया है तो सही विकल्प स्वत: चुन लिया जाएगा। **"Next"** बटन पर क्लिक करिए।

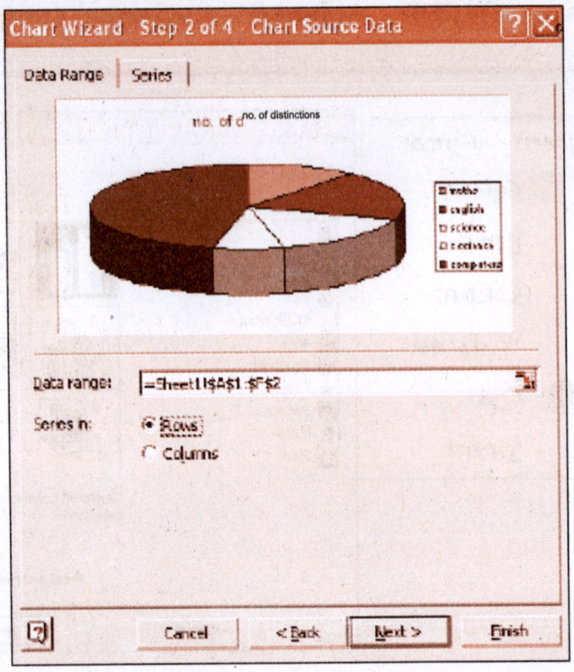

6. **Chart Wizard** की **Sept 3** में विभिन्न **"Chart Options"** दिखाए जाते हैं। आप चार्ट टाइटल के लिए डिस्टिंक्शन की संख्या लिख सकते हैं। **"Next"** बटन पर क्लिक करिए।

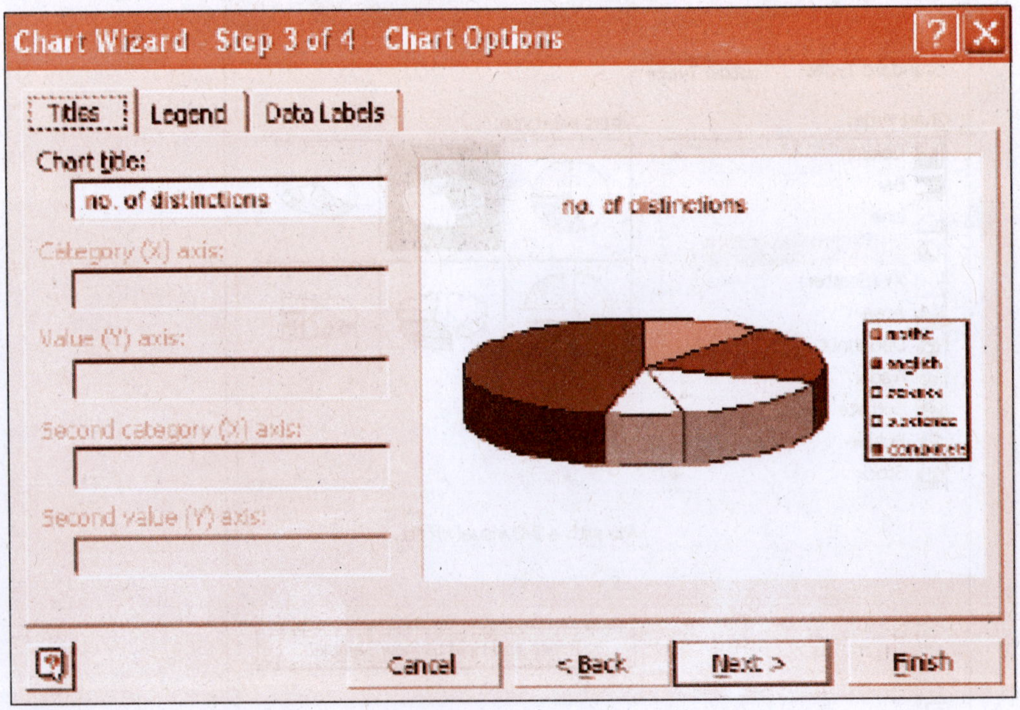

7. **Chart Wizard** की **Sept 4** में आप **"Chart Location"** चुन सकते हैं, जहाँ चार्ट दिखाना है। डिफाल्ट विकल्प, जहाँ आप काम कर रहे हैं, शीट 1 है। **"Finish"** पर क्लिक करिए।

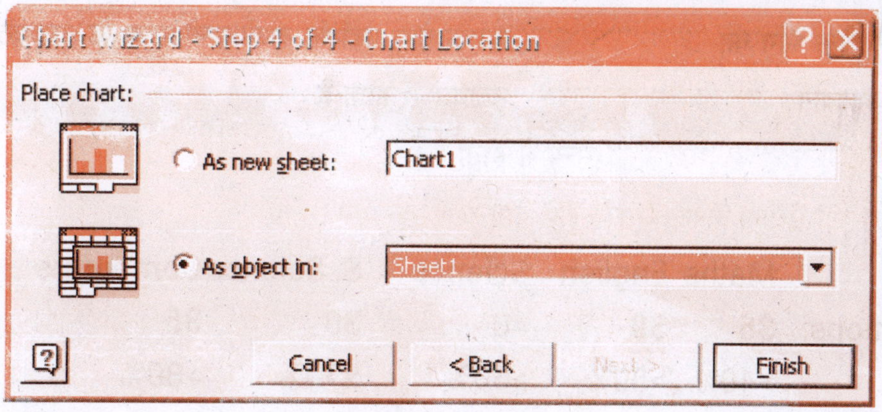

8. चार्ट निम्न प्रकार दिखाया जाएगा। जैसा कि पहले बताया गया है, Chart Wizard से स्पष्ट होता है कि डिस्टिंक्शन की सबसे अधिक संख्या कंप्यूटर में प्राप्त की गई है।

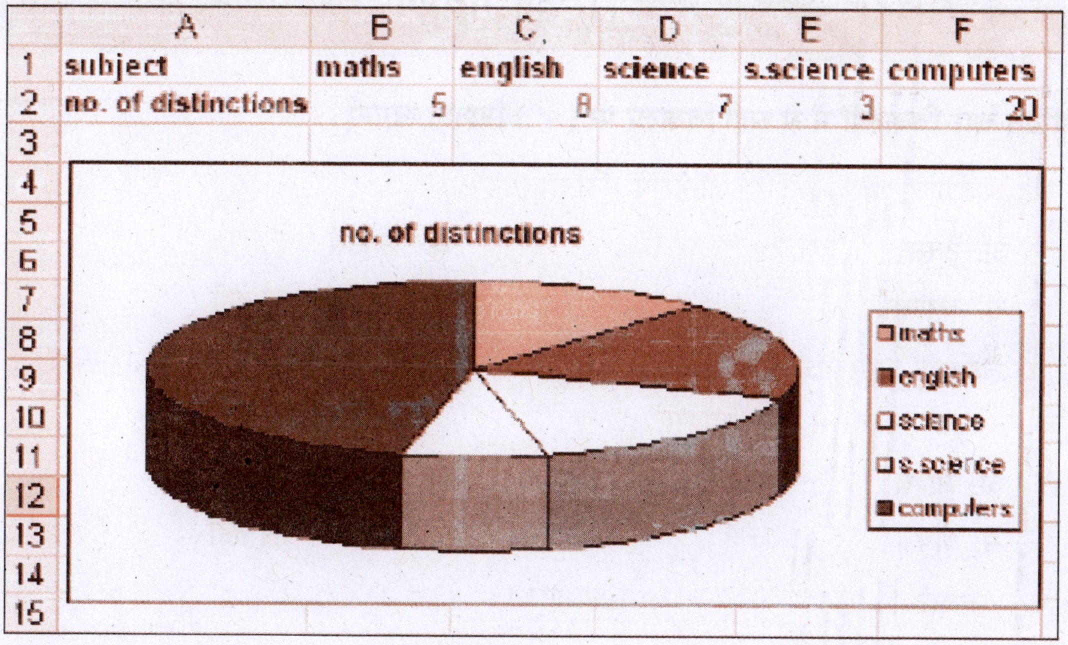

याद करें

1. पाई चार्ट एक गोल चार्ट है, जो कई भागों में बँटा होता है।
2. पाई चार्ट कई रंगीन भागों में बँटा होता है। प्रत्येक रंगीन भाग का विश्लेषण करने के लिए लीजेंड्स का प्रयोग कर सकते हैं।

अभ्यास

(अ) रिक्त स्थान भरो—

1. पाई चार्ट में प्रत्येक भाग का .... उसके द्वारा प्रदर्शित करनेवाली मात्रा के अनुपात में होता है।
2. चार्ट विजर्ड आइकन .... टूलबार में होता है।
3. चार्ट ऑप्शन .... मेन्यू में होता है।

(ब) निम्नलिखित डेटा का प्रयोग करके एक्सेल में पाई चार्ट बनाइए।

Subject:	Maths	English	Science	S. Science	Computers
No. of Distinctions:	35	30	40	30	35
Attendance:	>40%	>50%	>60%	>70%	>80%
No. of Students:	15	10	6	4	8

बहुविकल्पीय प्रश्न

निम्नलिखित चार विकल्पों में से सही विकल्प पर (✔) निशान लगाएँ।

1. पाई चार्ट एक गोल चार्ट है, जो इसमें बँटा होता है।

अ. ट्रैक्स
ब. सेक्टर्स
स. ब्लॉक्स
द. इनमें से कोई नहीं

2. एक चिड़िया घर में पाँच चीते, पाँच शेर और पाँच हिरण हैं। इस डेटा का पाई चार्ट विभिन्न .... के कई सारे सेक्टर में बाँटा जाएगा।

अ. साइज
ब. कलर
स. शेप
द. इनमें से कोई नहीं

3. चार्ट विजर्ड .... पर मिलता है।

अ. स्टैंडर्ड टूलबार
ब. फॉरमैटिंग टूलबार
स. ड्रॉइंग टूलबार
द. स्टेटस बार

5 विजुअल बेसिक 6.0 के साथ आरंभ

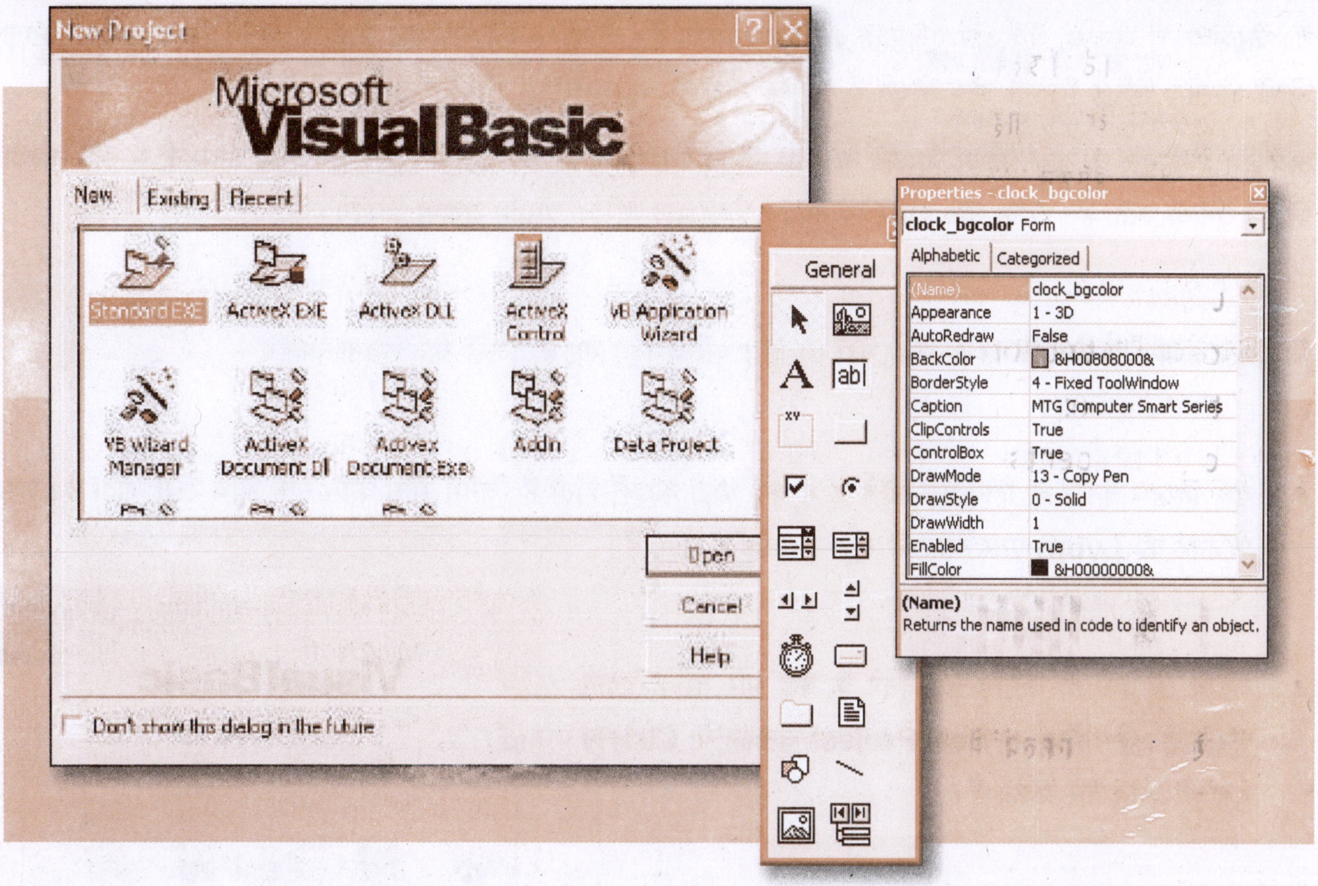

पिछली कक्षा में हम प्रोग्रामिंग का परिचय प्राप्त कर चुके हैं और चर्चा कर चुके हैं। हम सीख चुके हैं कि प्रोग्राम को आनंद लेने के लिए या किसी काम को बेहतर करने के लिए बना सकते हैं, जिससे वह पहले से अलग लगे।

हम जानते हैं कि प्रोग्राम छोटा या बड़ा हो सकता है, बड़े प्रोग्राम को छोटे-छोटे प्रोग्राम में बाँटा जा सकता है, जिससे उन्हें व्यवस्थित करना आसान हो जाता है। हमने यह भी सीखा कि कई प्रोग्रामिंग भाषाएँ होती हैं (जैसे बाइनरी, असेंबली, लिस्प, सी, विजुअल सी ++, बेसिक, विजुअल बेसिक, पास्कल आदि।) कोई भी व्यक्ति किसी भी लैंग्वेज को प्रोग्राम लिखने के लिए प्रयोग कर सकता है और प्रोग्राम लिखने के लिए कोई भी एक लैंग्वेज सर्वोत्तम नहीं होती है। प्रत्येक लैंग्वेज किसी विशेष कार्य के लिए विकसित की जाती है। अत: सर्वोत्तम प्रोग्रामिंग लैंग्वेज कार्य के अनुरूप बदलती रहती है। जब हम प्रोग्रामिंग आरंभ करना सीखने की सोचते हैं तो ऐसी लैंग्वेज प्रयोग करनी चाहिए। जिसे समझना आसान हो और आप जल्दी व आसानी से प्रोग्राम लिख सकें। इस तरह की प्रोग्रामिंग लैंग्वेज माइक्रोसॉफ्ट विजुअल बेसिक वर्जन (या वी.बी. 6.0) है।

वी.बी. का विकास और विक्रय माइक्रोसॉफ्ट द्वारा किया गया है। इसे सीखना बहुत आसान है और यह करोड़ों प्रोग्रामरों द्वारा प्रयोग होनेवाली बहुत ही शक्तिशाली लैंग्वेज है। आइए, वी.बी. में अपना प्रोग्राम लिखना और कार्य करना आरंभ करें।

विजुअल बेसिक 6.0 से आरंभ

विजुअल बेसिक सीखने के लिए सबसे आसान प्रोग्रामिंग लैंग्वेज है। इसमें प्रयोग होनेवाले सीन्टैक्स अंग्रेजी भाषा से बहुत मिलते-जुलते हैं। अत: यदि आपकी अंग्रेजी पर अच्छी कमांड है तो आप बहुत जल्दी विजुअल बेसिक में मास्टर बन सकते हैं। प्रोग्रामिंग में योजना, धैर्य और एकाग्रता की आवश्यकता है। वी.बी. 6 की सहायता से आप जानेंगे कि प्रोग्रामिंग केवल उतनी आसान नहीं है जितनी आप सोचते हैं, बल्कि साथ ही बहुत मजेदार और चुनौतीपूर्ण भी है।

अब हम विजुअल के कुछ फीचर दिखाने के लिए ली जानेवाली स्टेप्स का परिचय कराएँगे, जिनसे आसानी से और जल्दी प्रोग्राम बनाया जाता है। इसके बाद हम स्वयं आपना विजुअल बेसिक प्रोग्राम बनाना सीखेंगे।

वी.बी. 6 के प्रमुख फीचर

विजुअल बेसिक प्रोजेक्ट बनाने के लिए यहाँ पर कुछ फीचर दिए गए हैं, जिन्हें याद रखना चाहिए—

- एक प्रोग्राम बनाने के लिए एक प्रोजेक्ट में कई सारी फाइलें होती हैं जिनमें सारा काम एक साथ रखा जाता है। एक प्रोजेक्ट को **(.vbp)** एक्सटेंशन के साथ सेव किया जाता है।

- वी.बी. 6 एक ही कमांड को चुनने के कई सारे तरीके प्रदान करती है। जैसे **file -> New Project** चुनकर या **Ctrl+N** दबाकर काम कर सकते हैं।

- यहाँ यूजर इंटरफेस डिजाइन करने के बारे में की फीचर्स दिए जा रहे हैं, जिन्हें याद रखना चाहिए।

- **फॉर्म** स्क्रीन पर एक विंडो दिखाता है। फॉर्म एक चित्र से यह दिखाता है कि आपका प्रोग्राम कैसा दिखाई देगा। आप इस फॉर्म पर जो भी चीज रखना चाहते हैं वह प्रोग्राम में उपस्थित होती है। फॉर्म **(.frm)** एक्सटेंशन के साथ सेव होता है।

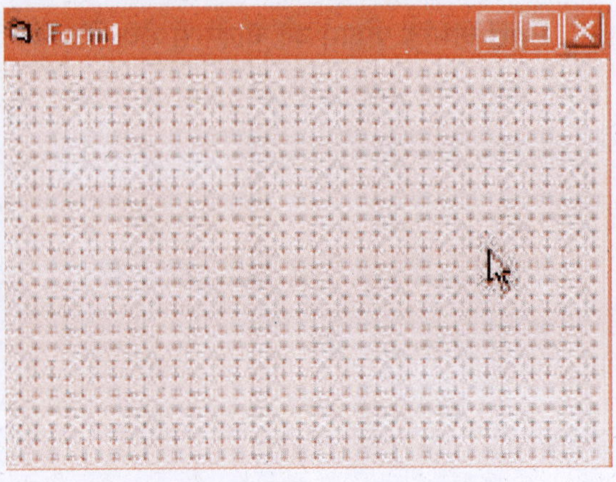

- **टूल बॉक्स** में जो आइटम होते हैं उन्हें **controls** कहते हैं और इन्हें फॉर्म पर ले जाने के लिए ड्रैग या डबल क्लिक करते हैं। कंट्रोल यूजर को कंप्यूटर में इन्फॉरमेशन देने या प्राप्त करने के लिए विजुअल विधि प्रदान करता है, जैसे कमांड बटन और टेक्स्ट बॉक्स।

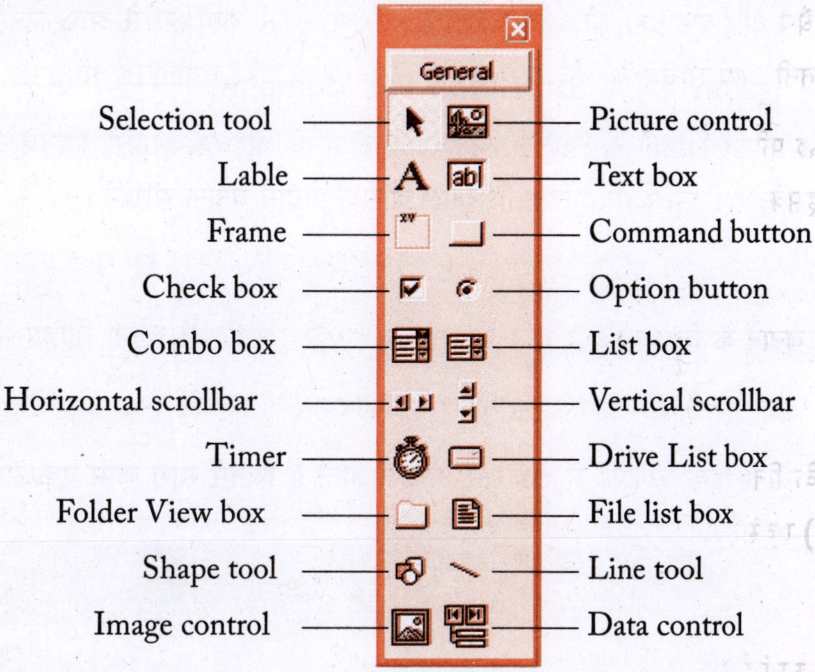

- टूल बॉक्स पर प्रत्येक कंट्रोल में **Properties** होती है, जिनमें कंट्रोल के बिहेवियर सुधारने या बदलने के लिए फॉर्म की प्रस्तुति बदलने के लिए प्रयोग किया जाता है। ये प्रोपर्टीज किसी विशेष कंट्रोल से संबंधित होती हैं और प्रोपर्टीज विंडोज में दिखाई जाती है।

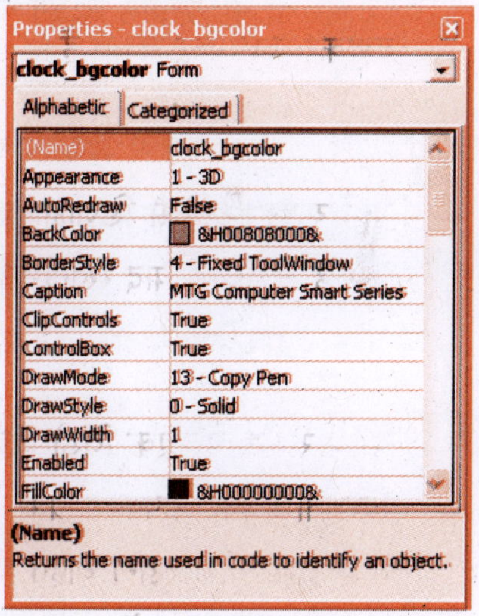

यहाँ कुछ मुख्य फीचर दिए जा रहे हैं, जो बेसिक कोड लिखने के लिए याद रखने चाहिए—

- अपने यूजर इंटरफेस को चलाने के लिए बेसिक कोड लिखकर एलीमेंट बनाने की आवश्यकता होती है।
- **End** कमांड प्रोग्राम को चलने से रोक देता है।
- प्रत्येक फॉर्म **Form Window** में दो टैब दिखा सकता है—पहला यूजर इंटरफेस दिखाने के लिए और दूसरा बेसिक कोड दिखाने के लिए।

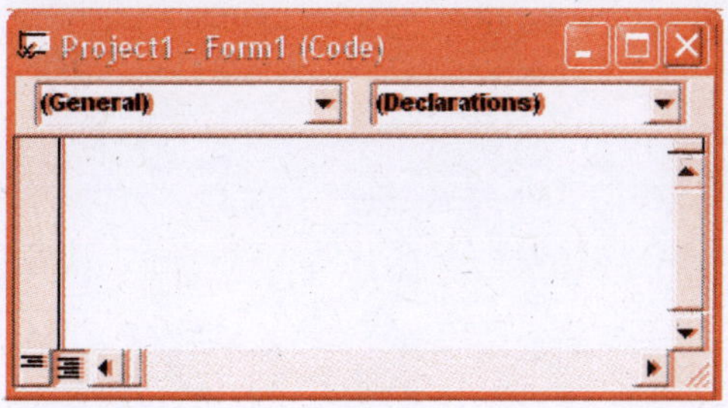

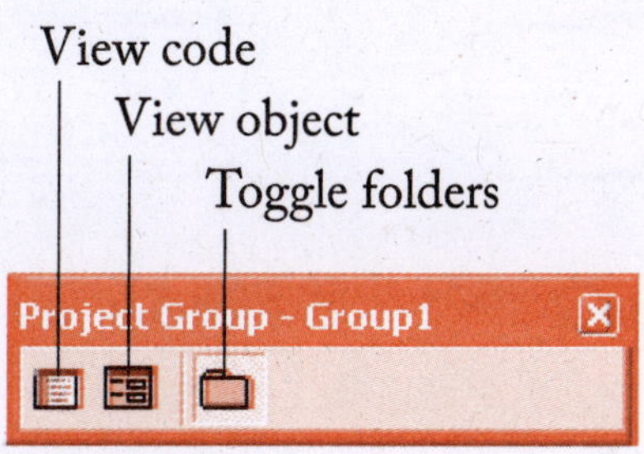

यहाँ कुछ प्रमुख फीचर दिए जा रहे हैं, जो प्रोग्राम चलाने के समय याद रखने चाहिए—

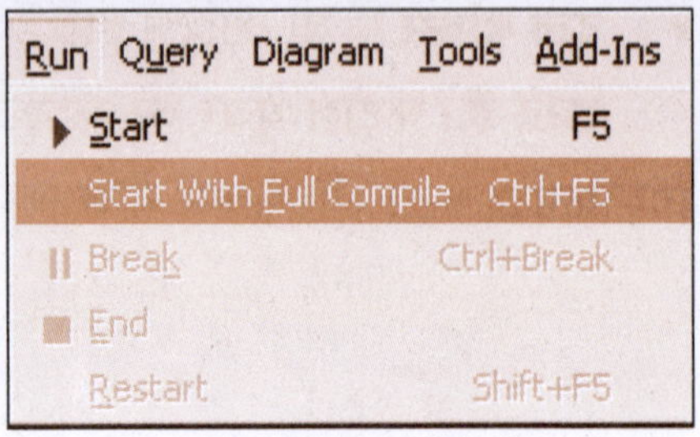

- **F5** चुनिए या **Run** मेन्यू से **Start** कमांड चुनिए।
  अथवा
- **Ctrl+F5** चुनिए या **Run** मेन्यू से **Start With Full Compile** चुनिए।

याद करें

1. प्रोजेक्ट को **(.vbp)** एक्सटेंशन से सेव किया जाता है।
2. फॉर्म को **(.frm)** एक्सटेंशन से सेव किया जाता है।
3. टूल बॉक्स में प्रत्येक कंट्रोल की प्रोपर्टीज होती हैं, जो कंट्रोल के बिहेवियर और फॉर्म पर उनकी प्रस्तुति बदलने के लिए प्रयोग की जाती है। ये **प्रोपर्टीज विंडो** में दिखाई जाती है।

अभ्यास

(अ) रिक्त स्थान भरिए—

1. वी.बी. प्रोग्राम चलाने के लिए.................मेन्यू.................कमांड या F5 चुनिए।
2. ....कमांड प्रोग्राम को चलाने से रोक देता है।
3. टूल बॉक्स में आइटम होते हैं, जिन्हें.................कहते हैं।
4. विजुअल बेसिक प्रोजेक्ट फाइल में.................एक्सटेंशन से सेव होता है, जबकि विजुअल बेसिक प्रोजेक्ट में फॉर्म.................एक्सटेंशन से सेव होता है।
5. प्रोपर्टीज विंडोज से.................को बदला जा सकता है।

(ब) अपनी पसंद के अनुसार किन्हीं पाँच कंट्रोल को लेबल करिए—

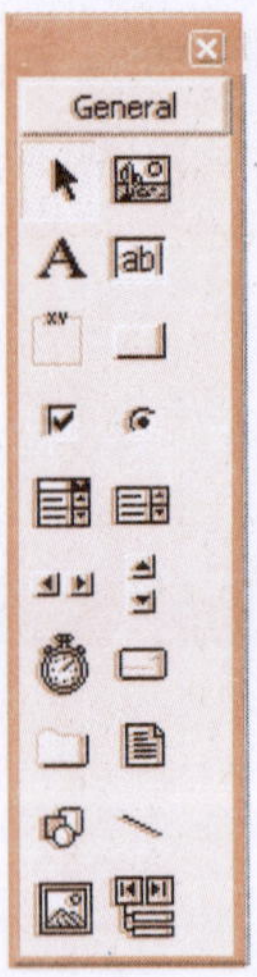

बहुविकल्पीय प्रश्न

निम्नलिखित चार विकल्पों में से सही विकल्प पर (✔) निशान लगाएँ।

1. प्रोजेक्ट इस एक्सटेंशन के साथ सेव होता है।

   अ. .prj ब. .vbp

   स. .pro द. इनमें से कोई नहीं

2. फॉर्म इस एक्सटेंशन के साथ सेव होता है।

   अ. .frm ब. .form

   स. .vbf द. इनमें से कोई नहीं

3. ....कमांड प्रोग्राम को चलाने से रोक देता है।

   अ. क्विट ब. एंड

   स. क्लोज द. इनमें से कोई नहीं

4. प्रॉपर्टी विंडो कंट्रोल दिखाती है।

   अ. बिहेवियर ब. एपीयरेंस

   स. कोड द. अ और ब दोनों

5. टूल बॉक्स में जो आइटम होते हैं, उन्हें कहते हैं—

   अ. इवेंट्स ब. कंट्रोल्स

   स. टॉस्क्स द. कोड

6. ....में प्रत्येक चीज जो आप रखते हैं, वह प्रोग्राम में दिखाया जाता है और उस पर प्रोग्राम की प्रस्तुति निर्भर करता है।

   अ. प्रोजेक्ट ब. फॉर्म

   स. कोड द. प्रोपर्टीज

6 आपका पहला विजुअल बेसिक प्रोग्राम

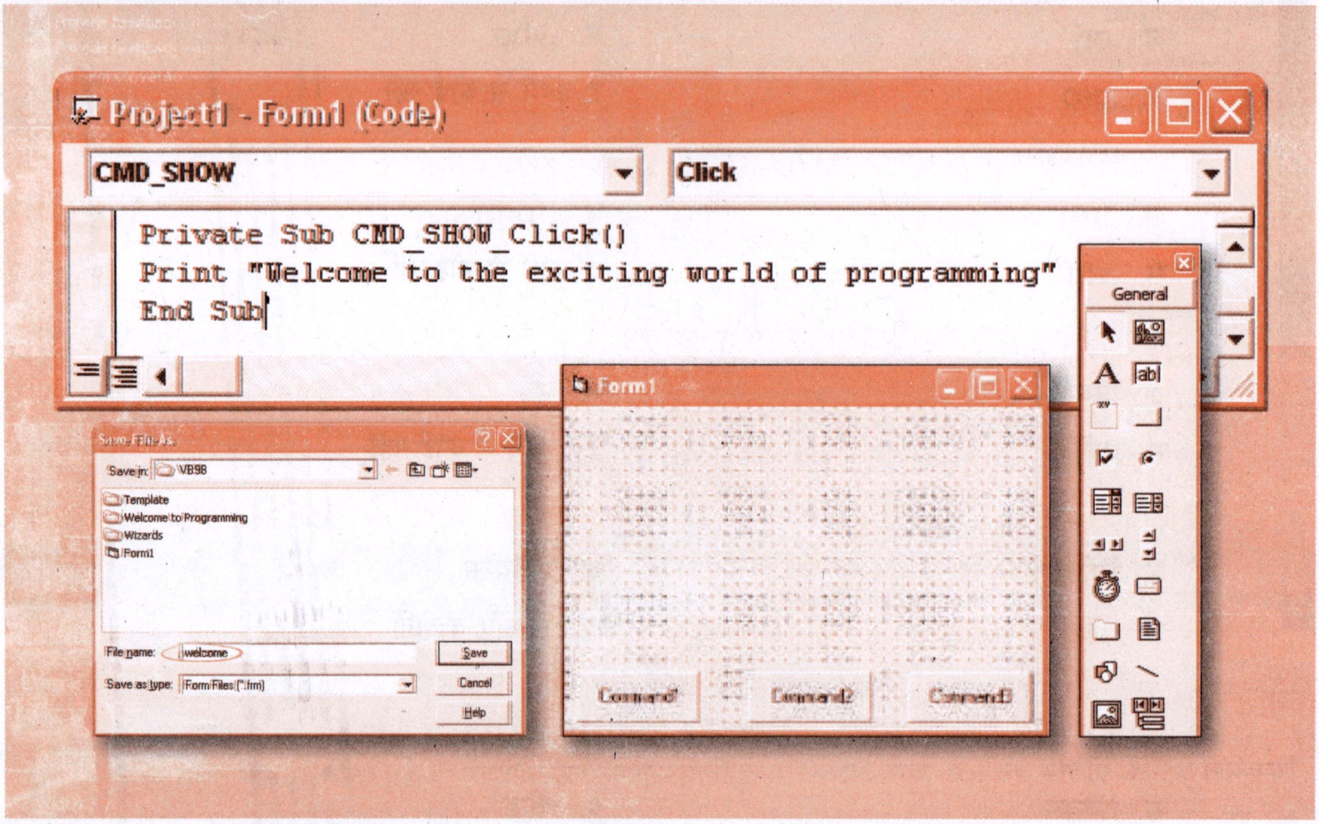

पिछले अध्याय में आपका परिचय विजुअल बेसिक और उसके महत्त्वपूर्ण मूल फीचर से हुआ। विजुअल बेसिक सीखने में आपकी सहायता के लिए इस अध्याय में विजुअल बेसिक का पहला प्रोग्राम बनाने के लिए पूरी विधि को एक-एक स्टेप करके बताया गया है। यह आपको विजुअल बेसिक 6 प्रयोग करने का परिचय देगा और अभ्यास का अनुभव मिलेगा।

- विजुअल बेसिक प्रोग्राम को कैसे बनाएँ, एडिट और सेव करें। (.frm) और प्रोजेक्ट (.vbp)
- यूजर इंटरफेस कैसे डिजाइन करें।
- विजुअल बेसिक कोड कैसे लिखें।
- विजुअल बेसिक में प्रोग्रामिंग को आसान बनाने के लिए शॉर्टकट कैसे प्रयोग करें।
- विजुअल बेसिक कंट्रोल जैसे बटन, टेक्स्ट बॉक्स आदि कैसे प्रयोग करें।
- विजुअल बेसिक एप्लीकेशन .exe फाइल बनाना।

विजुअल बेसिक आरंभ करने के लिए **Start > Programs > Microsoft Visual Studio 6.0 > Microsoft Visual Basic 6.0** पर जाइए। यह विजुअल बेसिक की पहली स्क्रीन खोल देता है।

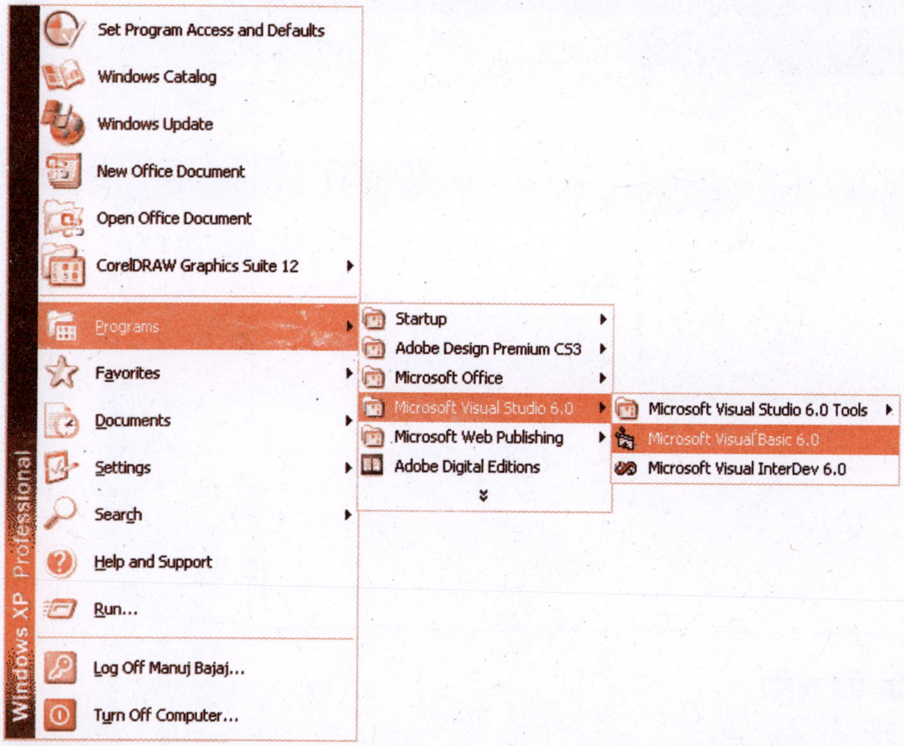

नोट

विजुअल बेसिक प्रोग्राम बनाने से पहले आपको पहले **विजुअल बेसिक प्रोजेक्ट (.vbp)** बनाना चाहिए। और यह सुनिश्चित करें कि उसे कहाँ स्टोर करना है। विजुअल बेसिक प्रोजेक्ट में मल्टीपल फाइल और फॉर्म होते हैं, जो आपके विजुअल बेसिक प्रोग्राम के विभिन्न भागों को रिप्रजेंट करते हैं। अपने प्रोजेक्ट को व्यवस्थित रखने के लिए विजुअल बेसिक एक नया फोल्डर बनाता है और उसमें सभी फाइलें व फॉर्म बनाता है, जिसमें आपका विजुअल बेसिक प्रोग्राम रखा जाता है।

1. विजुअल बेसिक की ओपनिंग स्क्रीन में **File > New Project** चुनिए या **Ctrl+N** दबाइए। नई प्रोजेक्ट स्क्रीन खुल जाती है। यहाँ आप चुनेंगे कि आप किस प्रकार का प्रोग्राम बनाना चाहते हैं। साधारण विजुअल बेसिक प्रोग्राम बनाने के लिए **Standard EXE** विकल्प पर क्लिक करिए और फिर OK बटन पर क्लिक करिए।

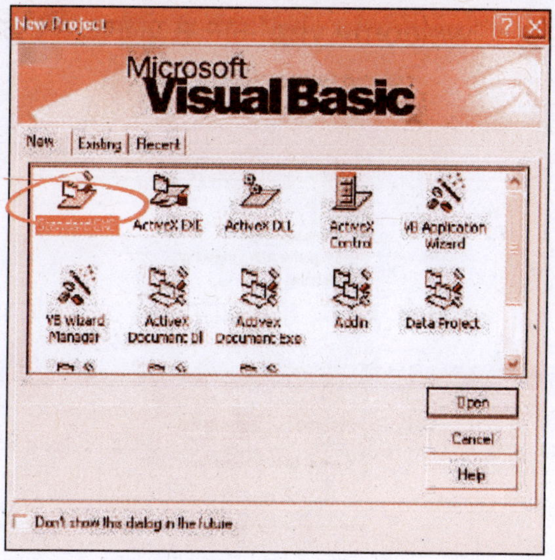

2. एक नया प्रोजेक्ट नए फॉर्म के साथ उपस्थित होता है, जिसका नाम **Form1** होता है।

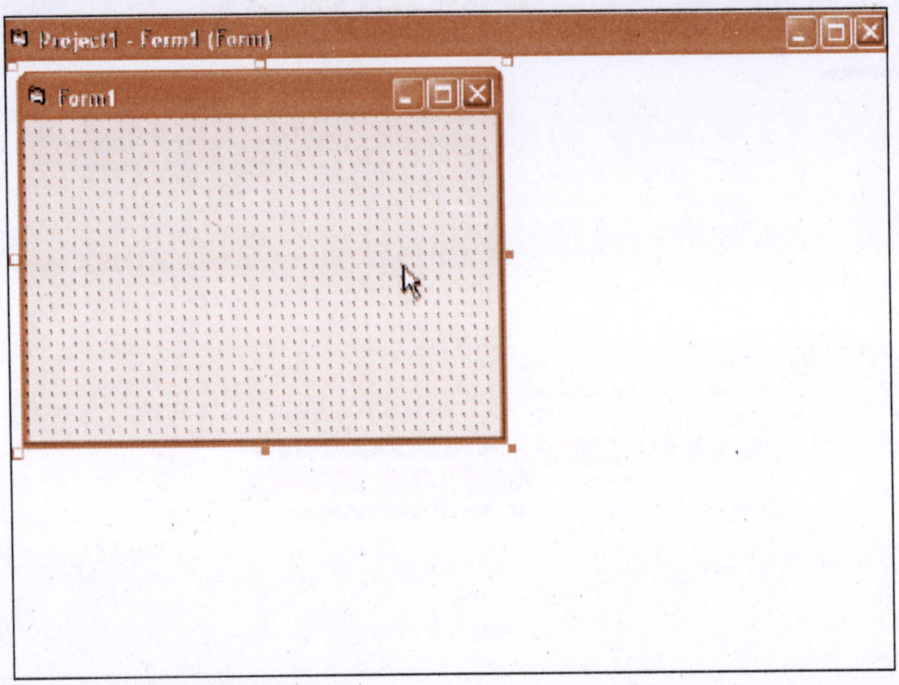

3. "welcome.frm" नाम से फॉर्म सेव करिए।

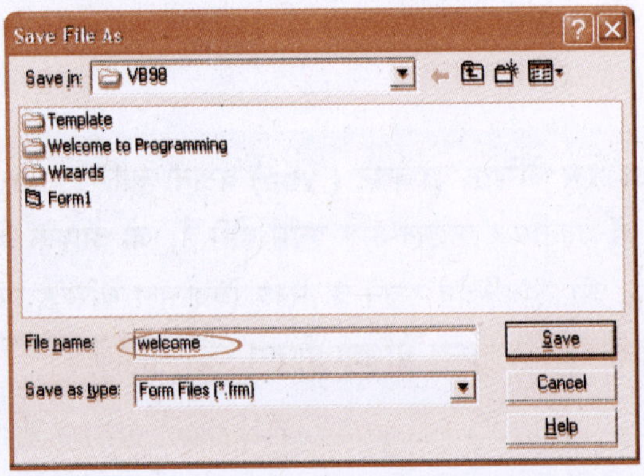

4. "welcome.vbp" नाम से प्रोजेक्ट सेव करिए।

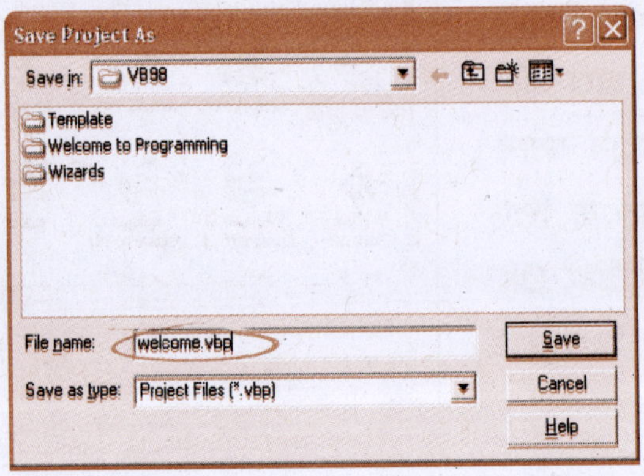

यूजर इंटरफेस डिजाइन करना

एक बार प्रोजेक्ट बनाने के बाद आपको अपने प्रोग्राम के लिए यूजर इंटरफेस बनाने की आवश्यकता होगी। यूजर इंटरफेस के सबसे सामान्य एलीमेंट हैं—

- Windows (Froms)
- Controls

आइए, अब Form1 पर कार्य आरंभ करें।

1. टूल बॉक्स में कमांड बटन कंट्रोल पर डबल क्लिक करिए। बटन फॉर्म के मध्य में आ जाता है। बटन को फॉर्म को नीचे बाएँ कोने पर ड्रैग करिए। इसी तरह से दो और बटन इंसर्ट करिए और उन्हें नीचे बीच में और नीचे दाहिने कोने पर ड्रैग करिए, जैसा कि दिखाया गया है।

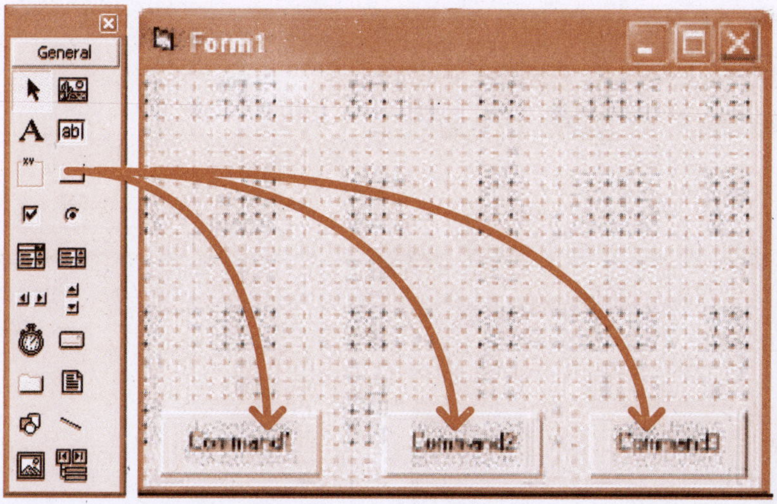

नोट

फॉर्म पर बिंदुवाला पैटर्न ग्रिड कहलाता है। जब आप आइटम को विस्थापित करते हैं तो वे केवल एक से दूसरे बिंदु पर मूव (स्नैप) होते हैं। यह फीचर एलीमेंट को फॉर्म पर ठीक तरह से रखने और एलाइन करने के लिए लाभदायक है।

2. प्रोपर्टीज विंडो खोलने के लिए कमांड 1 बटन पर क्लिक करिए। इसकी कैप्शन प्रोपर्टी SHOW में बदलिए।

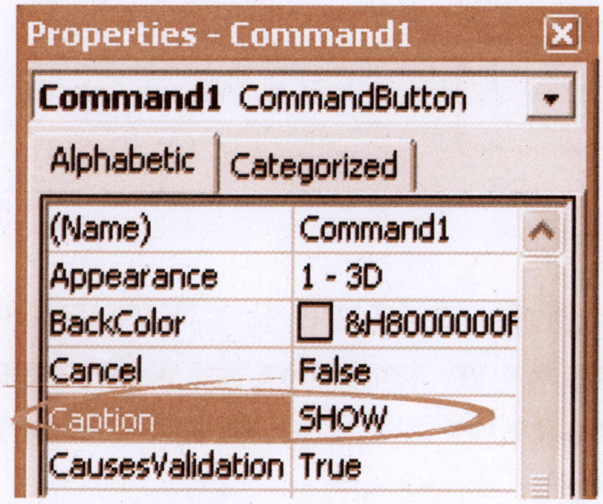

3. अब इसका नाम **Name** प्रोपर्टी को **CMD_SHOW** में बदलिए।

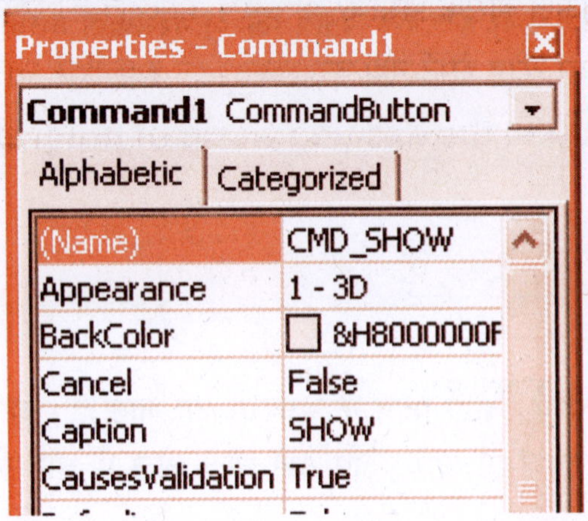

4. इसी तरह **Command2** और **Command3** बटन पर क्लिक करिए और इनकी कैप्शन प्रोपर्टी **CLEAR** और **EXIT** में बदलिए, जैसा कि दिखाया गया है। नेम प्रोपर्टी को **CMD_CLEAR** और **CMD_EXIT** बदलिए।

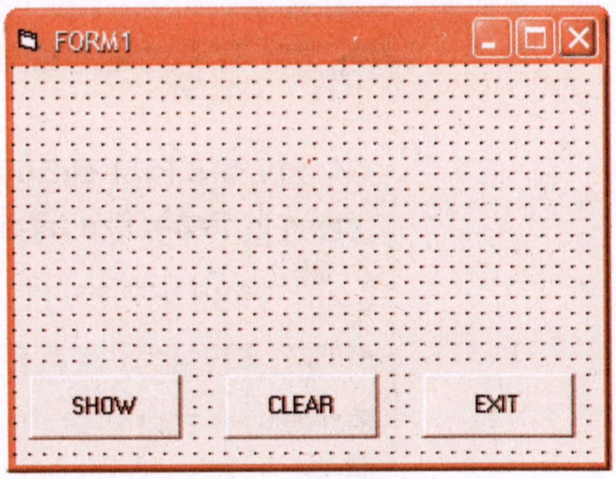

5. **Form1** पर क्लिक करिए और उसकी कैप्शन प्रोपर्टी **WEL-COME** में बदलिए

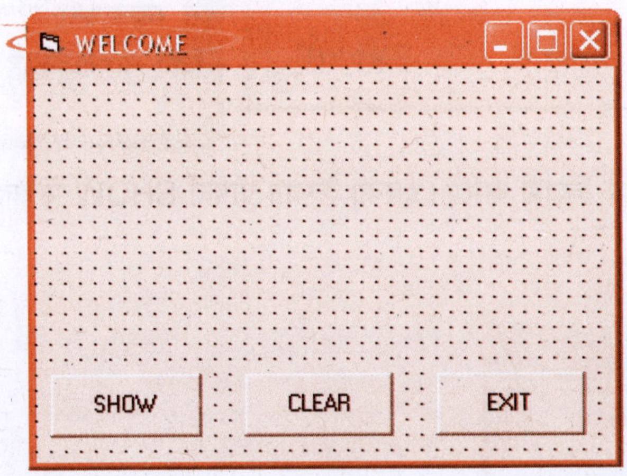

बेसिक कोड लिखना

अब आपने प्रोग्राम के लिए यूजर इंटरफेस डिजाइन किया। पिछले अध्याय में आपने पढ़ा है कि एक प्रोग्राम में यूजर इंटरफेस और बेसिक कोड होते हैं। आपका यूजर इंटरफेस तब तक कुछ नहीं करता जब तक काम के लिए बेसिक कोड न लिखे जाएँ। बेसिक कोड में प्रोग्रामिंग कमांड होते हैं जो कि एक-एक स्टेप करके कंप्यूटर को बताते हैं कि क्या करना है। अपने इंटरफेस के लिए कोड लिखने के लिए नीचे बताई गई स्टेप का अनुसरण करिए।

1. **Show** बटन नाम के पहले कंट्रोल पर डबल क्लिक करिए। **Project1-form1 (Code)** विंडो खुल जाती है। आप ध्यान देंगे कि वहाँ पहले से ही कोड की दो लाइनें हैं। विजुअल बेसिक प्रोसीजर के आरंभ और अंत का संकेत करने के लिए पहले से ही यह काम कर देता है। आप इन लाइनों के बाहर कोड इंसर्ट नहीं कर सकते। इन लाइनों के बीच के सभी कोड कार्यान्वित होते हैं। अब टाइप करिए—**Print "Welcome to the exciting world of programming,** जैसा कि दिखाया गया है।

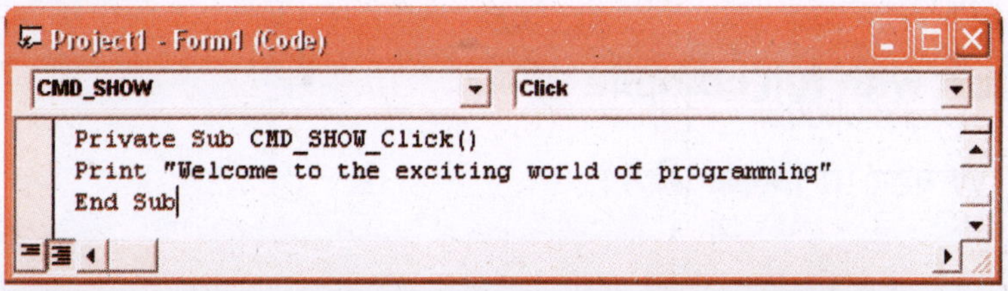

नोट : कोड विंडो, कोड कलर, कमेंट्स

अब आप कोड विंडो खोलेंगे तो यह ऑब्जेक्ट का नाम दिखाता है, जिसके लिए कोड लिखा गया है और इवेंट दिखाता है, जिसके लिए यह ऑब्जेक्ट प्रतिक्रिया करेगा उपर्युक्त विंडो में CMD_SHOW बटन के लिए कोड है और यह तब कार्यान्वित होगा जब यूजर इस बटन पर क्लिक करेगा। ड्रॉप डाउन लिस्ट बॉक्स में फॉर्म में प्रयोग होनेवाले सभी ऑब्जेक्ट और सभी संभव इवेंट की सूची होती है।

आप जैसे ही टाइप करेंगे, विजुअल बेसिक टेक्स्ट एडिटर प्रत्येक शब्द और कोड वाक्य को स्पेलिंग के लिए जाँचता है। वे शब्द, जो नीले रंग से दिखाए जाते हैं, **की वर्ड** या **रिजर्व वर्ड** कहलाते हैं। इसी प्रकार जब आप किसी कोड से पहले (') लगाते हैं तो वह (एपोस्ट्रॉफी से उस लाइन के अंत तक) हरे रंग से दिखाया जाता हैं इन्हें कमेंट्स कहते हैं और ये कोड को समझना आसान बनाते हैं। कमेंट्स क्रियानवित नहीं होते और इनका प्रोग्राम पर कोई प्रभाव नहीं पड़ता।

2. अब Clear बटन नाम के कंट्रोल पर डबल क्लिक करिए और कोड लिखिए, जैसा कि दिखाया गया है।

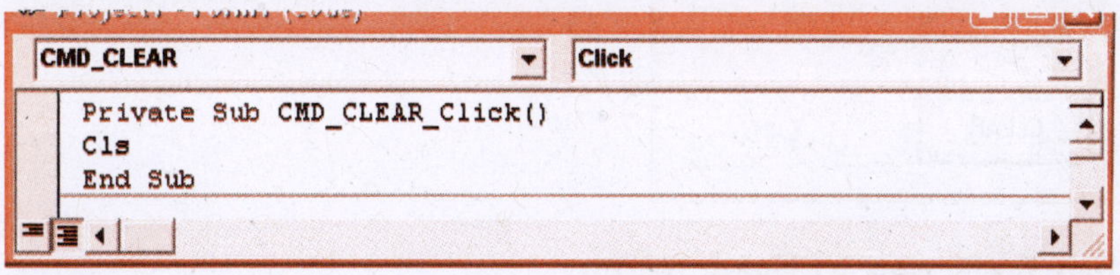

3. अब Exit बटन नाम के कंट्रोल पर डबल क्लिक करिए और कोड लिखिए, जैसा कि दिखाया गया है।

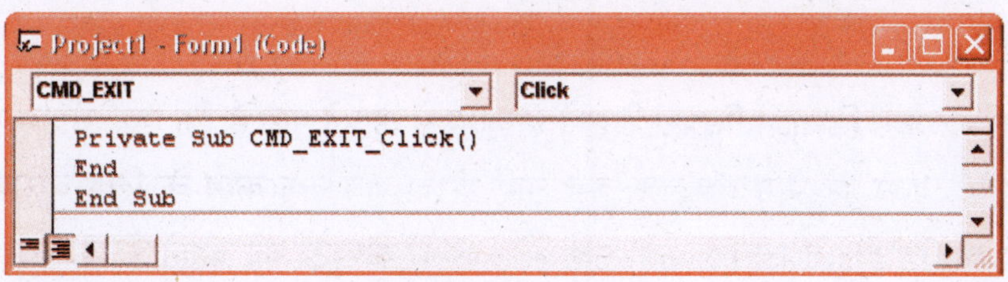

अति उत्तम! आपका वी.बी. का पहला प्रोग्राम तैयार है।

प्रोग्राम को चलाना

अब आपने अपना यूजर इंटरफेस डिजाइन कर लिया है और कोड लिख लिया है। वह कार्य कर रहा है यह सुनिश्चित करने के लिए प्रोग्राम को रन करना अंतिम स्टेप होगा। ऐसा करने के लिए—

1. **F5** चुनिए या **Run > Start** चुनिए।

   या

   Ctrl+F5 चुनिए या **Run > Start with full compile** चुनिए।

2. टेक्स्ट को दिखाने के लिए SHOW बटन पर क्लिक करेंगे।

3. टेक्स्ट को साफ करने के लिए CLEAR बटन पर क्लिक करेंगे।

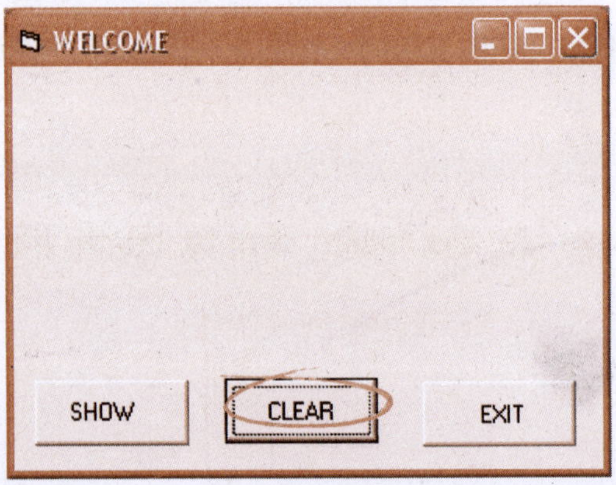

4. एप्लीकेशन बंद करने के लिए EXIT बटन पर क्लिक करिए।

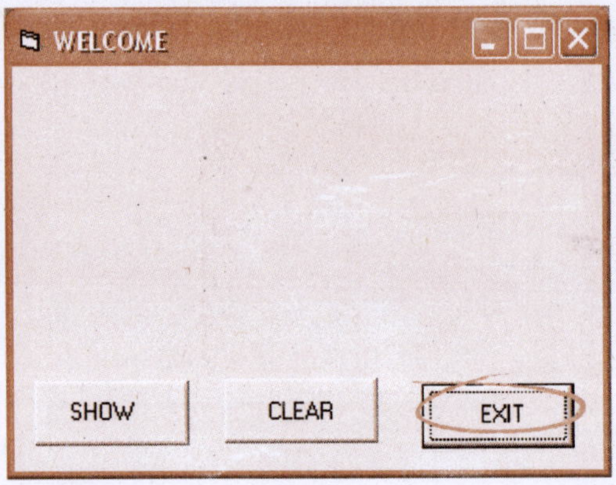

यदि आप चाहें तो इस प्रोजेक्ट को **Ctrl+S** दबाकर सेव कर सकते हैं। और फिर आपसे फॉर्म फाइल नेम (.frm) और प्रोजेक्ट नेम **(v.bp)** माँगा जाएगा। आप इन्हें **Welcome.frm** और **Welcome.vbp** की तरह सेव कर सकते हैं। आप एक्जीक्यूटेबल फाइल (.EXE) भी बना सकते हैं, जिसके लिए **File > Make Welcome.exe...** पर क्लिक करेंगे। यह फाइल बाँटी जा सकती है और किसी भी कंप्यूटर पर बिना वी.बी. इंस्टाल किए चलाई जा सकती है। आप इसे अपने शिक्षक या मित्र को भेज सकते हैं। आप सुनिश्चित कर ले कि (.EXE) फाइलें वायरस से मुक्त है और जाने अनजाने में वायरस का वितरण नहीं करेंगे। फाइलों को भेजने या प्राप्त करने से पहले किसी एंटी वायरस से स्कैन कर लेना चाहिए।

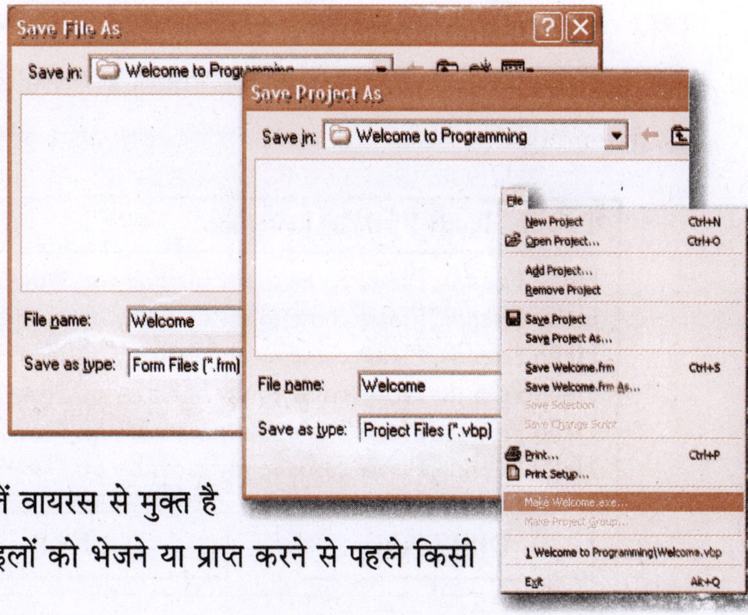

याद करें

1. बेसिक कोड में प्रोग्रामिंग कमांड होते हैं, जो कंप्यूटर को एक-एक स्टेप ये बताते हैं कि उसे करना है।
2. यूजर इंटरफेस के सबसे कॉमन एलीमेंट हैं।
   - Windows (Forms)
   - Controls

अभ्यास

(अ) रिक्त स्थान भरो—

1. नया वी.बी. प्रोजेक्ट खोलने के लिए........................का प्रयोग करते हैं।
2. वी.बी. फॉर्म में........................एक्सटेंशन और वी.बी. प्रोजेक्ट में........................एक्सटेंशन होता है।
3. ....का प्रयोग वी.बी. प्रोग्राम चलाने के लिए होता है।

(ब) कमांड बटन की कुछ प्रोपर्टीज लिखिए।

(स) वी.बी. में कोड विंडो पर संक्षिप्त टिप्पणी लिखिए।

(द) आपने वी.बी. एक रोचक प्रोग्राम बनाया है और उसे आपने भाई को दिखाना चाहते हैं। आप या तो उसे सी.डी. या पेन ड्राइव पर कॉपी कर सकते हैं अथवा इ-मेल कर सकते हैं। लेकिन आपके भाई के पास कंप्यूटर में वी.बी. नहीं है। क्या आप फिर भी उसे यह प्रोग्राम दिखा सकते हैं?

(च) जन्मदिन का निमंत्रण संदेश दिखाने के लिए विजुअल बेसिक प्रोग्राम डिजाइन करिए। तीन कमांड बटन **DISPLAY, CLEAR** और **END** कैप्शन के साथ फॉर्म पर लगाइए। प्रोग्राम के टाइटल बार में आपका नाम दिखना चाहिए।

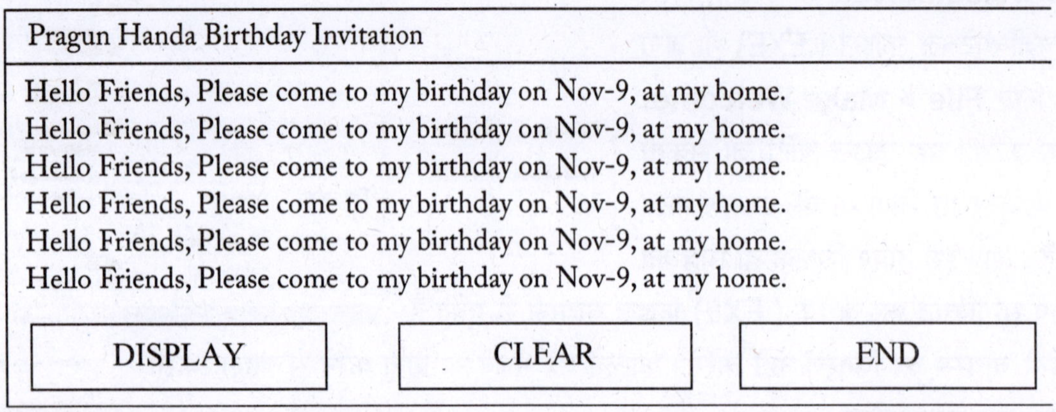

बहुविकल्पीय प्रश्न

निम्नलिखित चार विकल्पों में से सही विकल्प पर (✔) निशान लगाएँ।

1. विजुअल बेसिक एप्लीकेशन का.......................एक्सटेंशन है

   अ. .vba　　　ब. .exe

   स. .vbe　　　द. इनमें से कोई नहीं

2. विंडोज को यह भी कहते हैं।

   अ. फॉर्म　　　ब. कंट्रोल्स

   स. अ और ब दोनों　　　द. इनमें से कोई नहीं

3. BASIC कोड में होता है

   अ. प्रोग्रामिंग कमांड　　　ब. कंट्रोल्स

   स. डिजाइन　　　द. इनमें से कोई नहीं

4. जब कोड विंडो में कोड टाइप करते हैं और Enter को दबाते हैं तो कीवर्ड्स इसमें बदल जाते हैं।

   अ. लाल　　　ब. नीला

   स. नारंगी　　　द. सलेटी

7 वी.बी. से घड़ी बनाना

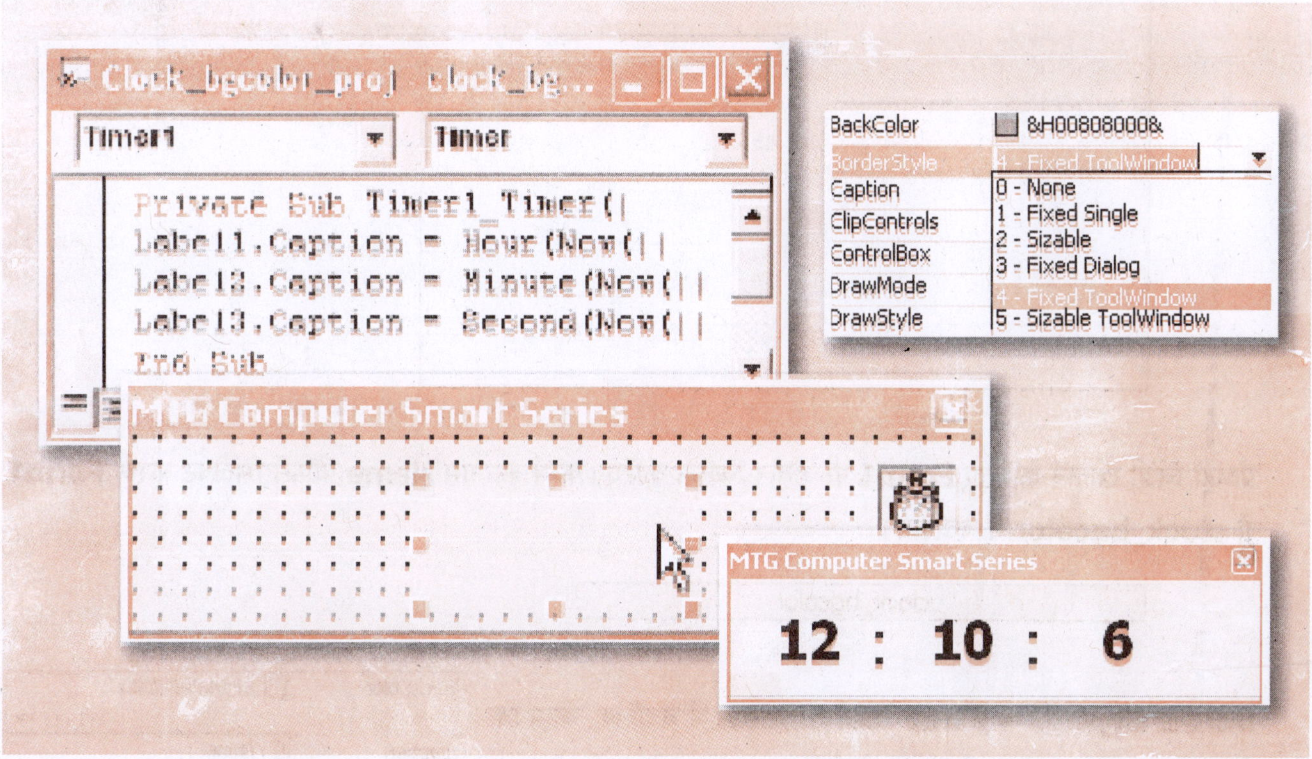

पिछले अध्याय में पहला वी.बी. प्रोग्राम बनाने के बाद अब हमें एक कदम आगे बढ़ना चाहिए और कुछ रोचक कार्य करना चाहिए। आइए, अब वी.बी. का प्रयोग करके घड़ी बनाएँ।

1. विजुअल बेसिक खोलिए। **File > New Project** चुनिए या **Ctrl+N** दबाइए।

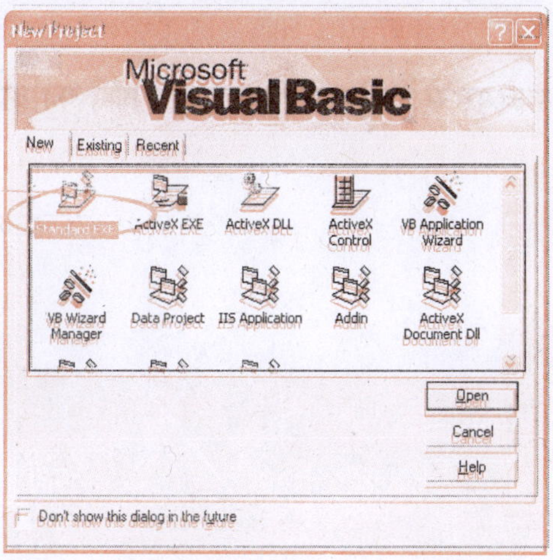

नोट :

जब आप वी.बी. खोलते हैं तो जो पहली स्क्रीन सामने आती है तो सामान्यत: यह न्यू प्रोजेक्ट स्क्रीन होती है। यदि ऐसा नहीं होता है तो इसे खोलने के लिए आप File > New Project या Ctrl+N का प्रयोग कर सकते हैं।

2. एक नया प्रोजेक्ट **Form1** नाम से नए फॉर्म के साथ खुल जाता है।

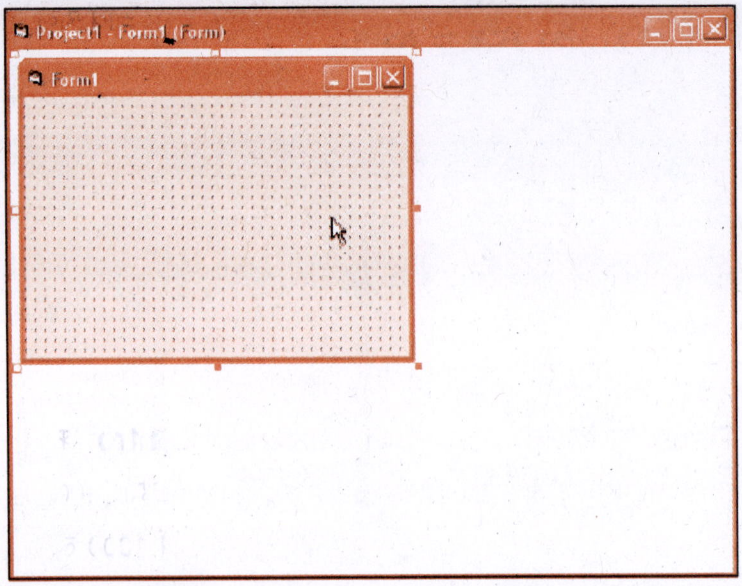

3. प्रोपर्टी विंडो खोलने के लिए **Form1** पर डबल क्लिक करिए। फॉर्म का नाम **Name** प्रोपर्टी सिलेक्ट करके **Form1** से **clock_bgcolor** में बदलिए।

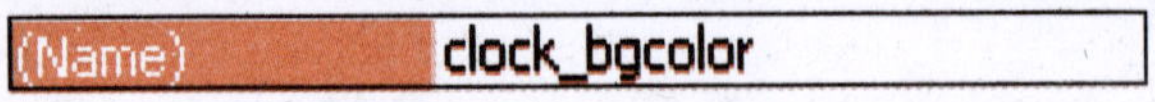

4. **Border Style को 4-Fixed ToolWindow** में बदलिए, जैसा कि दिखाया गया है। यह हमारी घड़ी को निश्चित आकार देगा, जिसे यूजर द्वारा बदला नहीं जा सकता। आप अन्य विकल्प भी देख सकते हैं।

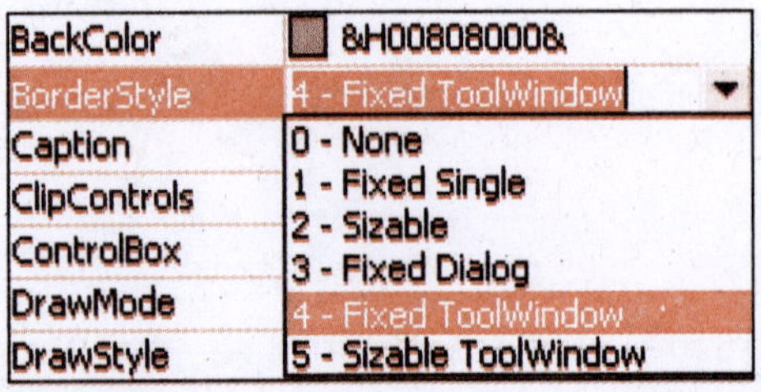

5. **Caption Property** MTG Computer Smart Series में बदलिए, जैसा कि दिखाया गया है।

6. फॉर्म का आकार फॉर्म के नीचेवाले हैंडल को ड्रैग करके स्क्वेयर से रेक्टेंगल में घटाइए। फॉर्म का आकार बदलने के बाद वह निम्न प्रकार दिखाई देगा—

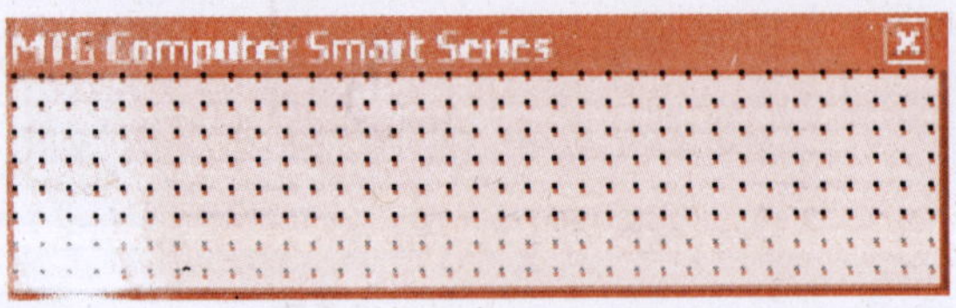

7. अब टूल बॉक्स में **Timer** पर डबल क्लिक करिए। इसे फॉर्म के दाईं ओर लगाइए। कृपया ध्यान रखिए कि टाइमर कंट्रोल यूजर को फॉर्म पर नहीं दिखाई देगा, अत: उसकी स्थिति का बिलकुल ठीक होना आवश्यक नहीं है।

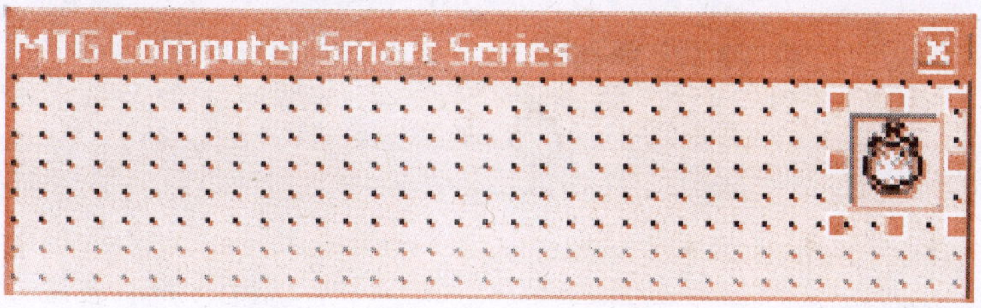

8. प्रोपर्टीज विंडो खोलने के लिए **Timer** पर डबल क्लिक करिए। अब **Timer Control** की **Interval** प्रोपर्टी बदलकर 1000 कर दीजिए। वी.बी. में टाइमर कंट्रोल टाइम को मि.ली. सेकंड में नापता है। (1000 milliseconds = v second)। हम घड़ी को प्रति सेकंड पुनरावृत्ति करना चाहते हैं, अत: इंटरवल में 1000 लेंगे।

9. A पर डबल क्लिक करिए, टूल बॉक्स में **Label** कंट्रोल पर डबल क्लिक करिए और लेबल को फॉर्म पर लगाइए, जैसा कि दिखाया गया है।

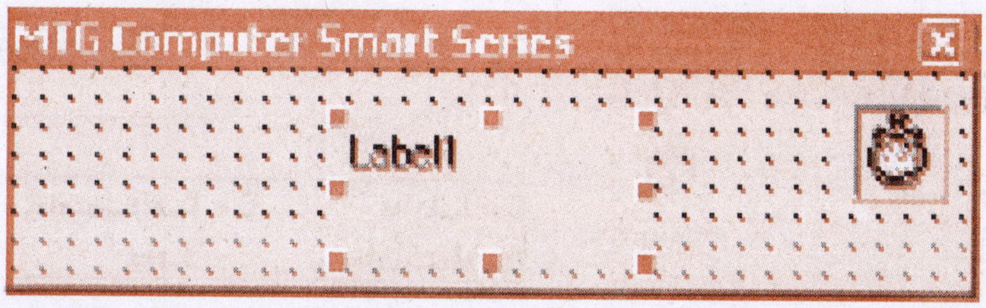

10. प्रोपर्टीज विंडो खोलने के लिए Label पर डबल क्लिक करिए। प्रोपर्टीज विंडो **Caption** पर जाइए और **Label1** की वैल्यू मिटाकर उसे खाली कर दीजिए।

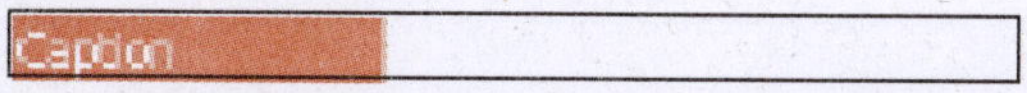

11. कैप्शन फील्ड में **Label1** मिटाने के बाद लेबल निम्न प्रकार दिखना चाहिए—

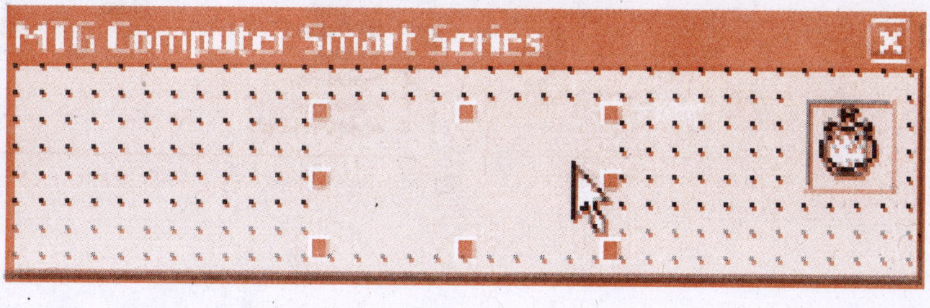

12. अब फॉर्म पर चार और लेबल सावधानी से रखिए। ठीक उसी क्रम में जैसा कि दिखाया गया है, बहुत ही सावधानी रखिए, वरना यहाँ ये आगे अनुसरण करना मुश्किल होगा। इनके कैप्शन पूरी तरह मिटाइए। इनका आकार बदलकर उसी क्रम में लगाइए, जैसा कि दिखाया गया है। लेबल स्वत: ही **Label1** से **Label5** तक लेबल हो जाएँगे।

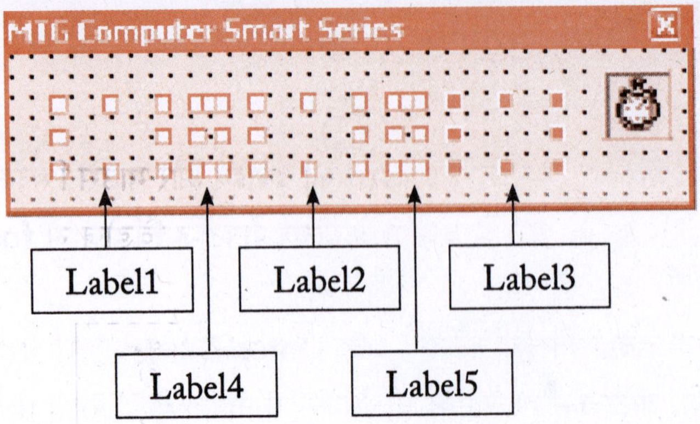

13. अब सभी पाँच लेबल **Ctrl** और माउस के क्लिक द्वारा सिलेक्ट करिए। सभी पाँच लेबल के कांटेस्ट मेन्यू खोलने के लिए माउस से राइट क्लिक करिए। प्रोपर्टी विंडो खोलने के लिए प्रोपर्टीज विंडो को चुनिए। **back style** प्रोपर्टी को **0-Transparent** और **border style** प्रोपर्टी को **0-None** में बदलिए। फॉर्म से सभी लेबल गायब हो जाएँगे।

BackStyle	0 - Transparent
BorderStyle	0 - None

14. **Ctrl** को दबाइए। अब Label4 और Label5 को चुनिए। विंडोज प्रोपर्टीज में **font style bold** और **font size 24** में बदलने के लिए **font** प्रोपर्टी चुनिए।

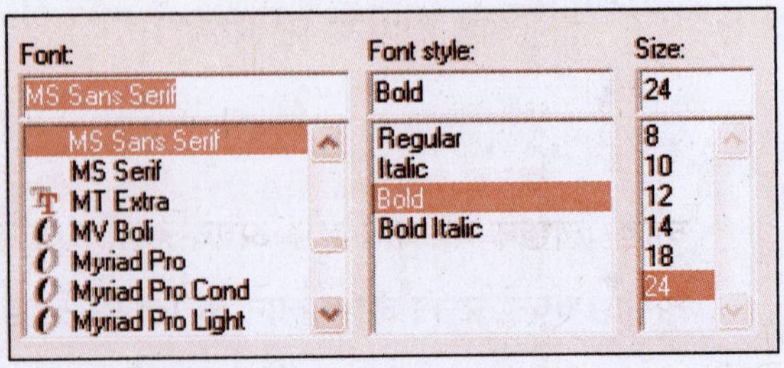

15. अब label4 और label5 के **caption property** में **colon (:)** टाइप करिए। दोनों लेबल में कोलन निम्न प्रकार दिखाई देगा।

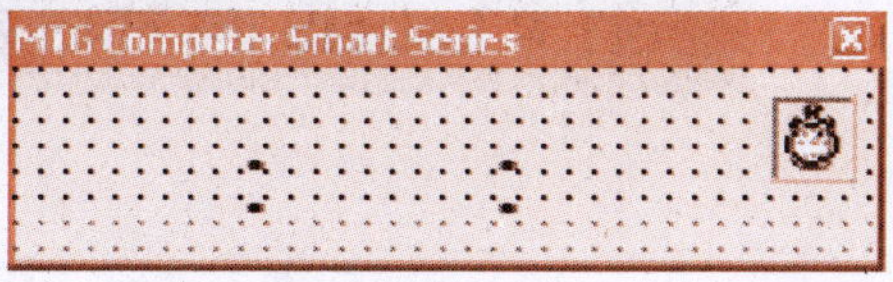

16. अब Label1, Label2 और Label3 को सिलेक्ट करने के लिए **Ctrl** की दबाइए और माउस क्लिक करिए। **font, Tahoma, font style, Bold** और **font size, 20** में बदलने के लिए प्रोपर्टीज विंडोज से **font property** चुनिए।

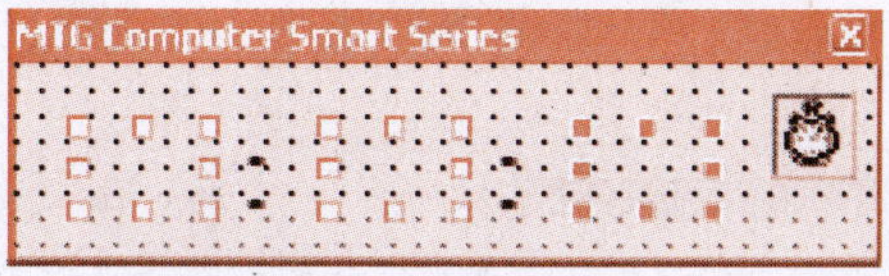

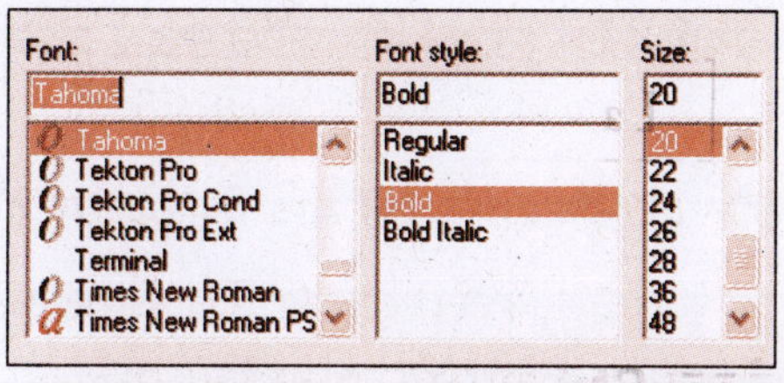

17. फॉर्म पर Timer कंट्रोल पर क्लिक करिए।

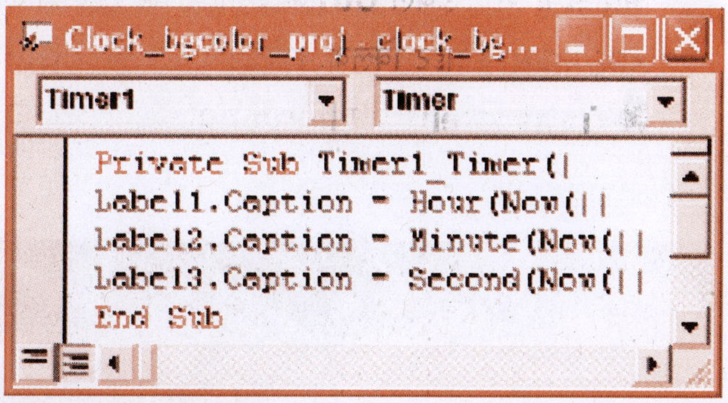

नोट : नॉऊ (); घंटें (); मिनट (); सेकंड ();

Now डेट और टाइम को एक साथ रिटर्न करता है। **Hour** 0 और 23 के बीच आनेवाले सभी पूर्ण अंकों को बदलकर दिन के घंटे दिखाता है। **Hour (Now())** या **Hour (Now)** का अर्थ है दिन का वर्तमान घंटा। **Minute** 0 और 59 के बीच आनेवाले सभी पूर्ण अंकों को बदलकर घंटे के मिनट दिखाता है। **Minute (Now())** या **Minute (now)** का अर्थ है घंटे का वर्तमान मिनट। Second 0 और 59 के बीच आनेवाले सभी पूर्ण अंकों को बदलकर मिनट के सेकंड दिखाता है। **Second (Now())** या **Second (Now)** का अर्थ है मिनट का वर्तमान सेकंड।

18. कोड लिखने के बाद हम अपने क्लॉक एप्लीकेशन को चला सकते हैं। क्लॉक एप्लीकेशन को चलाने के लिए स्टैंडर्ड टूलबार से **start** ▶ **बटन** दबाइए या **run मेन्यू** पर क्लिक करिए और **start** विकल्प चुनिए अथवा **F5** की दबाइए।

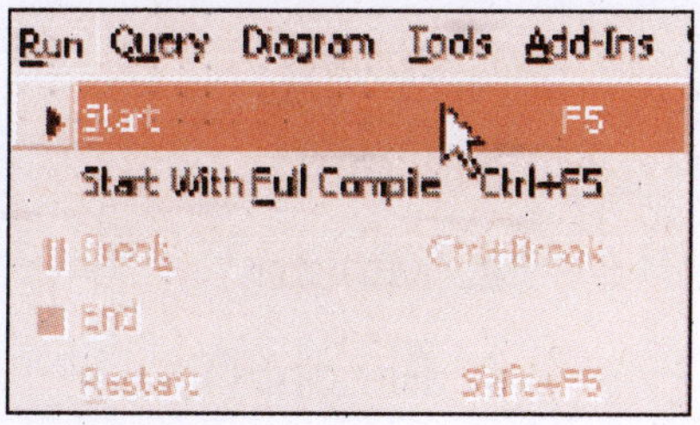

19. घड़ी दिखेगी, जैसा कि दिखाया गया है। घड़ी को बंद करने के लिए **X** दबाइए।

20. अब फॉर्म **clock.frm** और प्रोजेक्ट **simple_clock.vbp** की तरह सेव करिए।

याद करें

1. नेम प्रोपर्टी का प्रयोग किसी कंट्रोल के नाम बदलने के लिए करते हैं।
2. कैप्शन प्रोपर्टी का प्रयोग कंट्रोल के कैप्शन बदलने के लिए करते हैं, जैसे Form, Label, Command Button आदि।
3. फॉण्ट प्रोपर्टी का प्रयोग फॉण्ट स्टाइल और फॉण्ट साइज बदलने के लिए करते हैं; जैसे Form, Label, Command Button आदि।
4. Now() वर्तमान दिनांक और समय एक साथ रिटर्न करता है।
5. Hour() 0 और 23 के बीच आनेवाले सभी पूर्ण अंकों को बदलकर दिन के घंटे दिखाता है।
6. Minute 0 और 59 के बीच आनेवाले सभी पूर्ण अंकों को बदलकर घंटे के मिनट दिखाता है।
7. Second() 0 और 59 के बीच आनेवाले सभी पूर्ण अंकों को बदलकर मिनट के सेकंड दिखाता है।

अभ्यास

(अ) रिक्त स्थान भरो—

1. टाइमर कंट्रोल में .... प्रोपर्टी का प्रयोग होता है।
2. कमांड बटन में .... प्रोपर्टी का प्रयोग होता है।
3. लेबल में .... प्रोपर्टी का प्रयोग होता है।
4. .... प्रोपर्टी में 0-Transparent उपस्थित है।
5. .... प्रोपर्टी में 0-None प्रयोग होता है।

(ब) प्रत्येक दो सेकंड के बाद सेकंड दिखाने के लिए टाइमर कंट्रोल बनाने के लिए कोड लिखिए।

(स) निम्न फंक्शन को संक्षेप में लिखिए:

1. Now()
2. Hour()
3. Minute()
4. Second()

बहुविकल्पीय प्रश्न

निम्नलिखित चार विकल्पों में से सही विकल्प पर (✔) निशान लगाएँ।

1. ....प्रोपर्टी का प्रयोग किसी कंट्रोल का नाम बदलने के लिए करते हैं।

   अ. कैप्शन   ब. नाम

   स. फॉण्ट   द. टेक्स्ट

2. ....प्रोपर्टी का प्रयोग कंट्रोल के कैप्शन बदलने के लिए करते हैं। उदाहरण के लिए—फॉर्म, लेबल, कमांड बटन आदि।

   अ. कैप्शन   ब. नाम

   स. फॉण्ट   द. टेक्स्ट

3. ....प्रोपर्टी का प्रयोग कंट्रोल के फॉण्ट स्टाइल और फॉण्ट साइज बदलने के लिए करते हैं, जैसे—फॉर्म, लेबल, कमांड बटन आदि।

   अ. कैप्शन   ब. नाम

   स. फॉण्ट   द. टेक्स्ट

4. ....फंक्शन डेट और टाइम प्रोपर्टी का प्रयोग कंट्रोल के कैप्शन बदलने के लिए करते हैं। उदाहरण के लिए—फॉर्म, लेबल, कमांड बटन आदि।

   अ. Now ()   ब. Hour ()

   स. Minute ()   द. Second ()

5. Hour () फंक्शन रिटर्न करता है—

   अ. एक पूर्णांकवाला इंटीजर   ब. 0 और 23 के बीचवाला पूर्णांक

   स. दिन का घंटा   द. उपर्युक्त सभी

6. Minute () फंक्शन रिटर्न करता है—

   अ. 0 और 60 के बीचवाला पूर्णांक   ब. 0 और 59 के बीचवाला पूर्णांक

   स. दिन का मिनट   द. उपर्युक्त सभी

7. Second (now) फंक्शन रिटर्न करता है—

   अ. दूसरे (Now()) जैसी वैल्यू   ब. 0 और 59 के बीचवाला पूर्णांक

   स. दिन का सेकंड   द. अ और ब दोनों

8 क्लॉक एप्लीकेशन के साथ मस्ती

क्लॉक को कस्टमाइज करना

पिछले अध्याय में आपने क्लॉक बनाने के लिए साधारण इंटरफेस प्रयोग किया था। आप फॉर्म और लेबल के बैंकग्राउंड और फोर ग्राउंड रंग भी बदल सकते हैं। इसे यूजर इंटरफेस को ब्यूटीफाई करना कहते हैं। ऐसा इंटरफेस को यूजर फ्रेंडली और आकर्षक बनाने के लिए करते हैं। आप एप्लीकेशन को पूरी तरह से फंक्शनल करने और यूजर फ्रेंडली बनाने के लिए कोड कर सकते हैं। कंपनियाँ अपने सॉफ्टवेयर को अधिक यूजर फ्रेंडली और अधिक उपयोगी बनाने के लिए करोड़ों डॉलर खर्च करती हैं। सॉफ्टवेयर डिजाइन की यह शाखा यूजर इंटरफेस इंजीनियरिंग कहलाती है।

1. अपने सिस्टम पर फॉर्म **clock.frm** और प्रोजेक्ट **simple_clock.vbp** खोलिए और फॉर्म को **clock_bgcolor.frm** और प्रोजेक्ट को **clock_bgcolor_proj.vbp** की तरह सेव करिए।

2. अब फॉर्म को सिलेक्ट करिए और उसकी प्रोपर्टी विंडो खोलिए। बैक कलर प्रोपर्टी बदलिए, जैसा कि दिखाया गया है। आप जो चाहे वह रंग प्रयोग कर सकते हैं। यदि आप चाहते हैं, जैसा हमने दिखाया है वैसा ही परिणाम आए तो वैल्यू **&H00808000&** का प्रयोग करिए।

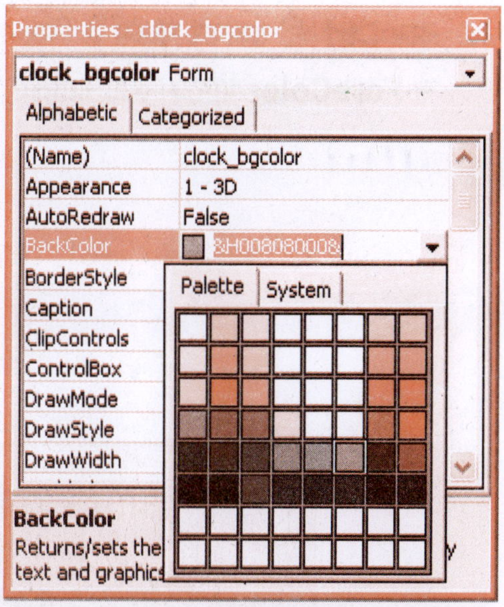

3. **BackColor** प्रोपर्टी बदलने के बाद फॉर्म इस तरह दिखेगा।

4. अब **Ctrl** की दबाकर माउस से क्लिक करके Label4 और Label5 सिलेक्ट करिए। कांटेक्स्ट मेन्यू से प्रोपर्टी विंडो खोलिए और लेबल की **ForeColor** प्रोपर्टी बदलिए।

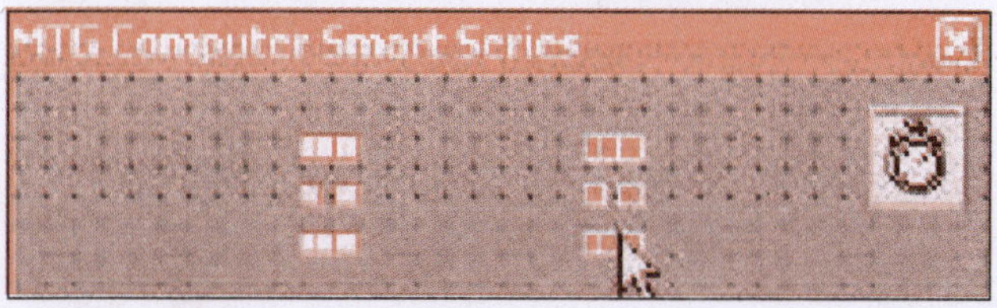

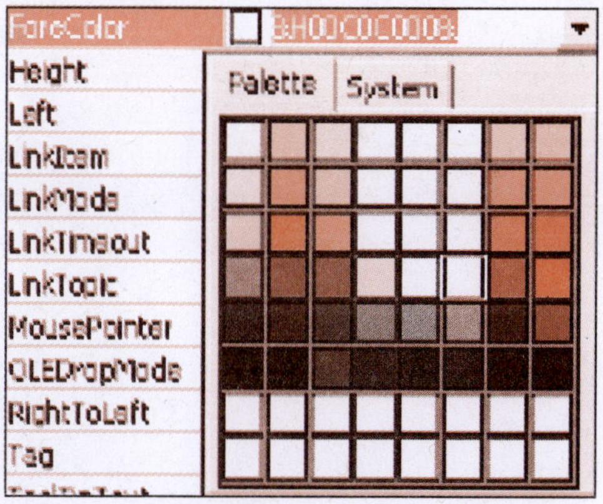

5. **ForeColor** प्रोपर्टी बदलने के बाद फॉर्म इस तरह दिखाई देगा।

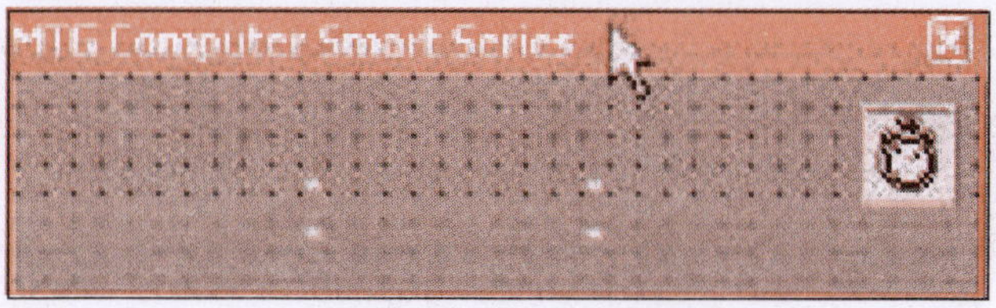

6. अब **Ctrl** की दबाकर माउस से क्लिक करके Label1, Label2 और Label3 सिलेक्ट करिए और कांटेक्स्ट मेन्यू से **ForeColor** प्रोपर्टी विंडो खोलिए, लेबल का **ForeColor** प्रोपर्टी बदलिए, जैसा कि दिखाया गया है।

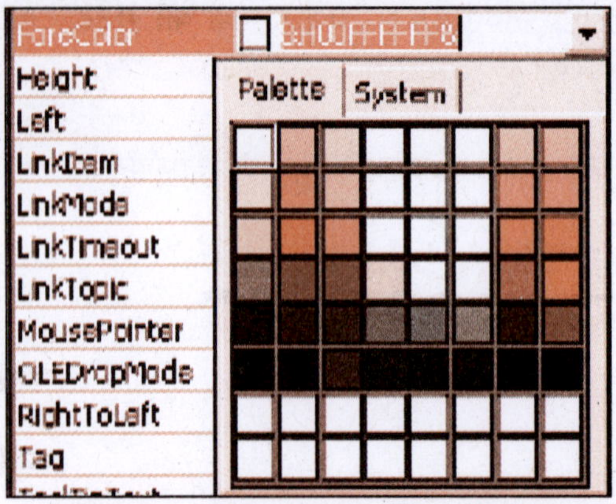

7. अब क्लॉक एप्लीकेशन को **run** करिए। क्लॉक बंद करने के लिए **X** दबाइए।

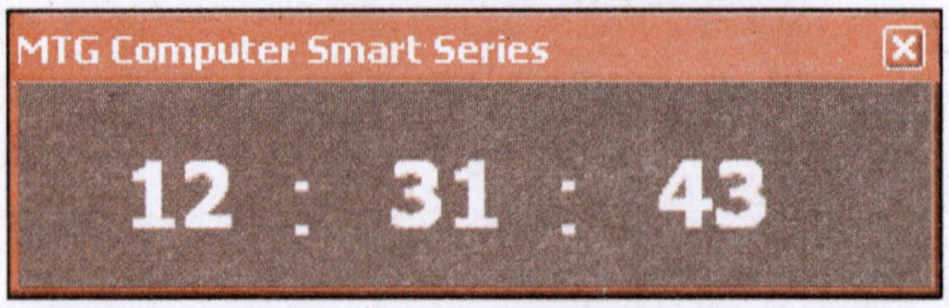

8. आप **File मेन्यू** से **Make clock_bgbolor.exe** विकल्प चुनकर क्लॉक एप्लीकेशन की एक्जीक्यूटेबल **(.Exe)** फाइल बना सकते हैं।

9. **(clock_col.exe)** नाम दीजिए और इसे डेस्कटॉप पर रखिए। अब आप बिना वी.बी. खोले डेस्कटॉप पर इस आइकन को डबल क्लिक करके क्लॉक चला सकते हैं।

क्लॉक एप्लीकेशन के साथ और मस्ती (इसे यादगार बनाना और भेंट करना)

हम अपनी क्लॉक एप्लीकेशन में चित्र जोड़कर उसे कस्टमाइज कर सकते हैं। हम इमेज किसी भी डिवाइस जैसे मोबाइल, फोन, डिजिटल कैमरा, वेब कैमरा या स्केनर से स्केन करके प्राप्त कर सकते हैं। हम इंटरनेट से डाउनलोड की गई इमेज को भी लगा सकते हैं। ये चित्र गर्मियों की छुट्टी, भाई या बहन के जन्मदिन माता-पिता, दादा-दादी या चाचा के शादी की सालगिरह के हो सकते हैं।

क्लॉक बैकग्राउंड में इमेज लगाने के लिए इन स्टेप्स का अनुसरण करिए।

1. फॉर्म **clock_bgcolor.frm** और प्रोजेक्ट **clock_bgcolor_proj.vbp** खोलिए और फॉर्म को **clock_image.frm** प्रोजेक्ट को **clock_image_proj.vbp** की तरह सेव करिए।

2. फॉर्म के किनारे ड्रैग करके उसका आकार बढ़ाइए।

3. अब टूल बॉक्स में **Image** कंट्रोल पर डबल क्लिक करिए और उसका आकार बढ़ाइए। सावधानी रखिए कि आप किस कंट्रोल पर क्लिक करते हैं। ये कंट्रोल पहाड़ियों वाला है, कैक्टस वाला नहीं।

4. अब प्रोपर्टी विंडो खोलने के लिए **Image** कंट्रोल पर डबल क्लिक करिए। **Stretch** प्रोपर्टी को **True** की तरह सेट करिए, जैसा कि दिखाया गया है।

5. अब प्रोपर्टी विंडो में पिक्चर ऑप्शन पर क्लिक करिए। **Load Picture** डायलॉग बॉक्स आ जाता है।

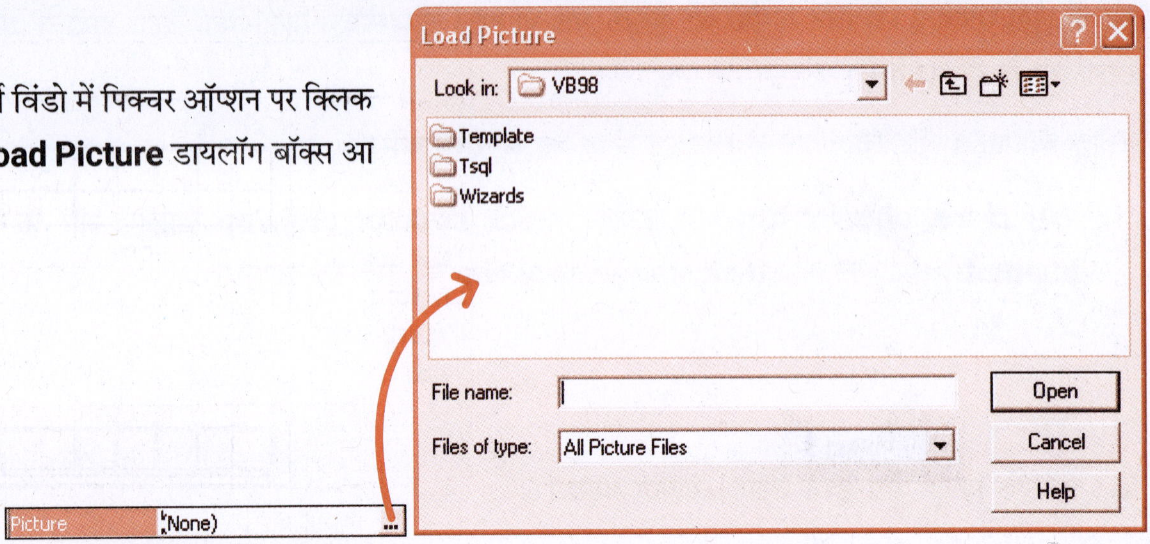

6. जहाँ सेव की है, उस जगह से मनचाही पिक्चर चुनिए। पिक्चर **Image** कंट्रोल में आ जाती है, जैसा कि दिखाया गया है।

क्या आपने इस इमेज में एक समस्या पर ध्यान दिया? हमने क्लॉक का रंग सफेद रखा है और बैकग्राउंड में जो पिक्चर लगाई है उसका भी रंग सफेद है। इस प्रकार हम क्लॉक को चलता हुआ नहीं देख सकेंगे। ऐसी स्थिति में क्लॉक टेक्स्ट लेबल रंग को बदलना होगा।

7. यदि आपकी क्लॉक रखी गई इमेज के ऊपर स्पष्ट नहीं है तो सभी लेबल को कंट्रोल की और माउस क्लिक की सहायता से सिलेक्ट करिए और प्रोपर्टीज विंडोज खोलिए। प्रोपर्टी विंडो में **ForeColor** प्रोपर्टी को **BackColor** प्रोपर्टी में बदलिए, जैसा कि दिखाया गया है।

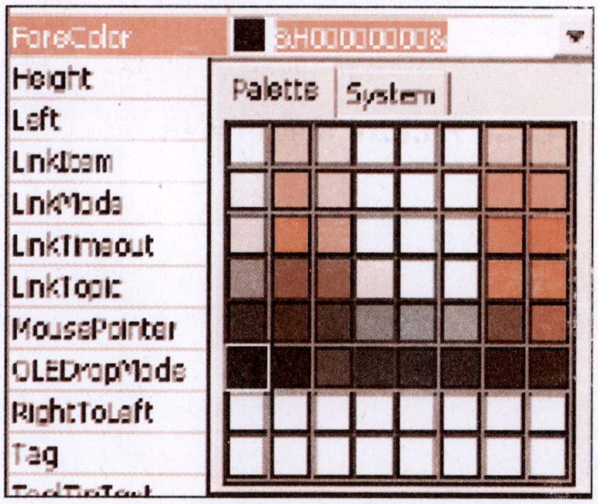

8. **ForeColor** प्रोपर्टी बदलने के बाद फॉर्म इस प्रकार दिखाई देगा जैसा कि दिखाया गया है।

9. अब क्लॉक एप्लीकेशन को **run** करिए।

10. **file menu** से **Make clock_img.exe** विकल्प चुनकर क्लॉक एप्लीकेशन की **Executable (.Exe)** फाइल बनाइए।

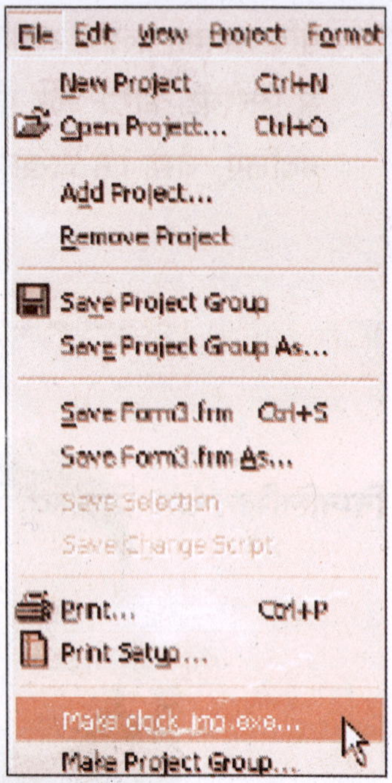

11. **(clock_img.exe)** नाम दीजिए और इसे डेस्कटॉप पर रखिए। एक बार जब आप Exe फाइल बना लेते हैं तो इसे बिना वी.बी. खोले चला सकते हैं। प्रोग्राम को चलाने के लिए केवल उसके आइकन पर डबल क्लिक कर दीजिए। अब आप इस प्रोग्राम को सी.डी., पेन ड्राइव से भेजकर अपने मित्र, भाई-बहन या माता-पिता को उपहार में दे सकते हैं।

याद करें

1. BackColor प्रोपर्टी और उनकी बैकग्राउंड का रंग बदलने के लिए प्रयोग की जाती है।
2. ForeColor प्रोपर्टी और उनकी फोरग्राउंड का रंग बदलने के लिए प्रयोग की जाती है।
3. Ctrl की माउस से क्लिक करके आप एक साथ कई सारे लेबल को सिलेक्ट कर सकते हैं।
4. .exe वी.बी. में एक्जीक्यूटेबल फाइल का एक्सटेंशन है।
5. form पर इमेज लगाने के लिए इमेज कंट्रोल का प्रयोग करते हैं।
6. इमेज कंट्रोल की स्ट्रेच प्रोपर्टी यदि True सेट होने पर इमेज को कंट्रोल के आकार में फिट कर देता है।

अभ्यास

(अ) रिक्त स्थान भरो—

1. स्ट्रेच प्रोपर्टी आवश्यकता के अनुसार.................या.................में सेट की जा सकती है।
2. बैकग्राउंड का रंग.................प्रोपर्टी द्वारा बदला जा सकता है।
3. फोरग्राउंड का रंग.................प्रोपर्टी द्वारा बदला जा सकता है।
4.  आइकन फॉर्म पर.................लगाने के लिए होता है।

5.  आइकन .... के लिए है।

6.  आइकन .... कंट्रोल के लिए है।

(ब) इमेज कंट्रोल का प्रयोग करके फॉर्म पर इमेज लगाने के लिए स्टेप लिखिए।

(स) अपनी इमेज के बैकग्राउंड पर क्लॉक एप्लीकेशन डिजाइन करिए।

बहुविकल्पीय प्रश्न

निम्नलिखित चार विकल्पों में से सही विकल्प पर (✔) निशान लगाएँ।

1. फॉर्म का बैकग्राउंड बदलने के लिए................प्रोपर्टी का प्रयोग करते हैं।

   अ. फॉरग्राउंड   ब. फॉर कलर

   स. बैक कलर   द. बैकग्राउंड

2. टेक्स्ट लेबल का फोरग्राउंड बदलने के लिए................प्रोपर्टी का प्रयोग करते हैं।

   अ. फॉरग्राउंड   ब. फॉर कलर

   स. बैक कलर   द. बैकग्राउंड

3. ....के साथ माउस से क्लिक करके आप एक साथ कई सारे लेबल को सिलेक्ट कर सकते हैं।

   अ. Shift key   ब. Ctrl Key

   स. Alt key   द. अ और ब दोनों

4. .exe वी.बी. में एक्जीक्यूटेबल फाइल का एक्सटेंशन है।

   अ. .bat   ब. .exe

   स. .com   द. .vbe

5. ....का प्रयोग फॉर्म पर इमेज लगाने के लिए होता है।

   अ. इमेज कंट्रोल   ब. पिक्चर कंट्रोल

   स. अ और ब दोनों   द. इनमें से कोई नहीं

6. इमेज कंट्रोल की................प्रोपर्टी True सेट होने पर इमेज को कंट्रोल के आकार में फिट कर देता है।

   अ. क्रॉप   ब. स्ट्रेच

   स. स्केल   द. इनमें से कोई नहीं

9 फ्लैश में ड्रॉइंग और पेंटिंग

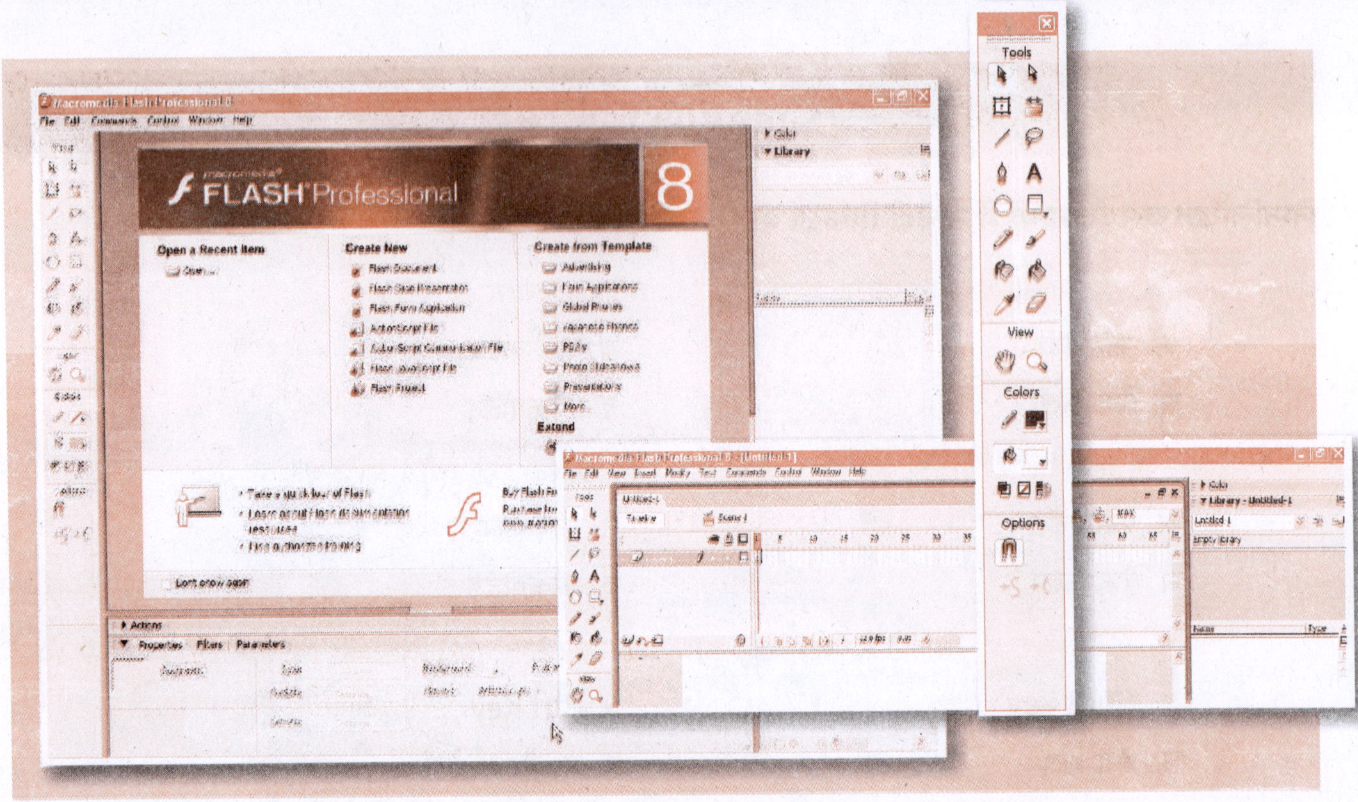

पिछली कक्षा में आपने फ्लैश के बारे में पढ़ा। आप जानते हैं कि फ्लैश मैक्रोमीडिया द्वारा बनाया एक प्रोग्राम है, जिससे इंटरेक्टिव और एनीमेटेड ऑनलाइन कंटेंट बनाते हैं। आप यह भी जानते हैं कि एनिमेशन का क्या अर्थ है। एनिमेशन का साधारण अर्थ है—किन्हीं स्थिर चित्रों को जल्दी-जल्दी बहुत ही कम समय अंतराल से दिखाकर चलता हुआ प्रतीत करना। पिछली कक्षा में आपने शेप ट्वीन और मोशन ट्वीन के बारे में पढ़ा। इस अध्याय में फ्लैश ग्राफिक के बारे में और उसे कैसे बनाते हैं, यह सीखेंगे।

फ्लैश में बनाई गई ग्राफिक **वेक्टर ग्राफिक्स** मानी जाती हैं। (**रास्टर ग्राफिक्स** के विपरीत, जिसे **बिट मैप** भी कहते हैं) यद्यपि वेक्टर ग्राफिक्स को समझना कठिन हो सकता है, आइए इसे समझने की कोशिश करते हैं। वेक्टर ग्राफिक्स का अर्थ है रेखा गणित के प्रिमेटिव जैसे बिंदु, लाइन, कर्व आदि का प्रयोग करके कंप्यूटर में चित्र या ग्रफिक्स प्रस्तुत करना। प्रत्येक रेखा गणितीय एलीमेंट जैसे बिंदु, लाइन, गोला और कर्व के गणितीय समीकरण होते हैं। अत: यदि एक गोला दो सेंटी मीटर बड़ा है या फाइल का आकार दो सेंटी मीटर बड़ा है तो दूसरे मान की त्रिज्यावाले गोले के लिए भी समीकरण वही रहेगा। दूसरी तरफ रास्टर ग्राफिक्स का अर्थ है एक आयताकार ग्रिड या पिक्सल से इमेज या ग्राफिक प्रदर्शित करना। वेक्टर फाइल बहुत छोटी होती है और वह आसानी से नए आकार में बदल जाती है। (जल्दी से डाउनलोड भी हो जाती है।) उदाहरण

के लिए, गोले की त्रिज्या बदली जा सकती है। कभी-कभी वेक्टर ग्राफिक्स साफ-सुथरी लाइनों और गहरे रगों के कारण बहुत ही कंप्यूटरीकृत लगती है।

लेकिन फ्लैश में नहीं फ्लैश में ड्रॉइंग महसूस करने के बाद आपको समझना चाहिए कि क्यों मैक्रोमीडिया ने फ्लैश को **वेक्टर क्ले** कहा जाता है। यह दिल से वेक्टर फॉरमैट है, लेकिन प्राकृतिक रूप से इसे मिट्टी की तरह गढ़ा जा सकता है।

क्या आप जानते हैं?

कंप्यूटर के डिस्प्ले छोटे-छोटे बिंदुओं से बनते हैं, जिन्हें पिक्सल कहते हैं। इन्ही बिंदुओं से पिक्चर बनती है। जब बिंदु छोटे-छोटे और पास-पास होते हैं तो इमेज की क्वालिटी अच्छी होती है।

फ्लैश में ड्रॉ और पेंट कैसे करें

फ्लैश में उपलब्ध टूल का ओवर व्यू

यद्यपि आप फ्लैश टूलबार के बारे में पिछली कक्षा में पढ़ चुके हैं। आइए, उसकी जल्दी से पुनरावृत्ति करें। आपके ड्रॉइंग टूल डिफाल्ट के द्वारा स्क्रीन के बाएँ किनारे पर दिखने चाहिए। यदि टूल नहीं दिखाई दे रहे हैं तो आप उन्हें **Window > tools** चुनकर खोल सकते हैं।

आप माउस को उसके ऊपर ले जाकर टूल के नाम की जानकारी और उसका कीबोर्ड शॉर्टकट जान सकते हैं। सभी टूल और उनके शॉर्टकट की सूची यहाँ दिखाई गई है।

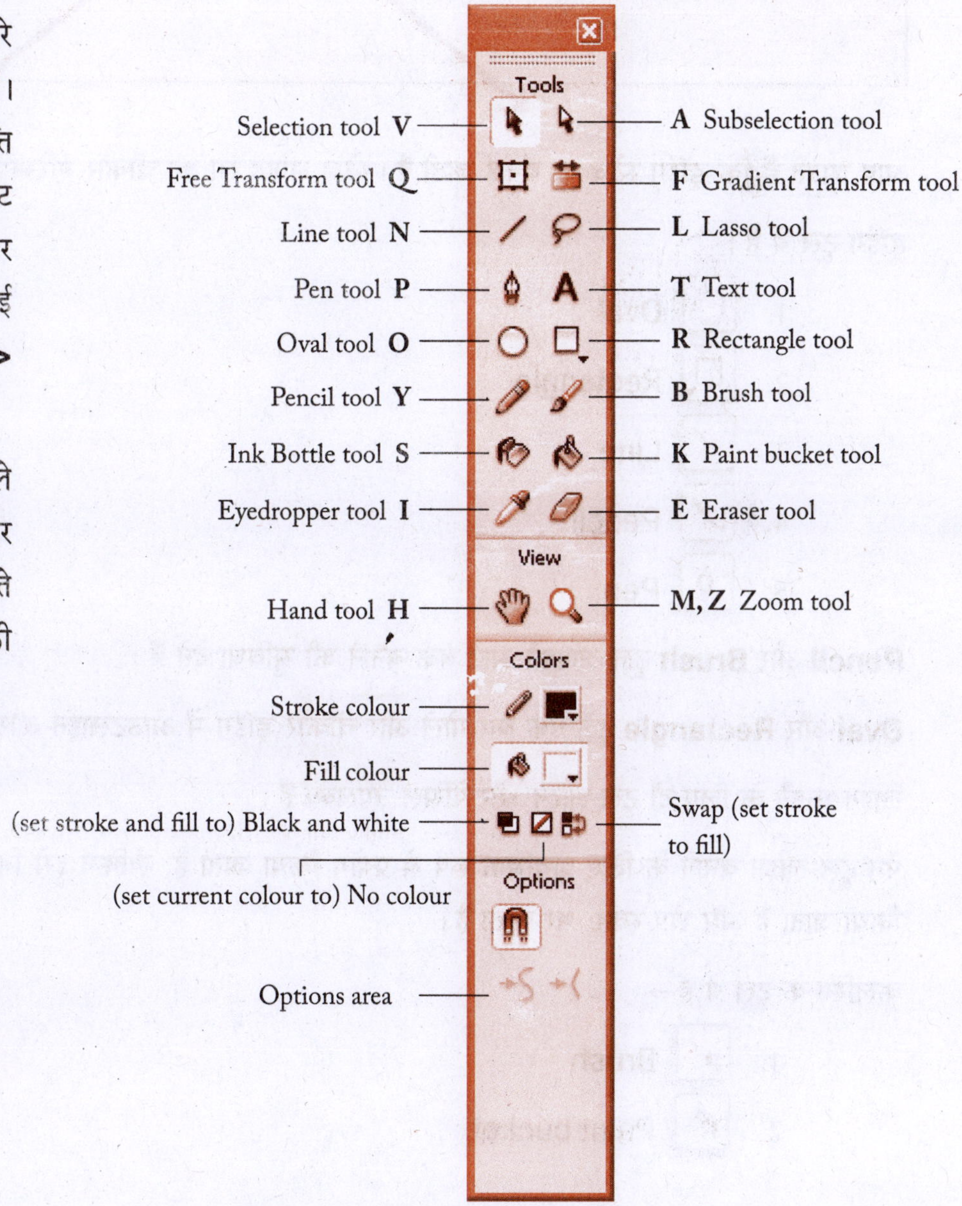

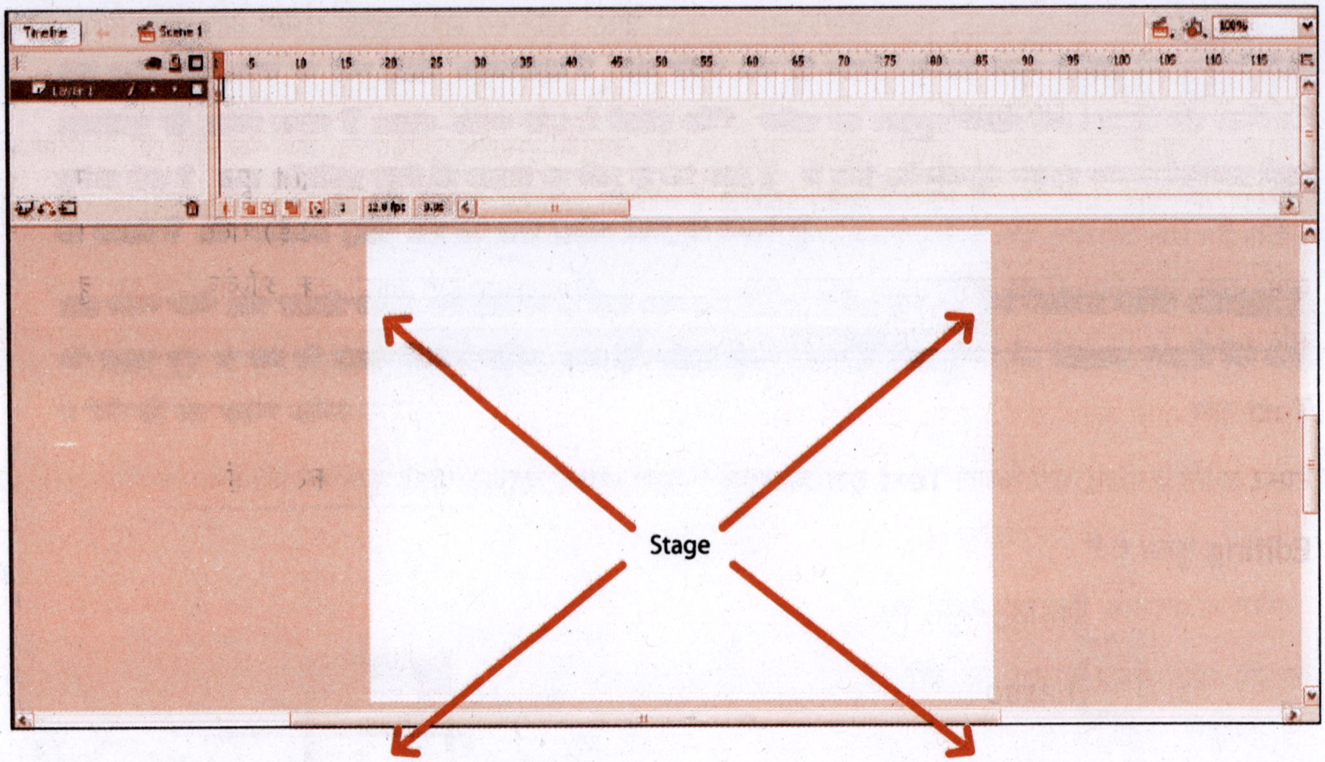

आप जानते हैं कि ड्रॉइंग स्टेज पर बनाई जाती है। स्टेज सफेद रंग का चौकोर एरिया होता है।

ड्रॉइंग टूल ये हैं।

1. Oval
2. Rectangle
3. Line
4. Pencil
5. Pen

Pencil और **Brush** टूल आपको आर्ट वर्क बनाने की सुविधा देते हैं।

Oval और **Rectangle** टूल एक बार गोले और चौकोर ड्रॉइंग में आउटलाइन और फिल बनाने के काम आते हैं।

लाइन बनाने के लिए दो टूल लाइन और पेंसिल उपलब्ध हैं।

पेन टूल लाइन बनाने के लिए प्राथमिक रूप से प्रयोग किया जाता है, लेकिन इसे किसी भी समय बंद शेप बनाने के लिए किया जाता है और शेप स्वत: भर जाता है।

कलरिंग के टूल ये हैं—

1. Brush
2. Paint bucket

3. Ink bottle
4. Dropper

फिल बनाने के लिए दो टूल हैं—**Brush टूल** और **Paint Bucket टूल**। **Paint Bucket टूल** फिल का रंग बदल सकता है। **Ink bottle टूल** स्ट्रोक रंग और दूसरे एट्रीब्यूट (जैसे स्ट्रोक की स्टाइल और मोटाई) बदल सकते हैं। कभी-कभी आप एक फील कलर को दूसरे में प्रयोग करना चाहते हैं। **Dropper टूल** किसी एक ऑब्जेक्ट से रंग चुनने की सुविधा देता है, जो पहले से स्क्रीन पर मौजूद है।

Text टूल :

टेक्स्ट बनाने के लिए आप केवल **Text टूल** को चुनते हैं और क्लिक करके टाइपिंग शुरू कर देते हैं।

Editing टूल्स ये हैं :

1. Selection
2. Lasso
3. Zoom
4. Hand
5. Free transform
6. Eraser

Selection और **Zoom/Hand** टूल आपके आर्ट वर्क को देखने और बदलाव करने में सहायता करता है।

दो प्रमुख सिलेक्शन टूल के नाम **Selection टूल** और **Lasso टूल** है। **Selection** टूल पर पॉइंटर रखने पर कर्सर बदल जाता है और यह बताता है कि जब उस पर क्लिक करेंगे तो क्या होगा।

मारक्यू टेक्निक लगाने के लिए **Selection** टूल का प्रयोग करते हैं। मारक्यू एक सिलेक्शन टेक्निक है जिसमें **Selection** टूल का प्रयोग करते हैं। जिसमे आप किसी ऑब्जेक्ट को क्लिक करके आरंभ करते हैं और फिर ड्रेग करके उसे पूरा ढक देते हैं

Lasso टूल के लिए **Polygon Mode** विकल्प प्रयोग करने पर वह टूल को पैन टूल की तरह बना देता है।

Subselect टूल (सफेद एरो) अलग से एंकर प्वाइंट सिलेक्ट करके एडिट करने के लिए प्रयोग होता है।

Free transform टूल से शेप को घुमाना स्केल करना या डिस्ट्रोर्ट करना संभव है।

Eraser टूल का प्रयोग ड्रॉइंग के अनचाहे भागों या पूरी ड्रॉइंग को मिटाने के लिए करते हैं।

अब हम आपको फ्लैश के माध्यम से विभिन्न आकृतियों की ड्रॉइंग बनाना सिखाएँगे।

***Sun** बनाना*

1. 

आइकन पर डबल क्लिक करिए या **Start > Programs > Macromedia > Macromedia Flash 8** पर क्लिक करके फ्लैश खोलिए।

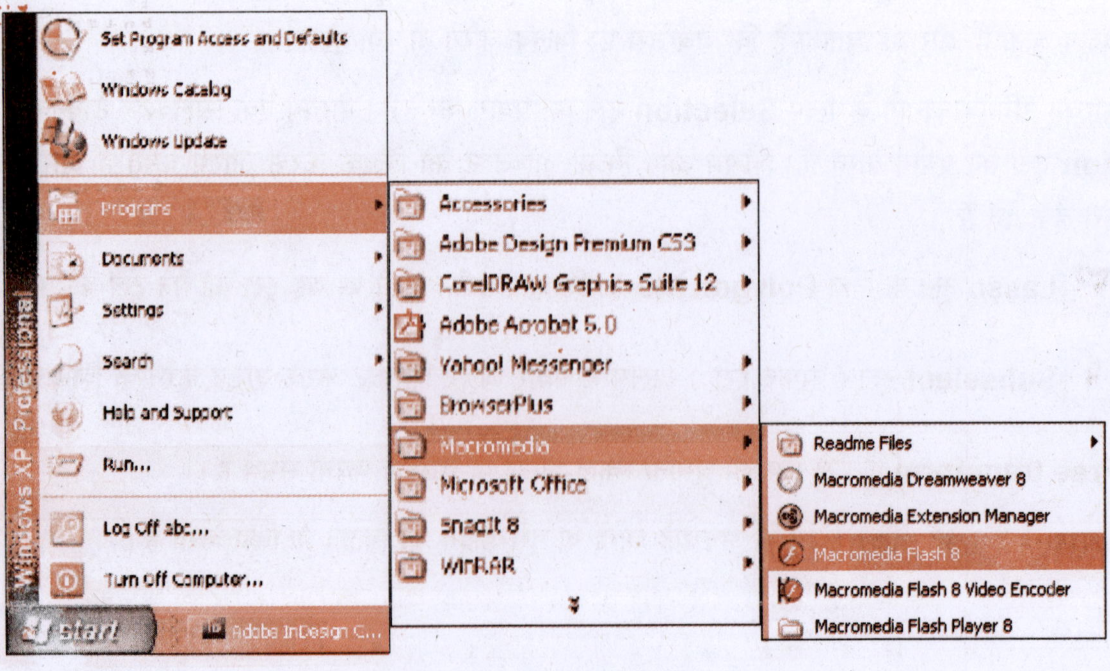

2. फ्लैश की पहली स्क्रीन खुल जाती है। Create New कॉलम के नीचे **Flash Document** विकल्प पर क्लिक करिए।

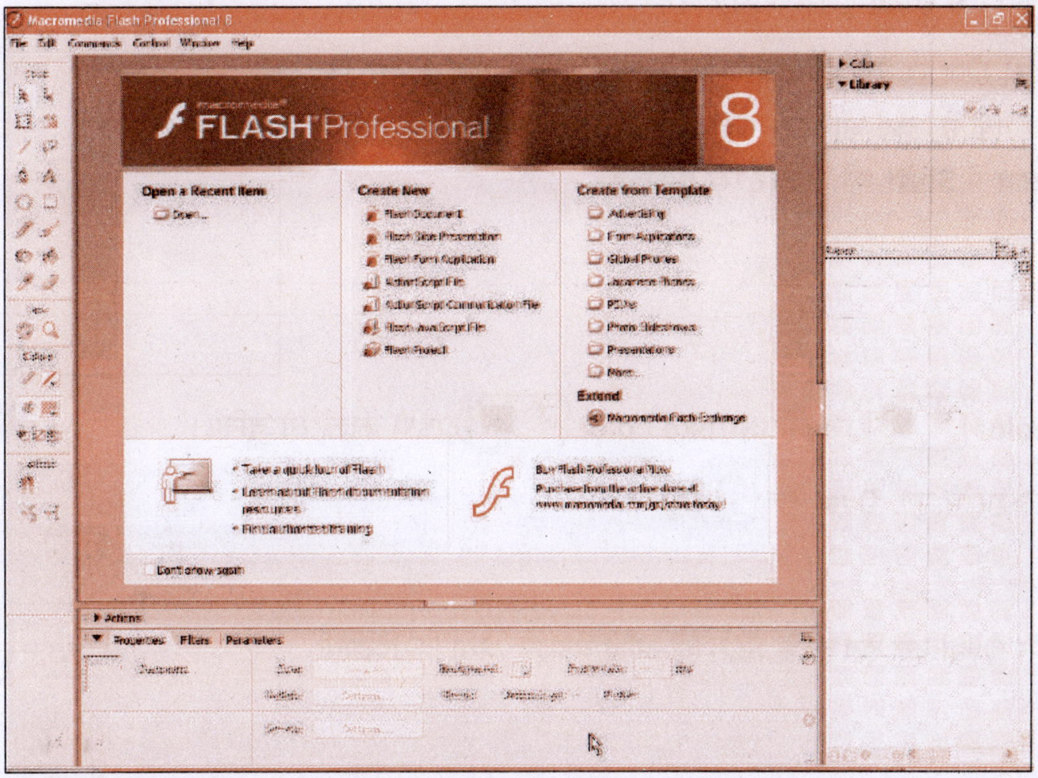

3. **Untitled-1** निम्नलिखित स्क्रीन नाम दिखाई दे रहा है। बीच का सफेद एरिया **stage** कहलाता है।

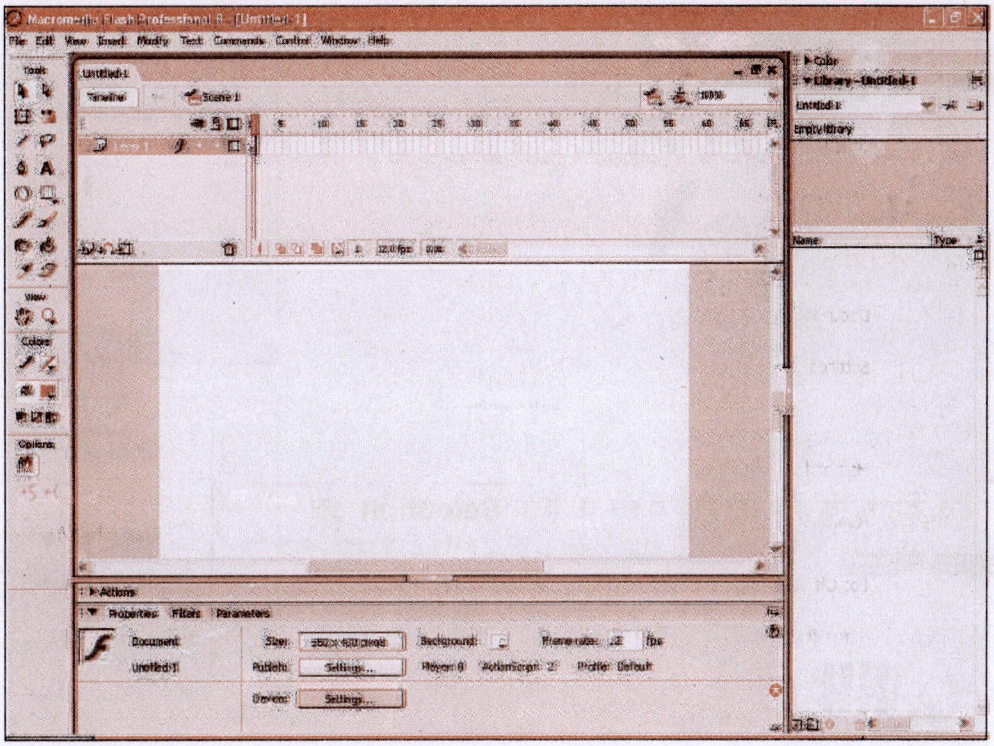

4. **Fill color** टूल और **Stroke color** टूल से पीला रंग चुनिए

5. अब टूलबार से **Oval** टूल चुनिए।

6. माउस को स्टेज पर ड्रैग करिए और गोल आकार में Sun बनाइए जैसा कि दिखाया गया है। जब आप पूर्ण गोला बनाने के लिए माउस से ड्रैग करते हैं तो साथ में **Shift** की दबाकर रख सकते हैं।

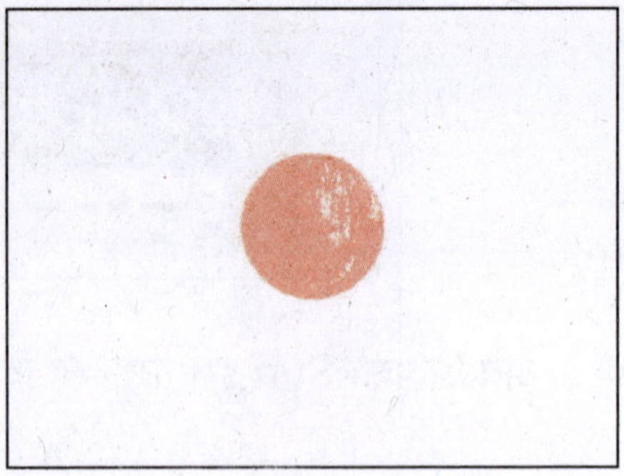

7. **Fill color** टूल और **Stroke color** टूल से काला रंग चुनिए।

8. अब टूलबार से पुन: **Oval** टूल चुनिए।

9. स्टेज पर Oval टूल ड्रैग करके Sun की आँखें बनाइए, जैसा कि दिखाया गया है।

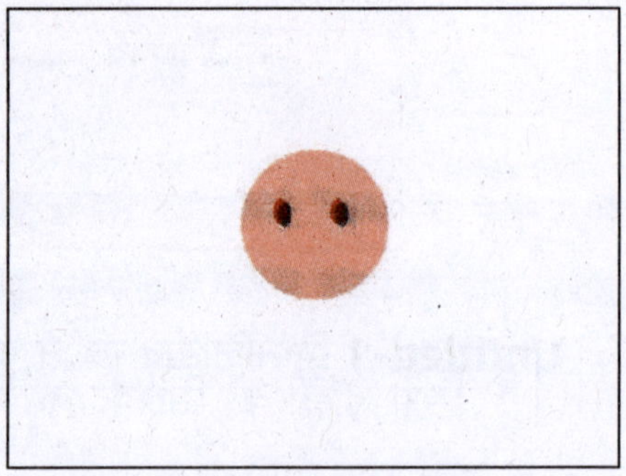

10. अब लाइन बनाने के लिए **Pen** टूल चुनिए।

11. लाइन को नीचे ड्रैग करके मुँह की शेप बनाने के लिए **Selection** टूल का प्रयोग करिए।

12. स्क्रीन के नीचे **Properties** पैनल विंडो खोलने के लिए लाइन पर क्लिक करिए। अब लाइन की चौड़ाई बढ़ाइए। जैसा कि दिखाया गया है।

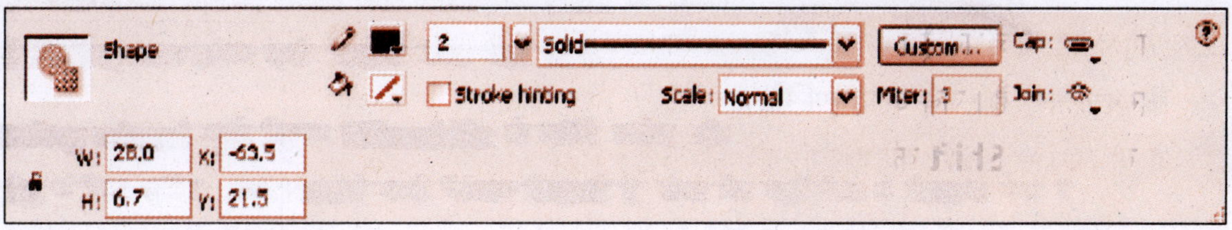

13. अब आपका Sun इस तरह का दिखेगा।

14.  पूरी ड्रॉइंग को सिलेक्ट करने के लिए **Selection** टूल को Sun के चारों ओर ड्रैग करिए।

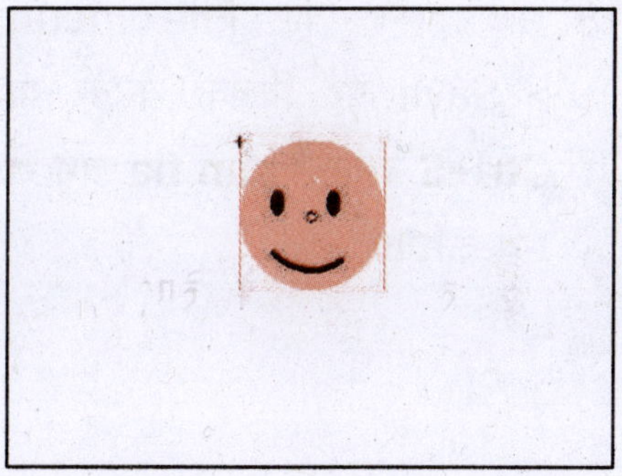

15. ड्रॉइंग का आकार बढ़ाने के लिए टूलबार से **Free Transform** टूल  सिलेक्ट करिए। इमेज पर हैंडल दिखाई देंगे। **Shift** की दबाते हुए हैंडल के कोने पकड़कर आप उन्हें सही अनुपात में चुने ग्राफिक्स का आकार घटा या बढ़ा सकते हैं।

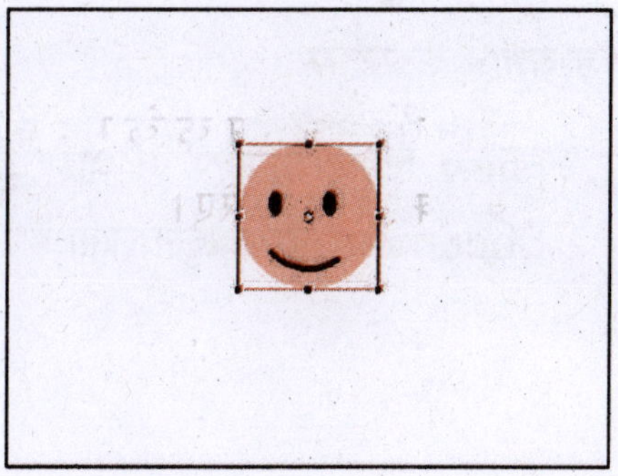

16. अब आकार घटाने के लिए हैंडल को ड्रैग करिए।

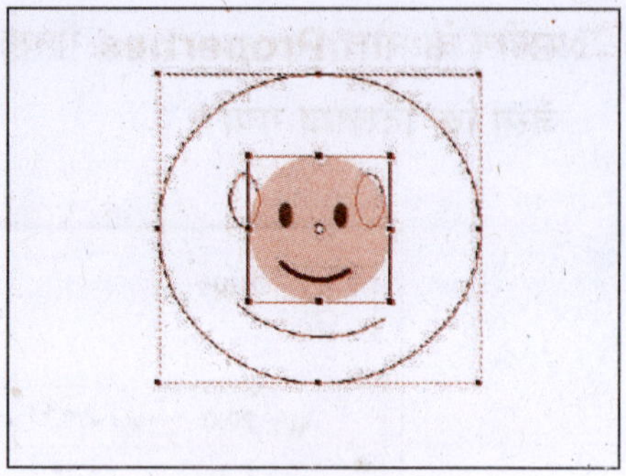

17. अंतिम इमेज इस तरह की होनी चाहिए।

18. अब इमेज को File menu > Save पर क्लिक करके या **Ctrl+S** दबाकर **sun.fla** नाम से सेव करिए।

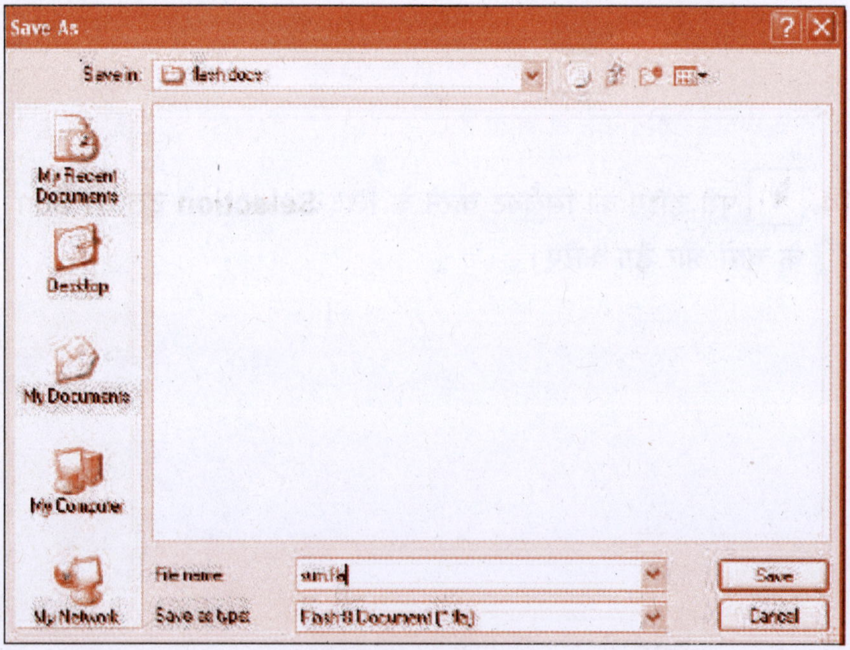

पेड़ बनाने के स्टेप्स

1. **File > New** विकल्प पर जाइए या **Ctrl+N** दबाइए। New Document विंडो खुल जाती है।

2. **New Document** विंडो से **Flash Document** सिलेक्ट करिए और **OK** बटन पर क्लिक करिए।

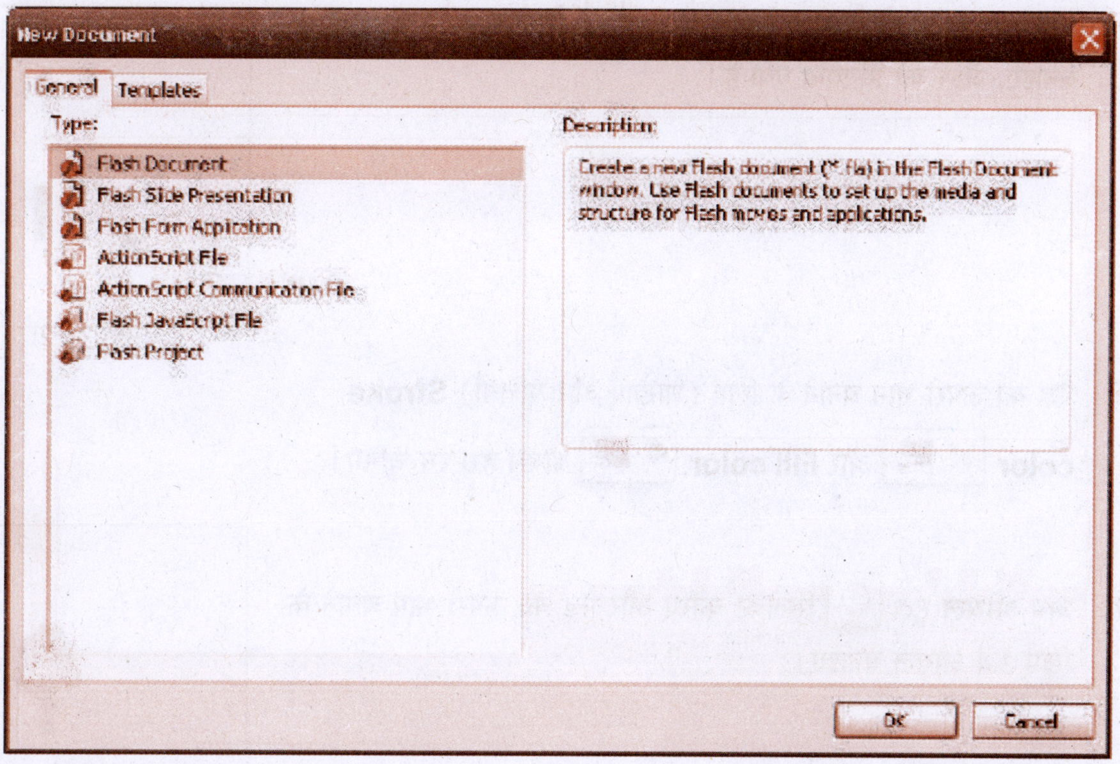

3. निम्न प्रकार स्क्रीन का आ जाता है।

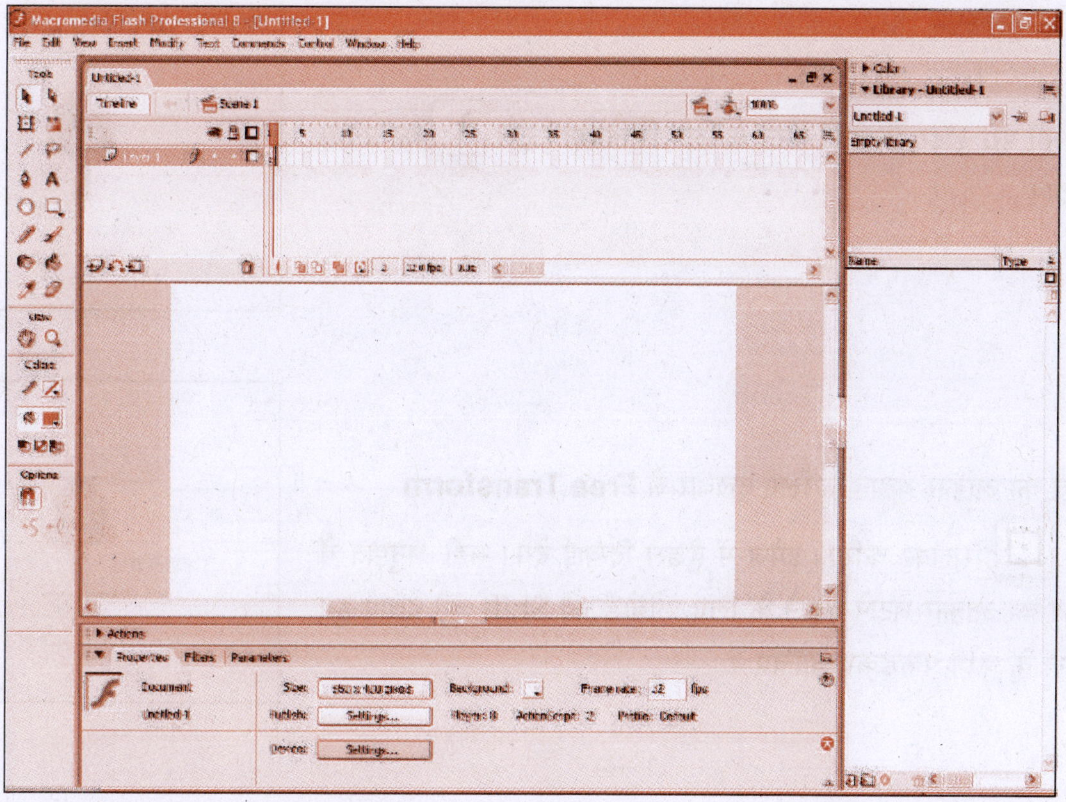

4. **Stroke color**  **Fill color box**  से भूरा रंग चुनिए।

5. पेड़ का तना बनाने के लिए रेक्टेंगल टूल  सिलेक्ट और खड़ा बॉक्स बनाइए, जैसा की दिखाया गया है।

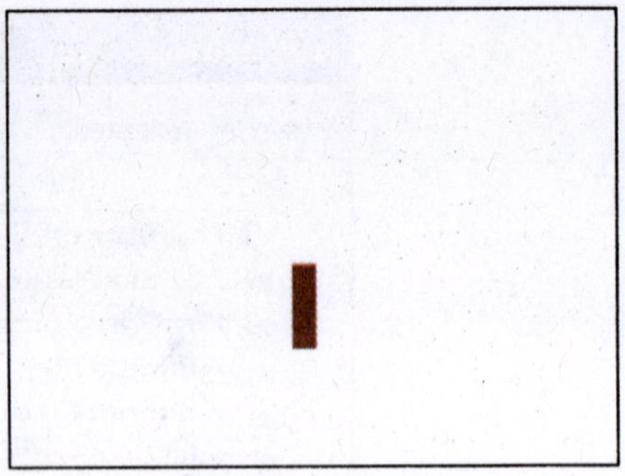

6. पेड़ का ऊपरी भाग बनाने के लिए (शाखाएँ और पत्तियाँ) **Stroke color**  और **Fill color** 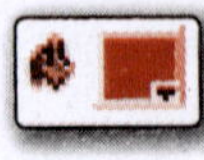 बॉक्स हरा रंग चुनिए।

7. अब **ओवल** टूल  सिलेक्ट करिए और पेड़ का ऊपरी भाग बनाने के लिए 3.4 ओवल बनाइए।

8. पेड़ की पूरी ड्रॉइंग सिलेक्ट करने के लिए **सिलेक्शन** टूल  का प्रयोग करिए।

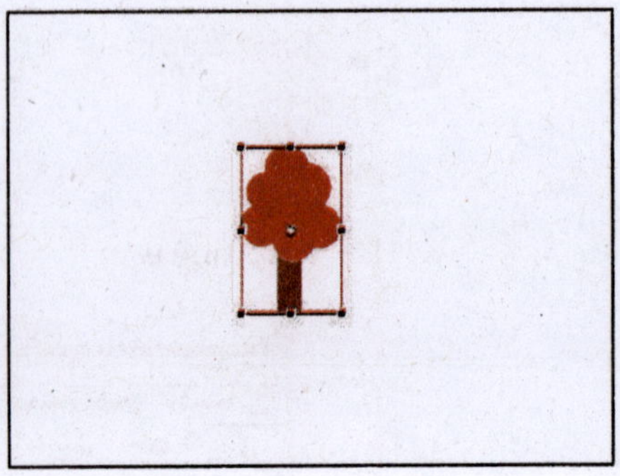

9. इमेज का आकार बढ़ाने के लिए टूलबार से **Free Transform** टूल 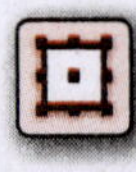 सिलेक्ट करिए। इमेज में हैंडल दिखाई देंगे। सही अनुपात में इमेज का आकार घटाने बढ़ाने के लिए कीबोर्ड को Shift की दबाए हुए हैंडल के कोने पकड़कर खींचिए ।

10. आकार को घटाने-बढ़ाने के लिए हैंडल को ड्रैग करिए, जैसा कि दिखाया गया है।

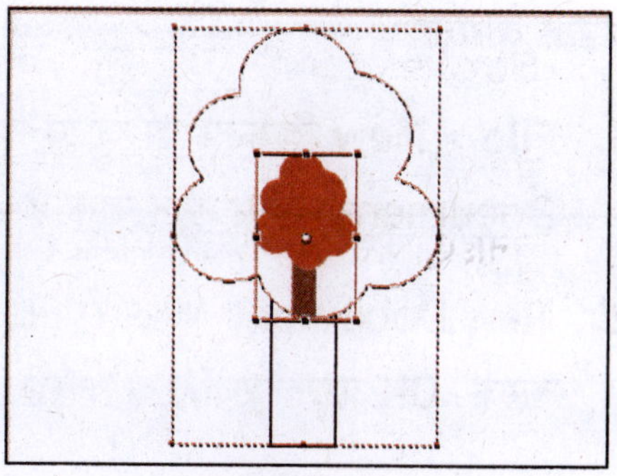

11. आपकी बनाई गई अंतिम इमेज इस तरह दिखेगी।

12. अब **File > Save** विकल्प पर क्लिक करके या **Ctrl+S** दबाकर **tree.fla** नाम से इमेज को सेव करिए।

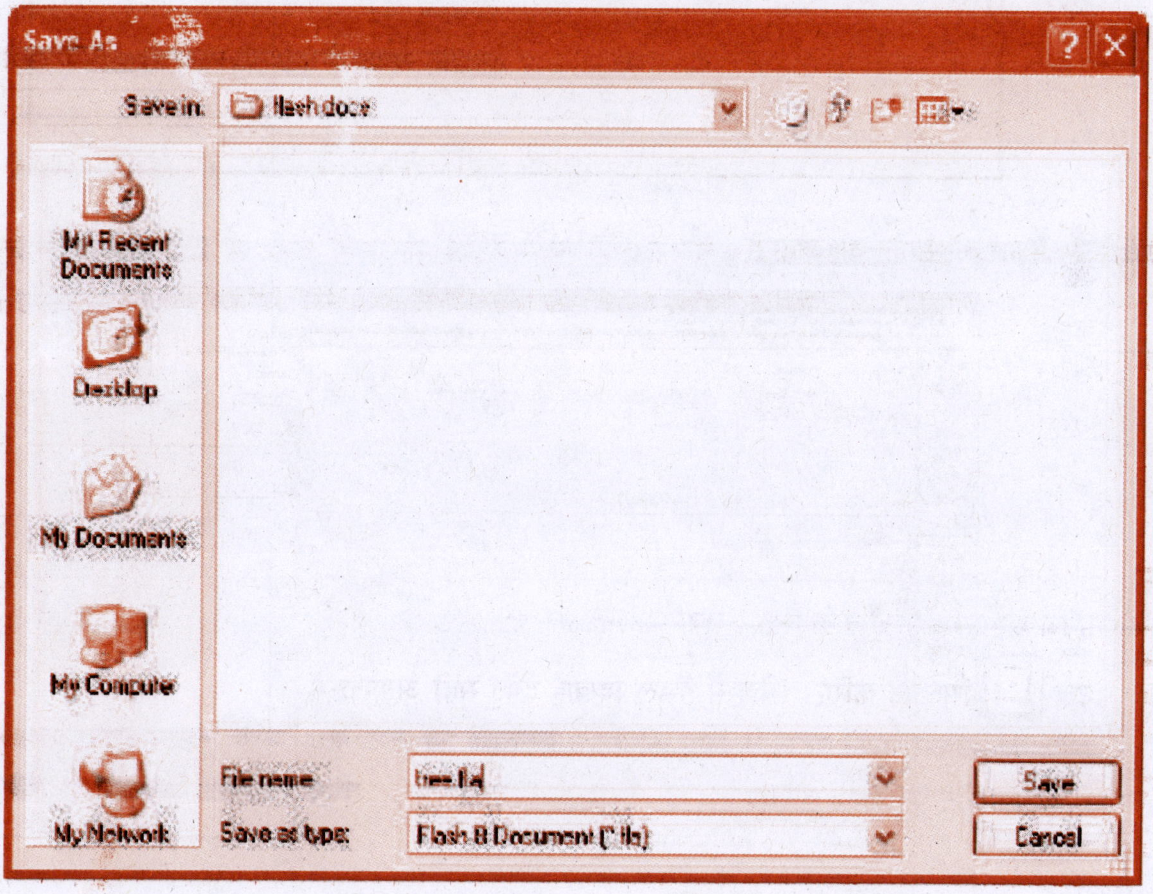

सड़क बनाना

1. **File > New** विकल्प पर जाइए या **Ctrl+N** दबाइए। New Document बॉक्स खुल जाता है।

2. New Document बॉक्स से Flash Document सिलेक्ट करके **OK** बटन पर क्लिक करिए।

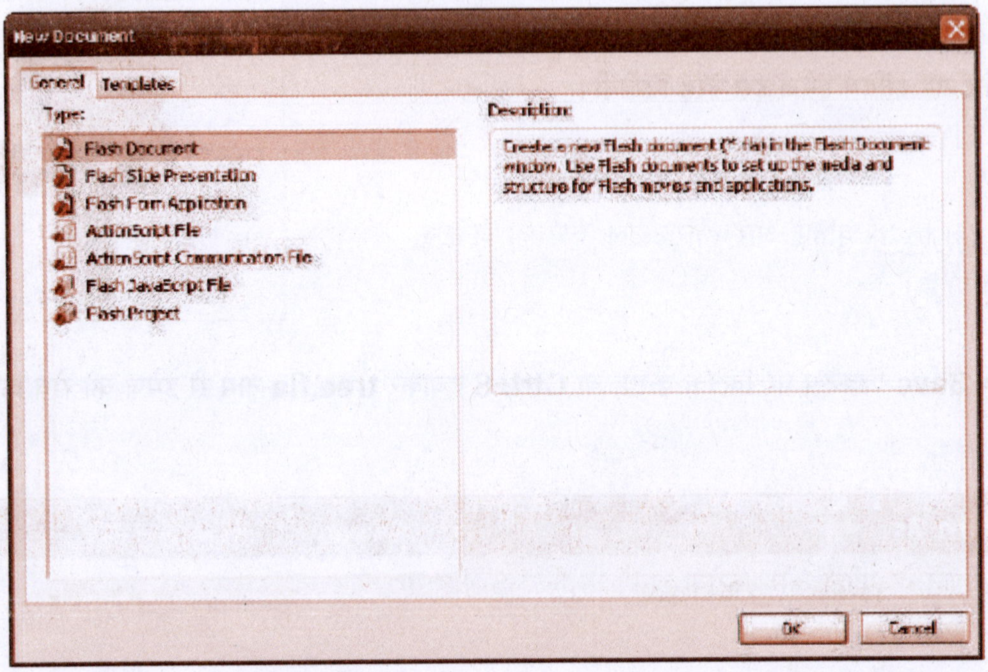

3. निम्न प्रकार का स्क्रीन आ जाता है।

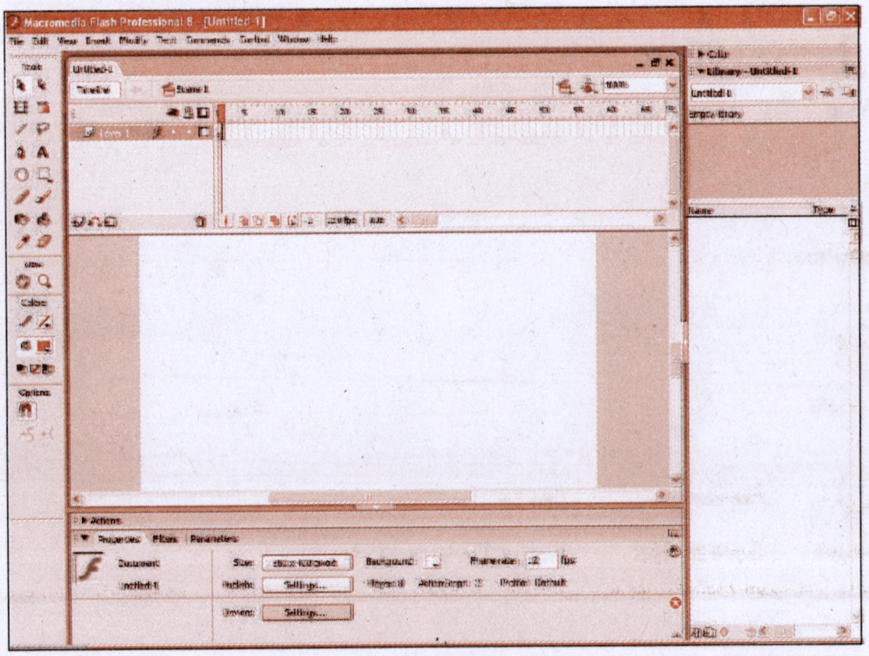

4. Stroke color और Fill color बॉक्स से बैगनी रंग चुनिए।

5. होरिजोंटल रेक्टेंगल बनाने के लिए रेक्टेंगल टूल सिलेक्ट करिए।

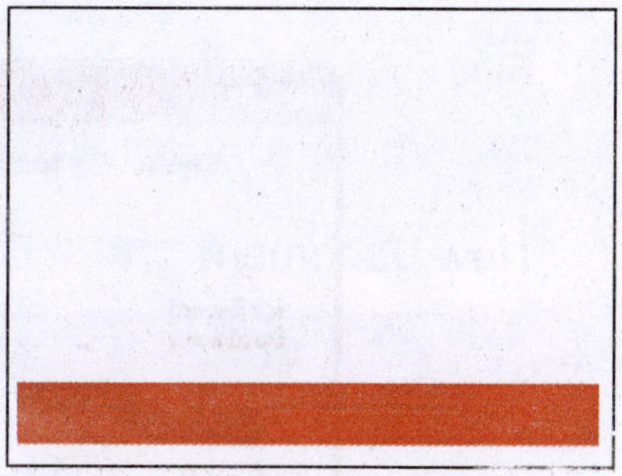

6. **Stroke color** और **Fill color** **बॉक्स** से सफेद रंग चुनिए।

7. रेक्टेंगल टूल चुनिए और होरिजोंटल रेक्टेंगल बनाइए, जैसा कि दिखाया गया है।

8. सफेद रेक्टेंगल के फील और स्ट्रोक चुनने के लिए **Selection tool** पर डबल क्लिक करिए। **Selection tool** प्रयोग करके **Ctrl** की दबाएँ, ड्रैग करके सफेद रेक्टेंगल को नए स्थान पर रखिए रेक्टेंगल की कॉपी बन जाएगी।

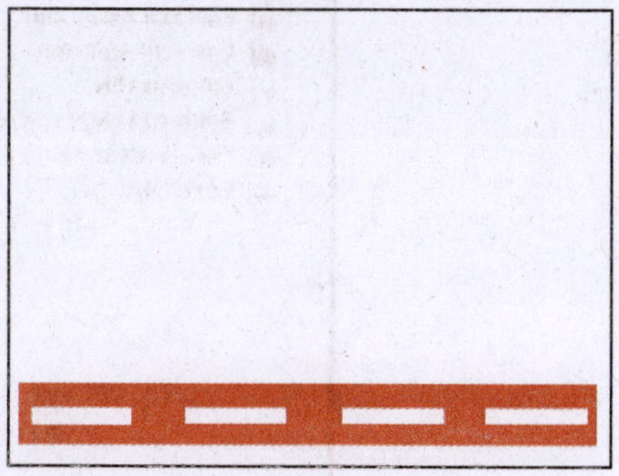

9. स्टेप 8 को दोहराकर सड़क बनाइए, जैसा कि दिखाया गया है।

10. अब **File > Save** विकल्प पर क्लिक करके या **Ctrl+S** दबाकर **road.fla** नाम से इमेज को सेव करिए।

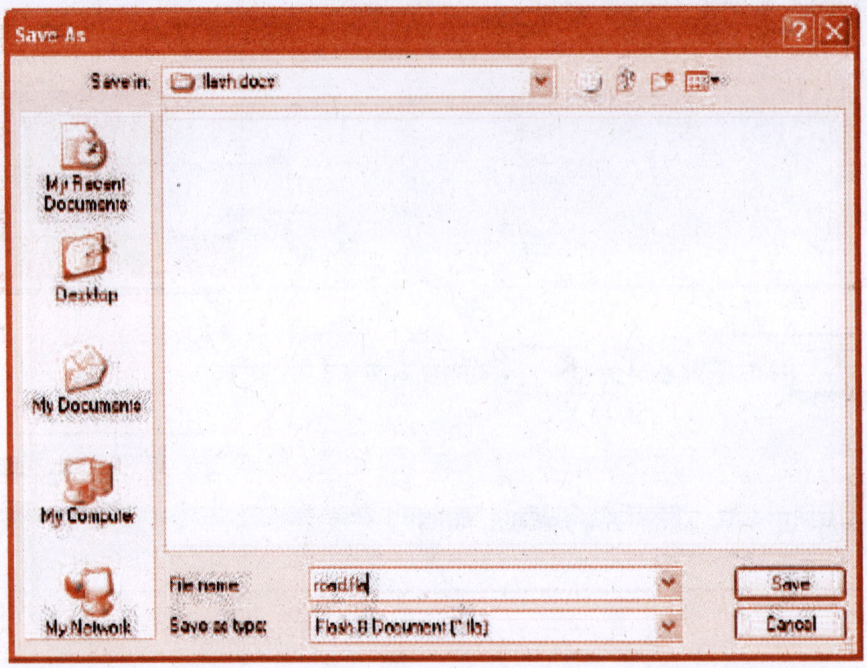

कार बनाना

1. **File > New** विकल्प पर जाइए या **Ctrl+N** दबाइए। नई डॉक्यूमेंट विंडो खुल जाती है।

2. **New Document** विंडो से **Flash Document** सिलेक्ट करिए और **OK** बटन पर क्लिक करिए।

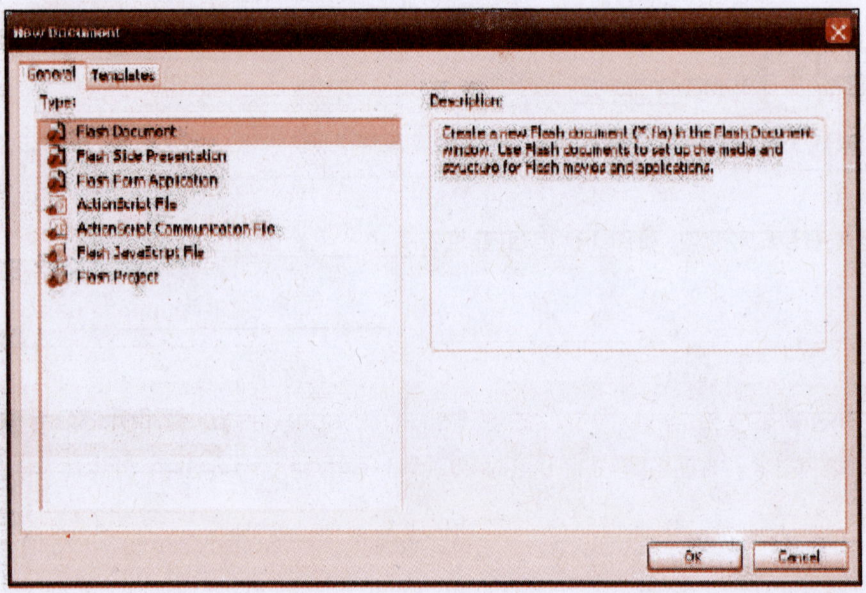

3. निम्न प्रकार स्क्रीन आ जाती है।

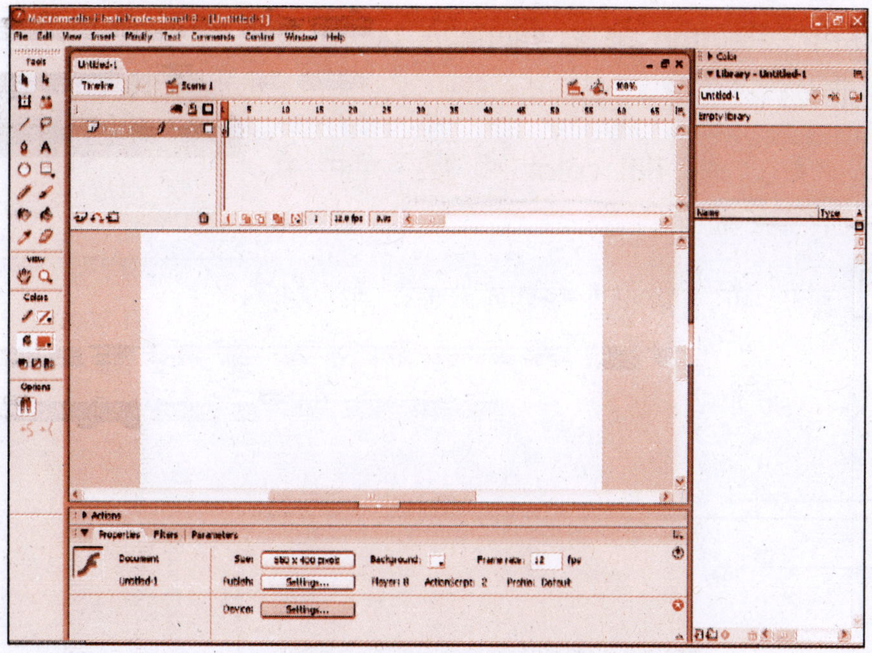

4. **Stroke color**  **Fill color**  बॉक्स से काला रंग चुनिए।

5. होरिजोंटल रेक्टेंगल बनाने के लिए **रेक्टेंगल** टूल  सिलेक्ट करिए।

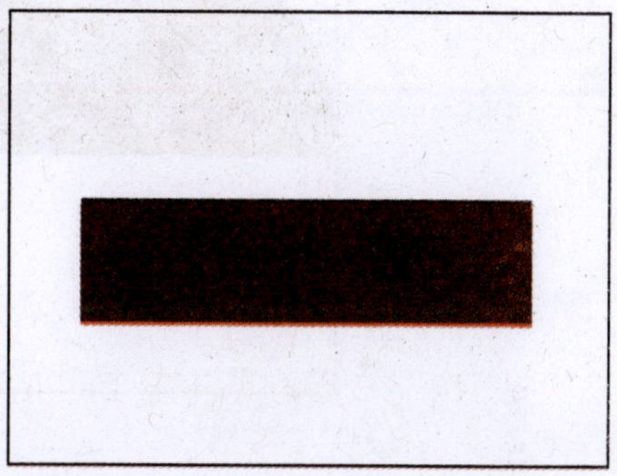

6. **Sub selection** टूल  चुनकर बनाए गए रेक्टेंगल पर डबल क्लिक करिए। अब शेप को जैसा दिखाया गया है वैसा बदलने के लिए पॉइंटर को ड्रैग कर सकते हैं।

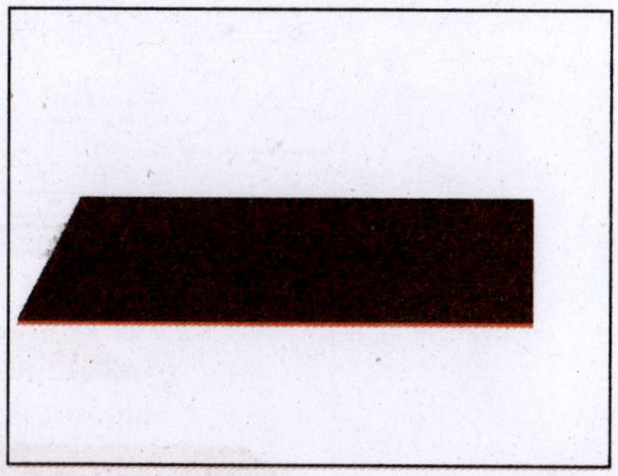

नोट

ग्राफिक शेप पर एक बार क्लिक करने से या तो फिल सिलेक्ट होगा या तो स्ट्रोक, जो इस पर निर्भर करता है कि ग्राफिक के कौन से भाग पर क्लिक किया गया है। फिल और स्ट्रोक दोनों को एक साथ सिलेक्ट करने के लिए ग्राफिक शेप पर डबल क्लिक करना चाहिए।

7. **Selection** और **Sub Selection** टूल का प्रयोग करके रेक्टेंगल को इस प्रकार की शेप दीजिए।

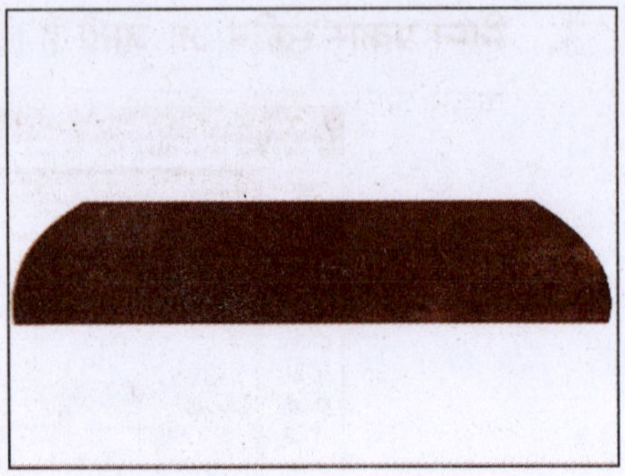

8. **Stroke Color** और **Fill color** बॉक्स से टरक्वाइज ग्रीन कलर सिलेक्ट करिए।

9. **रेक्टेंगल** टूल चुनिए और होरिजोंटल रेक्टेंगल बनाइए, जैसा कि दिखाया गया है।

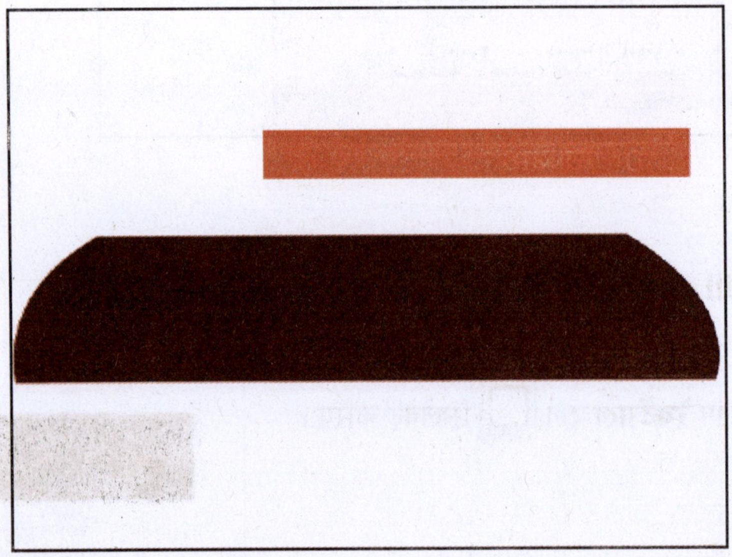

10. **Sub Selection** और **Selection** टूल प्रयोग करके रेक्टेंगल की शेप बदलिए, जैसा कि दिखाया गया है।

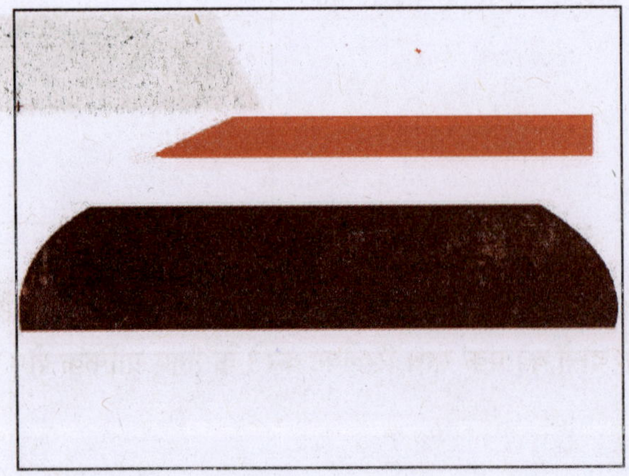

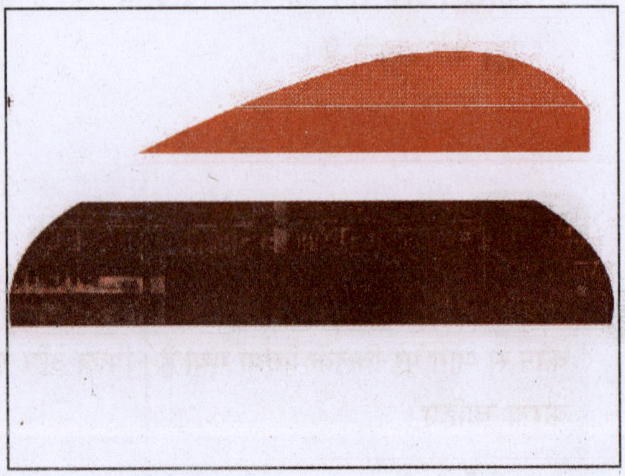

11. **Selection** टूल चुनिए और बनाए गए रेक्टेंगल को सिलेक्ट करिए जैसा कि दिखाया गया है। ड्रैग करके इसे पहले बनाए गए रेक्टेंगल पर रखिए।

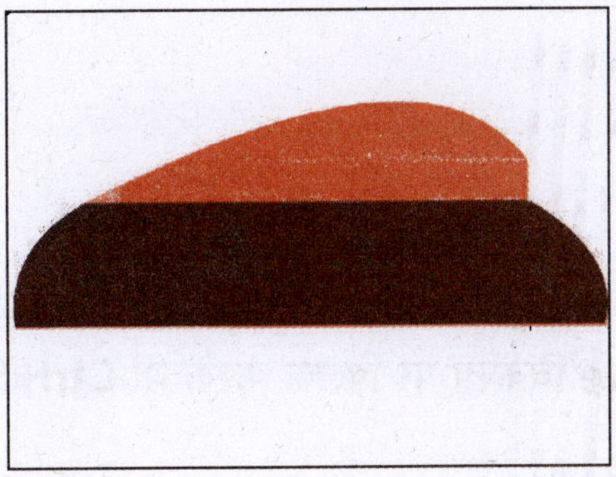

12. **Stroke color** और **Fill color** बॉक्स से लाल रंग चुनिए।

13. अब **Oval** टूल सिलेक्ट करिए और चित्र बनाइए, जैसा कि दिखाया गया है।

14. **Selection** टूल का प्रयोग करिए। लाल गोले को चुनने के लिए उस पर डबल क्लिक करिए। कंट्रोल की दबाएँ हुए गोले को नये स्थान पर ले जाइए। गोला अपने स्ट्रोक और fill के साथ कॉपी हो जाएगा।

15. **Selection** टूल का प्रयोग करके गोले पर डबल क्लिक करिए और गोले को नये स्थान पर ले जाइए।

16. दूसरे गोले के लिए **स्टेप** 15 दोहराइए। अंतिम कार इस प्रकार दिखाई देगी।

17. अब **File > Save** विकल्प पर क्लिक करके या **Ctrl+S** दबाकर **car.fla** नाम से इमेज को सेव करिए।

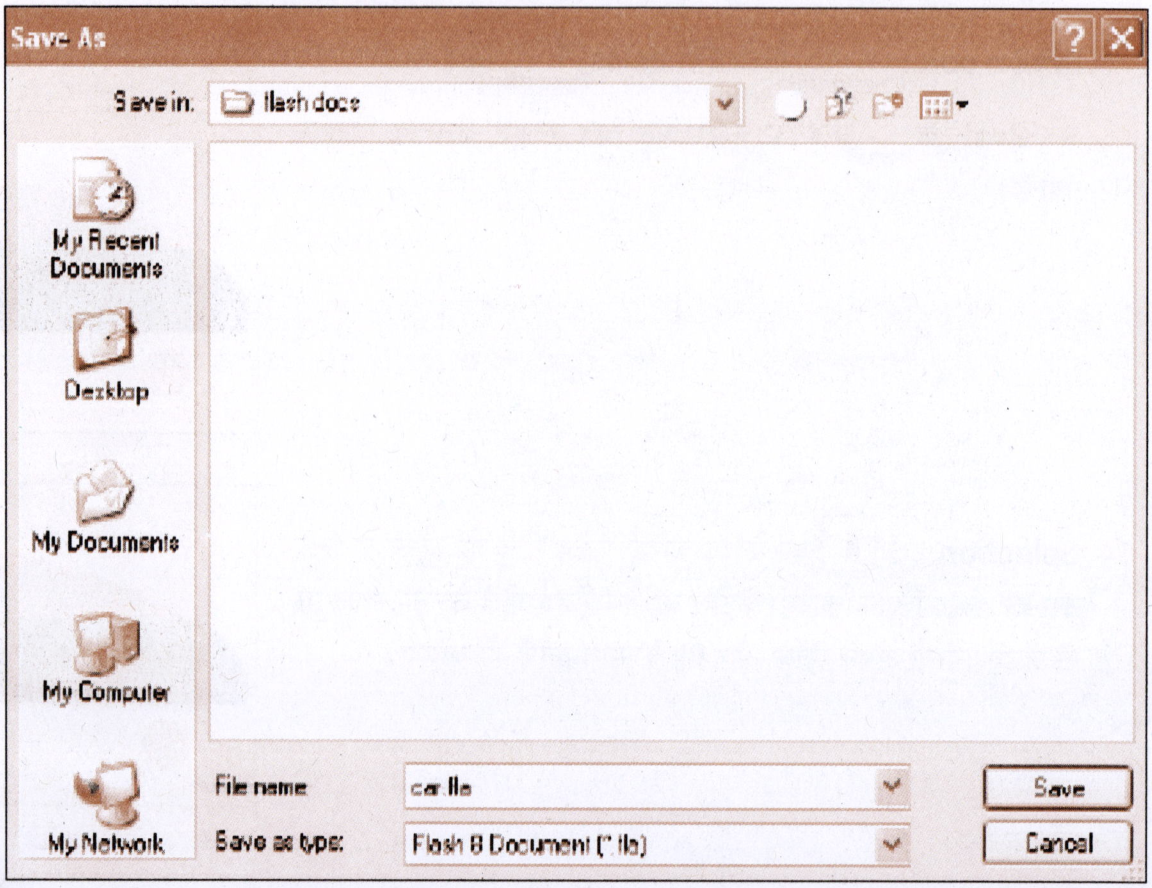

याद करें

1. फ्लैश में बनाई गई ग्राफिक्स वेक्टर ग्राफिक्स बनाई जाती है।
2. रास्टर ग्राफिक्स को कभी-कभी बिटमैप्स भी कहते हैं।
3. ड्रॉइंग स्टेज पर बनाई जाती है।
4. पूर्ण गोला या वर्ग बनाने के लिए Shift की दबाकर ड्रॉ करते हैं।
5. ग्राफिक्स की दूसरी कॉपी स्टेज पर बनाने के लिए कंट्रोल की दबाएँ हुए उसे क्लिक और ड्रैग करते हैं।
6. ग्राफिक शेप को उसके फिल और स्ट्रोक एक साथ सिलेक्ट करने के लिए उस पर डबल क्लिक करना चाहिए।

अभ्यास

(अ) रिक्त स्थान भरें—

1. फाइल बनाने के लिए दो टूल.................... टूल और .... टूल है।
2. टेक्स्ट बनाने के लिए आप.................... टूल को चुनिए, क्लिक करिए और टाइपिंग शुरू करिए।
3. .... और .... टूल आपको फ्री हैंड आर्ट बनाने की सुविधा देते हैं।
4. दो टूल केवल लाइन बनाने के लिए प्रयोग होते हैं। .... टूल और .... टूल।
5. मैक्रो मीडिया फ्लैश 8 में फाइल सेव करने का शॉर्टकट.................... है।
6. मैक्रो मीडिया फ्लैश 8 में नई फाइल खोलने का शॉर्टकट.................... है।

(ब) अपनी पसंद के दस टूल्स लेबल करिए और यहाँ कीबोर्ड के शॉर्टकट लिखिए—

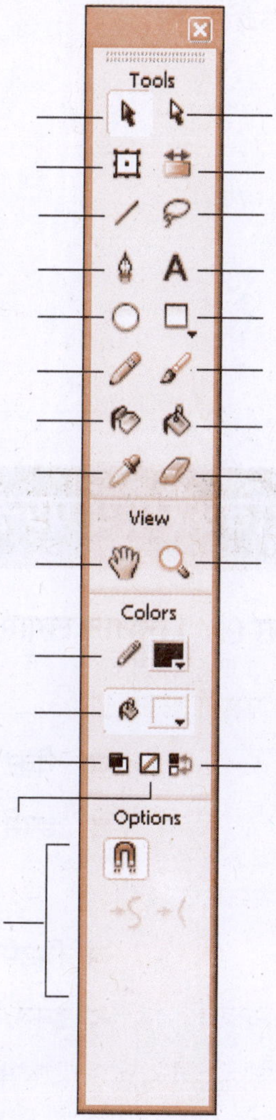

(स) निम्न ड्रॉइंग टूल केबारे में संक्षेप में लिखिए—

1. ओवल
2. रेक्टेंगल
3. लाइन
4. पेंसिल
5. पेन

(द) निम्न टूल कलरिंग में प्रयोग किए जाते हैं। संक्षेप में लिखिए—

1. ब्रश
2. पेंट बकेट
3. इंक बाटल
4. ड्रॉपर

(च) निम्न एडीटिंग टूल्स के बारे में संक्षेप में लिखिए—

1. सिलेक्ट
2. लॉसो
3. जूम
4. हैंड
5. फ्री ट्रांसफॉर्म
6. इरेजर

बहुविकल्पीय प्रश्न

निम्नलिखित चार विकल्पों में से सही विकल्प पर (✔) निशान लगाएँ।

1. फ्लैश में बनाई गई ग्राफिक्स..................मानी जाती है।

   अ. रास्टर ग्राफिक ब. वेक्टर ग्राफिक
   स. बिटमैप द. इनमें से कोई नहीं

2. रास्टर ग्राफिक को कभी-कभी यह भी कहते हैं।

   अ. एनिमेशन ब. बिटमैप
   स. स्टाइल द. इनमें से कोई नहीं

3. मैक्रोमीडिया फ्लैश की सेव फाइल का एक्सटेंशन है।

   अ. .fla ब. .doc
   स. .flash द. .flashed

4. फ्लैश में ड्रॉइंग इस पर करते हैं।

अ. टाइमलाइन   ब. स्टेज

स. पेपर   द. डॉक्यूमेंट

5. सर्कल या रेक्टेंगल टूल से पूर्ण गोला या वर्ग बनाने के लिए आपको माउस से ड्रैग करते समय.................. दबाना चाहिए।

अ. Ctrl   ब. Shift

स. Alt   द. Tab

6. ....की दबाकर और उसे ड्रैग करते हुए आप चुनी गई ग्राफिक की कॉपी बनाकर नए स्थान पर ले जा सकते हैं।

अ. Ctrl   ब. Shift

स. Alt   द. Alt+Shift

7.  स्टेज पर गोले को उसकी लाल स्ट्रोक और **3px** मोटाई का पीला रंग भरना है। यदि आपको लाल भाग से पीला भाग मूव कराना है तो..................करके ऐसा कर सकते हैं।

अ. Click   ब. Double click

स. Ctrl + click   द. इनमें से कोई नहीं

8. ऊपरवाले प्रश्न में यदि आपको पीला और लाल दोनों भाग एक साथ मूव कराने हैं तो..................प्रयोग करने चाहिए।

अ. Alt + click   ब. Double click

स. Shift + click   द. इनमें से कोई नहीं

9. शेप के एंकर पॉइंट्स को एडिट करने के लिए कौन सा टूल प्रयोग करते हैं?

अ.    ब. 

स.    द. इनमें से कोई नहीं

10. किसी भी ग्राफिक को बनाने और स्टॉक प्रॉपर्टी चेंज करने के लिए इस टूल का प्रयोग किया जाता है।

अ.    ब. 

स.    द. इनमें से कोई नहीं

10 सिंबल्स और इंस्टेंसेज

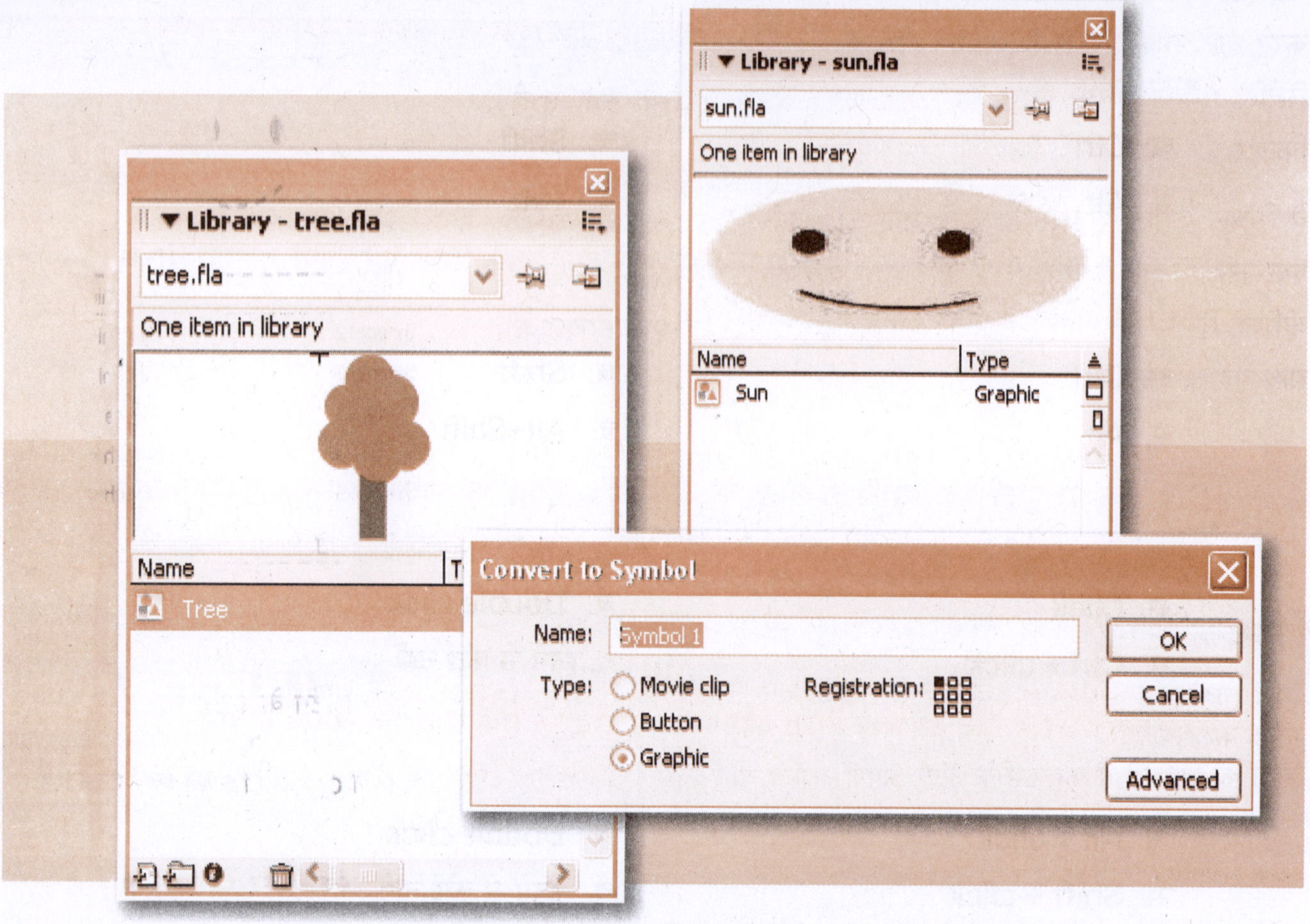

पिछले अध्याय में आपने सीखा कि फ्लैश में ड्रॉइंग टूल कैसे प्रयोग करते हैं। आपने कई ऑब्जेक्ट और एलीमेंट भी बनाए, जैसे Sun, Tree, Car और Road। लेकिन क्या आपने एक बात पर ध्यान दिया? आपने जो ड्रॉइंग बनाई वो सभी अलग फाइलों में अलग-अलग एलीमेंट में ली।

इस अध्याय में आप सीखेंगे कि स्टेज पर अलग-अलग एलीमेंट को सिंबल में कैसे बदलेंगे और उनके इंस्टेंस को कैसे प्रयोग करेंगे। लेकिन पहले हमें समझना चाहिए कि फ्लैश में सिंबल और इंस्टेंस क्या होते हैं।

सिंबल्स और इंस्टेंसेज

सिंबल पुनः प्रयोग होनेवाले एलीमेंट हैं, जिन्हें आप डाक्यूमेंट में प्रयोग करते हैं। सिंबल में ग्राफिक्स, बटन, मूवी, वीडियो क्लिप, साउंड फाइल या फॉण्ट शामिल हो सकते हैं। जब आप सिंबल बनाते हैं तो सिंबल फाइल की लाइब्रेरी में स्टोर होता है। प्रायोगिक रूप से आप पाएँगे कि फ्लैश मूवी में आप जो कुछ भी देखते हैं उसे सिंबल में डिफाइंड किया जा सकता है। जब आप स्टेज पर लाइब्रेरी से ड्रैग करके सिंबल लाते हैं तो आप सिंबल का इंस्टेंस बनाते हैं।

सिंबल फाइल का आकार घटाते हैं, क्योकि बिना इस बात की देखा कि आपने सिंबल के कितने इंस्टेंस बनाए हैं फ्लैश केवल एक बार ही सिंबल को फाइल में स्टोर करता है। ये सिंबल को प्रयोग करने का और एलीमेंट करने का अच्छा विचार है अथवा डॉक्यूमेंट में आनेवाले प्रत्येक एलीमेंट स्थिति, घुमाव, स्केल, टिस्ट, ब्राइटनेस, एलफा और ब्लेंड के साथ सभी फिल्टर की टर्म में मोड़ी किए जा सकते हैं।

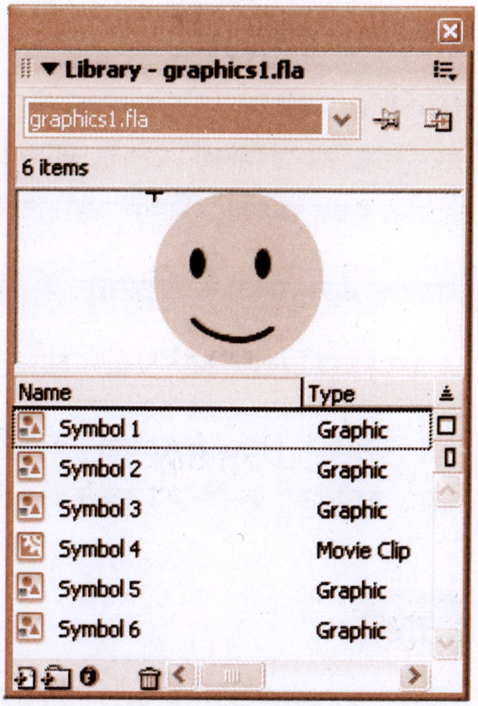

ये सिंबल फाइल में इधर-उधर ले जाए जा सकते हैं। उदाहरण के लिए, एक फाइल लाइब्रेरी से दूसरे में और सभी संबंधित ग्राफिक्स, बटन, मूवी, वीडियो क्लिप और साउंड आदि उनको अलग-अलग बिना मूव कराए एक साथ मूव करा सकते हैं।

क्विक टिप

यदि लाइब्रेरी से सिंबल को मूव करते हैं, जिनके एक जैसे नाम होते हैं तो आप बिना ओवर राइटिंग के उनके विरोध भाषा को ठीक कर सकते हैं।
मूवी की लाइब्रेरी में फोल्डर्स के अंदर अपनी असेज्ट को व्यवस्थित करके नाम के विरोध भाषा conflicts को बचा सकते हैं।

तीन तरह के सिंबल होते हैं और प्रत्येक के विशिष्ट गुण-धर्म होते हैं।

सिंबल के प्रकार

ग्राफिक्स सिंबल

ग्राफिक्स सिंबल एनिमेशन का भाग बनाने के लिए प्रयोग किए जाते हैं, जो मुख्य मूवी की टाइमलाइन से बँधे रहते हैं। ग्राफिक्स सिंबल मूवी की टाइमलाइन के साथ जिसमें ऑपरेट होते हैं। ग्राफिक्स सिंबल के एनिमेशन सिंबल्स में इंटरेक्टिव कंट्रोल और साउंड काम नहीं करते।

बटन सिंबल

बटन सिंबल मूवी में इंटरेक्टिव बटन बनाने के लिए प्रयोग किए जाते हैं, जो माउस क्लिक, रॉल ओवर या अन्य एक्सन पर प्रतिक्रिया करते हैं। आप विभिन्न बटन स्टेज से संबंधित ग्राफिक्स को डिफाइंड करते हैं। और फिर एक्शन स्क्रिप्ट भाषा का प्रयोग करके बटन इंस्टेंस को एक्शन देती हैं। हम एक्शन स्क्रिप्ट अगली कक्षा में पढ़ेंगे।

मूवी क्लिप सिंबल

मूवी क्लिप सिंबल का प्रयोग एनिमेशन के पुन: प्रयोग होनेवाले भाग को बनाने के लिए किया जाता है। मूवी क्लिप्स में उसके अपने मल्टीफ्रेम टाइमलाइन होते हैं, जो मूवी की टाइमलाइन से स्वतंत्र होकर चलते हैं। इन्हें मुख्य मूवी के अंदर छोटी मूवी की तरह समझ सकते हैं, जिसमें इंटरेक्टिव कंट्रोल, साउंड और मूवी क्लिप इंस्टेंस रख सकते हैं।

आप एक बटन सिंबल के टाइमलाइन के अंदर भी मूवी क्लिप इंस्टेंस रख सकते हैं, जिससे एनीमेटेड बटन बनता है।

सिंबल कैसे बनाएँ और प्रयोग करें

आप लाइब्रेरी में **New Symbol** सिलेक्ट करके शेप प्राप्त कर सकते हैं। आप लाइब्रेरी को **Window > Library** पर क्लिक करके उसे एक्सेस कर सकते हैं।

नोट

सिंबल को कन्वर्ट करने से सिंबल की एक इंस्टेंस उसके पीछे छूट जाते हैं, जिसे आपने बनाया है।

चुने गए ऑब्जेक्ट को बदलकर ग्राफिक सिंबल बनाना

इस कार्य में **Convert to Symbol** फीचर का प्रयोग करके आप ग्राफिक सिंबल बनाएँगे। इन स्टेप का अनुसरण करिए।

1. पिछले अध्याय में बनाई गई **sun.fla** खोलिए।

2. **Selection** टूल को चुनिए और सुनिश्चित करिए कि किसी भी विधि से पूरी इमेज सिलेक्ट की गई है।

   (अ) पूरी ड्रॉइंग को चारों तरफ से क्लिक करके ड्रैग करिए।

   (ब) **Edit > Select All** विकल्प पर क्लिक करिए।

   (स) **Ctrl+A** दबाइए।

3. **Modify > Convert to Symbol** सिलेक्ट करिए या **F8** दबाइए। फ्लैश इस सिंबल के लिए नाम और डिफाल्ट बिहेवियर देने के लिए आग्रह करता है।

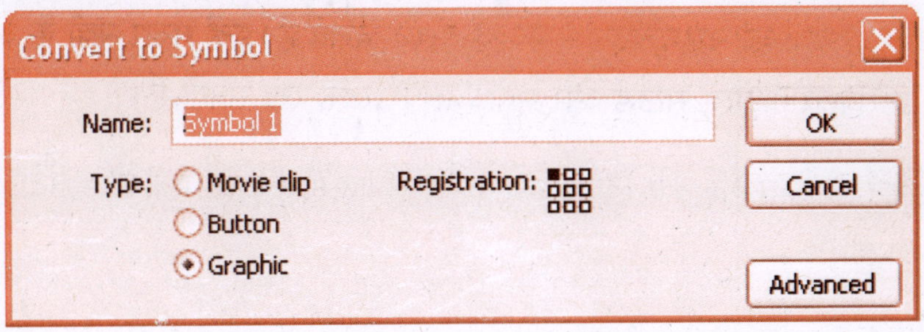

4. आपको सदैव सिंबल को लॉजिकल नाम देना चाहिए। डिफाल्ट **Symbol 1** लॉजिकल हो सकता है। परंतु सभी 35 सिंबल के नाम इस तरह रखने पर व्यवस्थित रखना मुश्किल हो सकता है। अत: नेम बॉक्स में **Sun** लिखिए और **Graphic** टाइप में चुनकर **OK** बटन पर क्लिक करिए।

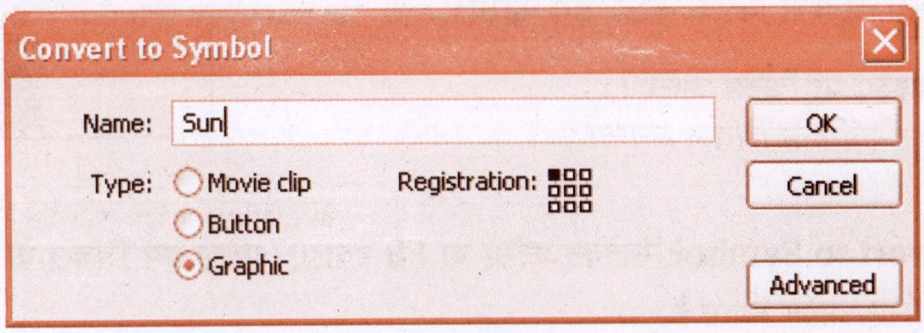

5. अब बनाई गई शेप ग्राफिक सिंबल में बदल जाती है और लाइब्रेरी में दिखाई जाती है।

इसी तरह हम दूसरी फाइलों **tree.fla, road.fla** और **car.fla** को सिंबल में बदल सकते हैं। यह स्टेप्स लें।

1. पिछले अध्याय में बनाई गई **tree.fla** खोलिए।

2. **Selection** टूल को चुनिए और सुनिश्चित करिए कि किसी भी विधि से पूरी इमेज सिलेक्ट की गई है।

   (अ) पूरी ड्रॉइंग को चारों तरफ से क्लिक करके ड्रैग करिए।

   (ब) **Select All** विकल्प पर क्लिक करिए।

   (स) **Ctrl+A** दबाइए।

3. **Modify Manu> Convert to Symbol** सिलेक्ट करिए या **F8** दबाइए। फ्लैश इस सिंबल के लिए नाम और डिफाल्ट बिहेवियर देने के लिए आग्रह करता है।

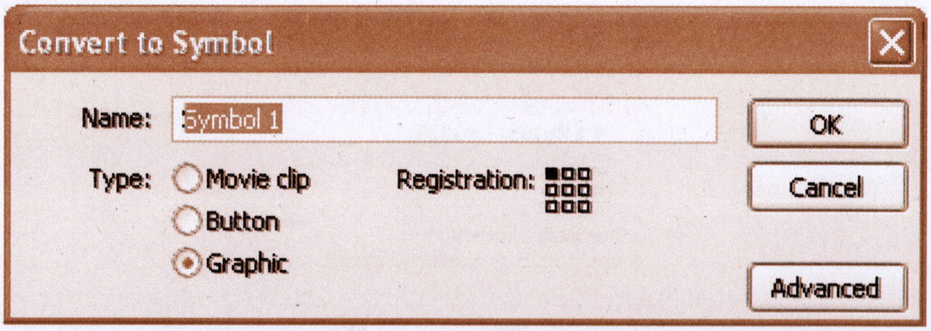

4. नेम बॉक्स में **Tree** लिखिए और **Graphic** टाइप में चुनकर **OK** बटन पर क्लिक करिए।

5. अब बनाई गई शेप ग्राफिक सिंबल में बदल जाती है और लाइब्रेरी में दिखाई जाती है।

इसी तरह हम कार और सड़क को उनकी फाइल को सिंबल में बदल सकते हैं। परिणाम ऐसा होगा जैसा नीचे दिखाया गया है।

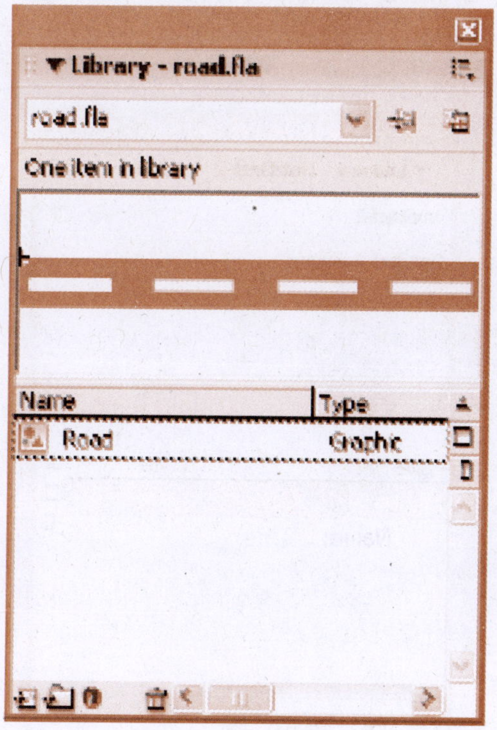

स्क्रैच से नया सिंबल बनाना

इस कार्यवाही में आप **New Symbol** फीचर का प्रयोग करके सिंबल बनाएँगे। यह स्टेप्स लें—

1. नई फाइल में यह सुनिश्चित करिए कि कुछ भी सिलेक्ट नहीं है और फिर **Insert > New Symbol** चुनिए या **Ctrl+F8** दबाइए।

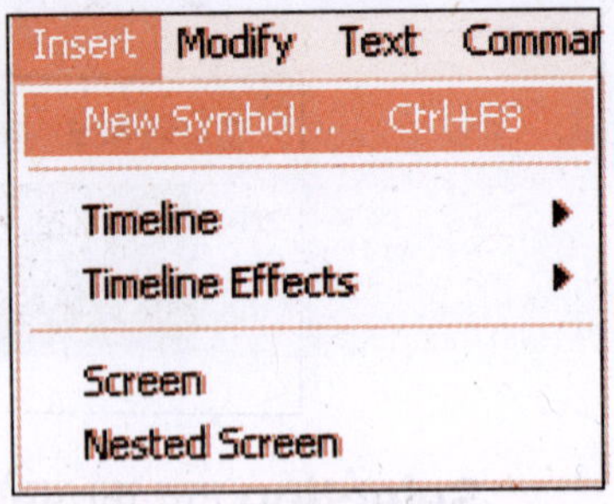

2. **Create New Symbol** डाइलॉग बॉक्स दिखाई देगा।

3. **Name** बॉक्स में **Smoke** लिखिए, टाइप में **Graphic** सिलेक्ट करिए और **OK** बटन पर क्लिक करिए।

4. लाइब्रेरी में नाम खाली स्क्रीन के साथ आ जाता है।

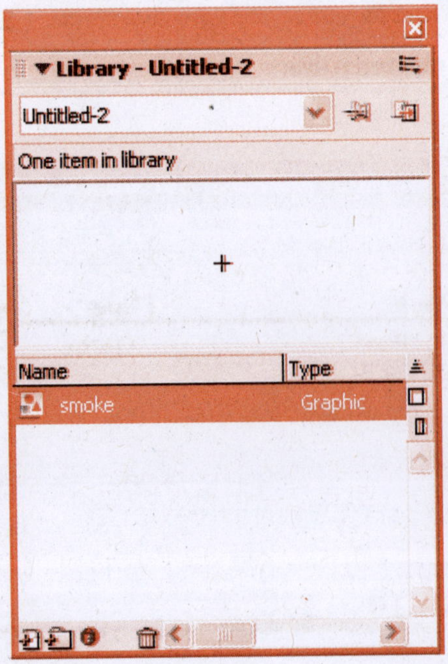

5. **Stroke color** और **fill color** बॉक्स से काला रंग चुनिए।

6. अब **Rectangle** टूल सिलेक्ट करिए और एक रेक्टेंगल बनाइए।

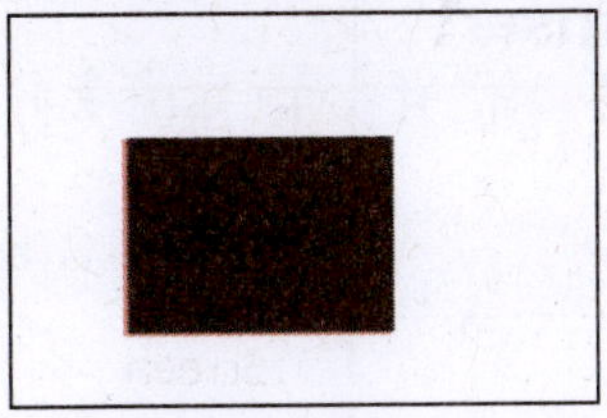

7. **Selection** टूल का प्रयोग करके रेक्टेंगल को निम्न प्रकार आकार दीजिए।

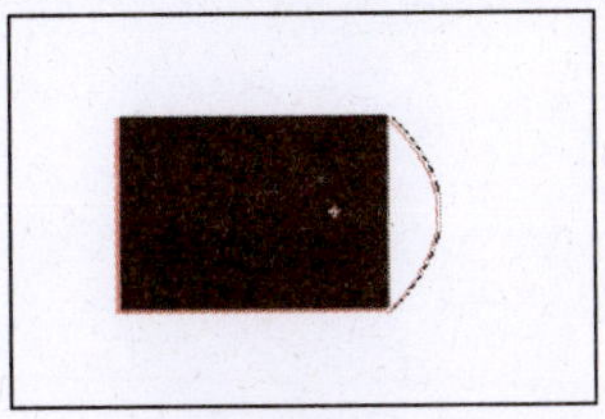

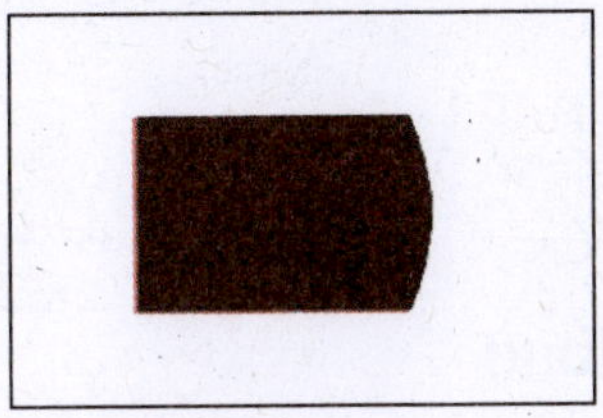

8. **Stroke color** और **fill color** से नीला रंग चुनिए।

9. गोला बनाने के लिए **Oval** टूल का प्रयोग करिए।

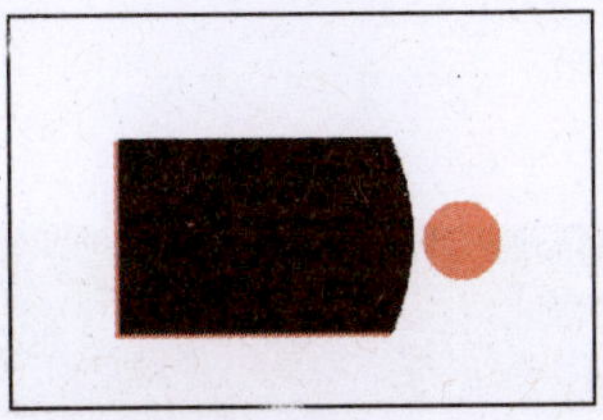

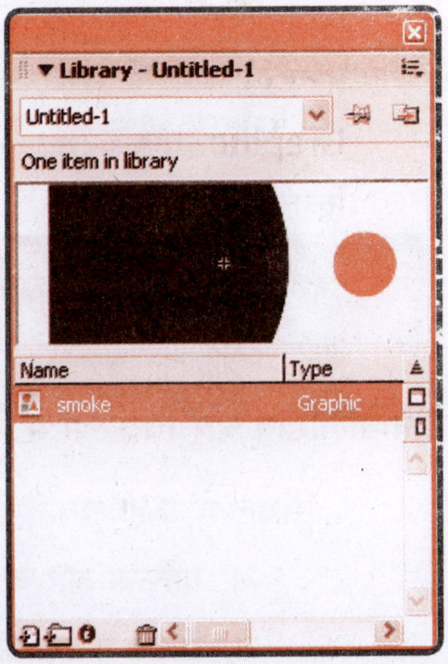

10. यह लाइब्रेरी में दिखाई देगा। आपको फाइल सेव करने की आवश्यकता नहीं है, क्योंकि हम अगले अध्याय में इसे फिर बनाएँगे।

याद करें

1. सिंबल में ग्राफिक्स, बटन, मूवी, वीडियो क्लिप, साउंड फाइल या फॉण्ट हो सकते हैं।
2. सिंबल को भी फाइल में विस्थापित किया जा सकता है।
3. सिंबल टाइप तीन प्रकार के होते हैं—ग्राफिक्स, बटन, मूवी क्लिप
4. ग्राफिक्स सिंबल स्टैटिक इमेज के लिए प्रयोग होते हैं।
5. बटन सिंबल इंटरेक्टिव बटन बनाने के लिए प्रयोग होते हैं।
6. मूवी क्लिप सिंबल एनिमेशन के पुनः प्रयोग होनेवाले भाग बनाने के लिए प्रयोग होते हैं।
7. आप लाइब्रेरी में **New Symbol (Ctrl+F8)** या **Convert to Symbol (F8)** चुनकर शेप प्राप्त कर सकते हैं।

अभ्यास

(अ) रिक्त स्थान भरो—

1. .... पुनः प्रयोग होनेवाले एलीमेंट है जिन्हें आप डॉक्यूमेंट में प्रयोग करते हैं।
2. सिंबल में बदलने के लिए .... शॉर्टकट है।
3. सिंबल बदलने पर जो आपने बनाया है उसके पीछे .... आ जाता है।
4. आप .... सिंबल एडिट कर सकते हैं और सभी .... को एक साथ अपडेट कर सकते हैं।
5. जब आप .... से सिंबल ड्रैग करके स्टेज पर रखते हैं तो आप सिंबल का .... बनाते हैं।
6. मूवी क्लिप्स के अपने मल्टीफ्रेम .... होते हैं, जो मेन मूवी की टाइमलाइन से स्वतंत्र होकर चलते हैं।

(ब) ग्राफिक सिंबल बनाने की स्टेप्स लिखिए।

(स) निम्नलिखित ग्राफिक सिंबल बनाइए—

1. Flower
2. Cloud
3. Hut
4. River
5. Boat

(द) टूल का वर्णन करिए।

 ....

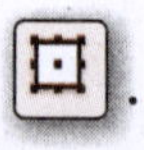 ....

बहुविकल्पीय प्रश्न

निम्नलिखित चार विकल्पों में से सही विकल्प पर (✔) निशान लगाएँ।

1. सिंबल में ये हो सकते हैं।

अ. ग्राफिक और बटन — ब. मूवी और वीडियो क्लिप

स. साउंड फाइल और फॉण्ट — द. उपर्युक्त सभी

2. .... को एक से दूसरी फाइल में ले जा सकते हैं।

अ. सिंबल — ब. प्रोपर्टी पैनल

स. टाइमलाइन — द. टूल

3. सिंबल टाइप तीन होते हैं—

अ. मूवी, वीडियो क्लिप और साउंड क्लिप — ब. ग्राफिक, बटन, मूवी क्लिप

स. अ और ब दोनों — द. इनमें से कोई नहीं

4. ग्राफिक सिंबल का प्रयोग इसके लिए होता है।

अ. चलनेवाली इमेज　　ब. स्टैटिक इमेज

स. एनिमेशन　　द. इनमें से कोई नहीं

5. ....सिंबल इंटरेक्टिव बटन बनाने के लिए प्रयोग होते हैं।

अ. बटन　　ब. ग्राफिक्स

स. मूवी क्लिप　　द. इनमें से कोई नहीं

6. ....सिंबल का प्रयोग एनिमेशन के पुनः प्रयोग होनेवाले भाग बनाने के लिए होते हैं।

अ. बटन　　ब. ग्राफिक्स

स. मूवी क्लिप　　द. इनमें से कोई नहीं

7. स्टेज पर ड्रॉइंग को बटन में बदलने के लिए उसे सिलेक्ट करके ये दबाते हैं।

अ. F8 + B　　ब. Ctrl + Shift + B

स. Ctrl + F8　　द. इनमें से कोई नहीं

8. स्केच से ग्राफिक सिंबल बनाने के लिए......................दबाइए और फिर उसका नाम और टाइप (ग्राफिक/ बटन/ मूवी) देकर ड्रॉइंग आरंभ कर दीजिए।

अ. F8　　ब. Shift + F8

स. Ctrl + F8　　द. इनमें से कोई नहीं

9. ....सिंबल की मुख्य टाइमलाइन से स्वतंत्र उसकी अपनी टाइमलाइन होती है।

अ. बटन　　ब. मूवी क्लिप

स. ग्राफिक्स　　द. उपर्युक्त सभी

10. ....सिंबल की मुख्य टाइमलाइन से स्वतंत्र उसकी अपनी टाइमलाइन होती है।

अ. बटन　　ब. मूवी क्लिप

स. ग्राफिक्स　　द. उपर्युक्त सभी

11 मूवी क्लिप सिंबल बिहेवियर

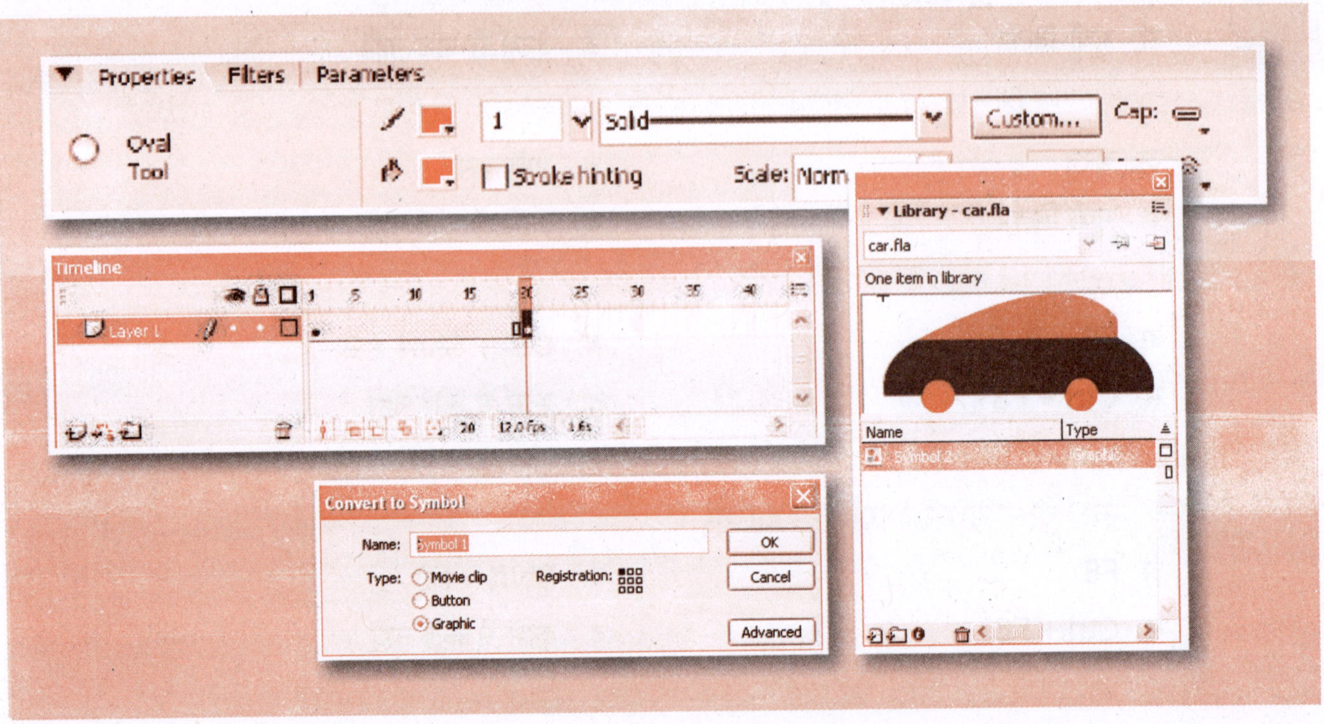

पिछले अध्याय में हमने पढ़ा है कि फ्लैश में तीन प्रकार के सिंबल होते हैं। ये हैं—ग्राफिक्स, बटन और मूवी क्लिप। हमने ग्राफिक्स सिंबल पर विस्तार से चर्चा भी की थी। आइए अब मूवी क्लिप सिंबल के बारे में समझें। यह तीन बिहेवियर में से सबसे अधिक गुणवाला है।

मूवी क्लिप सिंबल

जब आप यह देखेंगे कि मूवी क्लिप सिंबल क्या करता है तो आश्चर्यचकित रह जाएँगे। मूवी क्लिप के अंदर आप एनिमेशन बना सकते हैं और फिर क्लिप की इंस्टेंस के एनीमेट कर सकते हैं। इसका अर्थ है कि उदाहरण के लिए, आप एक घूमते हुए पहिए की मूवी बना सकते हैं और फिर उसे एनीमेट कर सकते हैं, जिससे यह केवल घूमे ही नहीं बल्कि स्क्रीन पर चले भी।

अतिरिक्त जानकारी : ग्राफिक बनाम मूवी क्लिप सिंबल्स

कोई गलत भी सोच सकता है कि ग्राफिक सिंबल केवल **सिंगल फ्रेम** वाले सिंबल के लिए है और मूवी क्लिप **मल्टीपल फ्रेम्स** के लिए है। मूवी क्लिप और ग्राफिक दोनों में एक या अधिक फ्रेम हो सकते हैं। यद्यपि मूवी क्लिप में एनिमेशन हो सकती है और बिना इस बात से प्रभावित हुए कि उसे कहाँ रखा गया है, स्वतः ही लूप बनाती है।

क्विक टिप : एक सिंबल टाइप को दूसरे में बदलना

थ्योरिटिकली सभी सिंबल आपस में बदलने योग्य हैं। इसका अर्थ हुआ कि यदि आपने ग्राफिक सिंबल बनाया है और उसकी इंस्टेंस को स्टेज पर ड्रैग किया तो उसके इंस्टेंस के प्रकार को ग्राफिक से बटन या मूवी क्लिप में बदल सकते है। लेकिन प्रायोगिक रूप से ऐसा नहीं होता है, जब तक आप सुनिश्चित न कर ले कि आप क्या चाहते हैं। कोई प्रोग्रामिंग (एक्शन स्क्रिप्ट) और सिंबल से जुड़े दूसरे बिहेवियर डिस्टर्ब हो जाएँगे और आपकी मूवी अवांछिक ढंग से काम करेगी अथवा काम बंद कर देगी। अच्छी सोच यह होगी कि आप काम की पहले से योजना कर लें और फिर उसके अनुसार बिहेवियर चुनें।

मूवी क्लिप का प्रयोग करके घूमता हुआ पहिया बनाना

1. नई फाइल में **Oval** टूल चुनिए और उसकी प्रॉपर्टी, प्रॉपर्टी पैनल से बदलिए, जैसा कि दिखाया गया है।

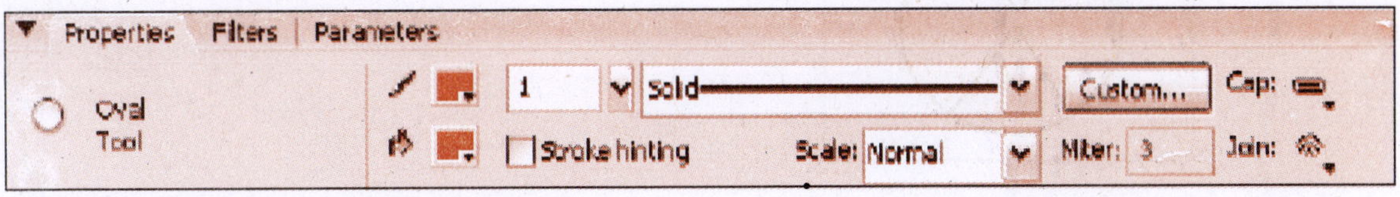

2. अब एक पहिया बनाइए जैसा कि दिखाया गया है।

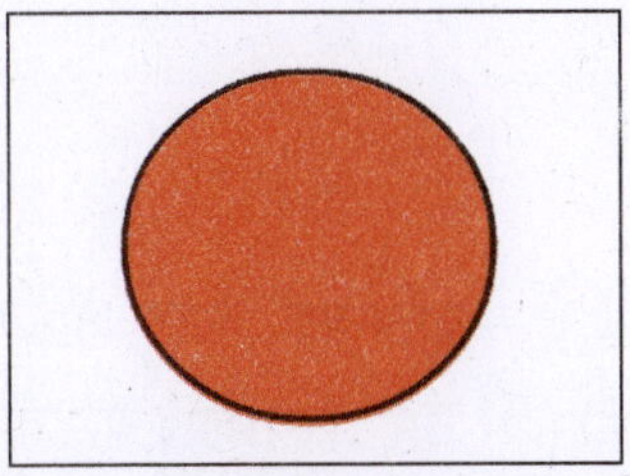

3. अब **Line** टूल सिलेक्ट करिए, और प्रॉपर्टीज पैनल से प्रॉपर्टी बदलिए जैसा कि दिखाया गया है।

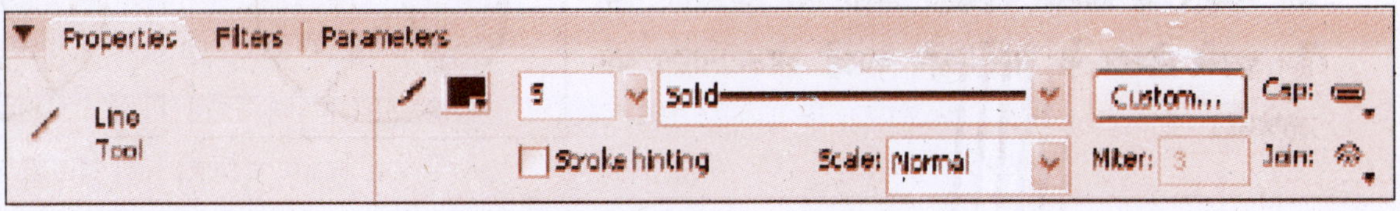

4. अब पहिए के अंदर एक क्रॉस बनाइए जैसा कि दिखाया गया है।

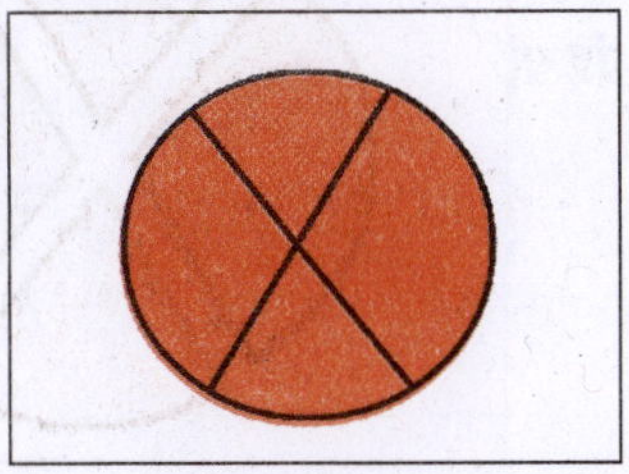

5. अब हमारे पास स्टेज पर तीन ड्रॉइंग आब्जेक्ट्स हैं। एक गोला और दो लाइनें। कृपया ध्यान दीजिए कि अब ये तीनों आब्जेक्ट जो आपने बनाए हैं अलग-अलग तरह से बिहेव करेंगे। फ्लैश का अद्भुत वेक्टर क्ले आपको यह करने की क्षमता देता है। अब ऑब्जेक्ट दूसरे के कटाव पर बिंदु से कर जाते हैं। ये छोटे ऑब्जेक्ट्स स्वतंत्र रूप से सिलेक्ट किए जा सकते हैं और सामान्य ड्रॉइंग शेप की तरह प्रयोग किए जा सकते हैं।

6. अब लाल गोले और उसकी काली आउटलाइन के एक भाग को **Selection** टूल से सिलेक्ट करिए और **Shift** की दबाए हुए या ऐसे ही डबल क्लिक करिए। अब इसे थोड़ा ऊपर उठाने के लिए जैसा कि दिखाया गया है कि बोर्ड से ऐरो की का प्रयोग करिए।

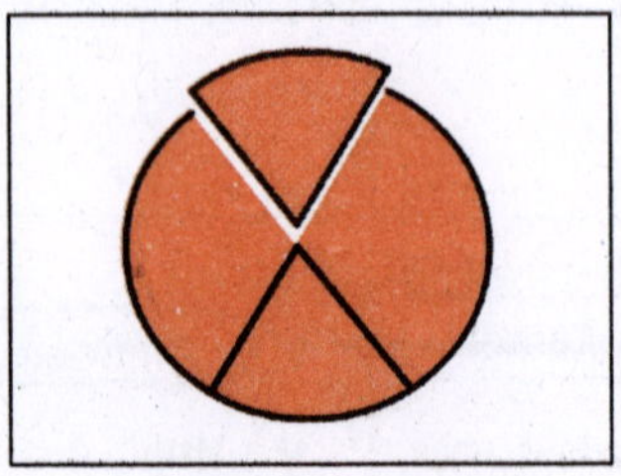

7. गोले के बाकी भागों के लिए **स्टेप 5** दोहराइए।

8. अब **Selection** टूल का प्रयोग करिए और बायाँ भाग सिलेक्ट करिए। **Line** टूल सिलेक्ट करिए और लाइन को सेक्टर के किनारे लगाइए जैसा कि दिखाया गया है। इससे सेक्टर के चारों ओर काली आउटलाइन बन जायेगी।

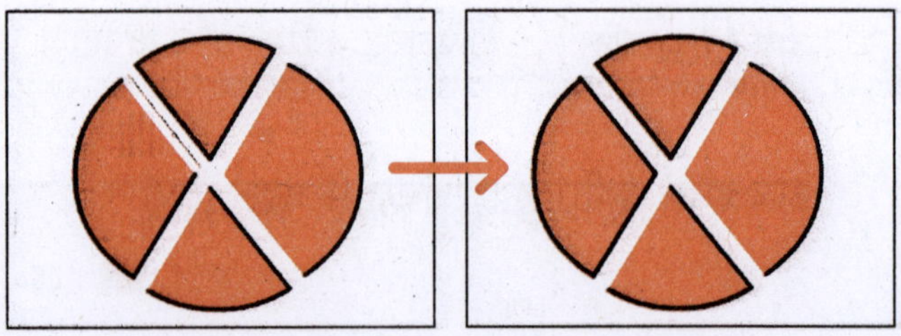

9. अब पहिए के बाकी दो भागों के लिए **स्टेप 7** दोहराइए। अंतिम रूप से पहिया इस तरह दिखेगा, जैसा यहाँ है।

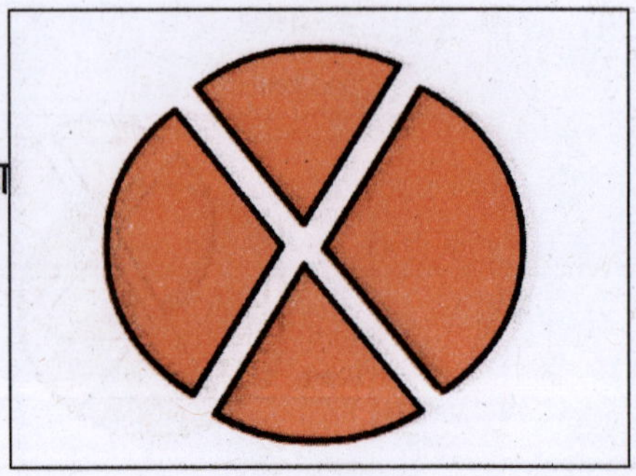

10. **Selection** टूल चुनिए और सुनिश्चित करिए कि इमेज किसी भी विधि से पूरी तरह सिलेक्ट की गई है।

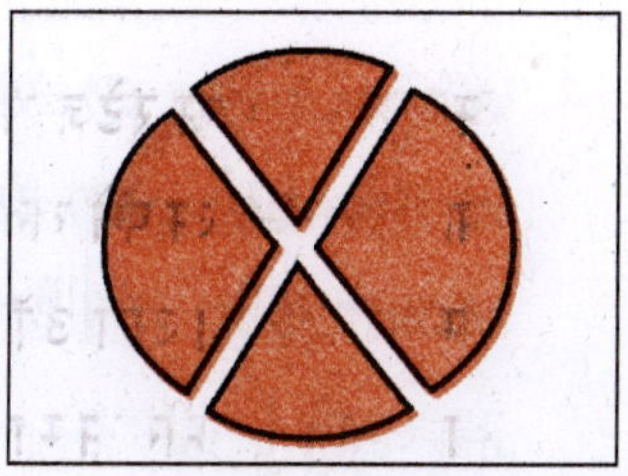

(अ) पूरी ड्रॉइंग के चारों तरफ माउस से ड्रैग करके।

(ब) **Edit** मेन्यू से **Selection All** विकल्प पर क्लिक करके।

(स) **Ctrl + A** दबाएँ।

11. **Modify>Convert to symbol** चुनिए या **F8** दबाइए। फ्लैश आपसे सिंबल के लिए नाम और डिफाल्ट बिहेवियर बताने के लिए कहेगा।

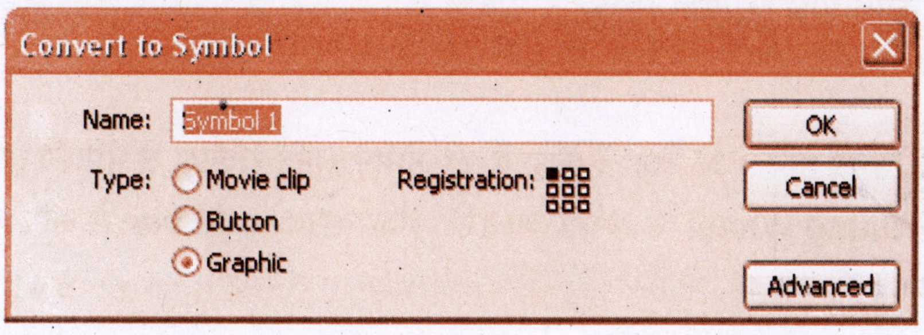

12. **Name box** में **Wheel** चुनिये, **Type** में **Movie Clip** और **OK** बटन पर क्लिक करिए।

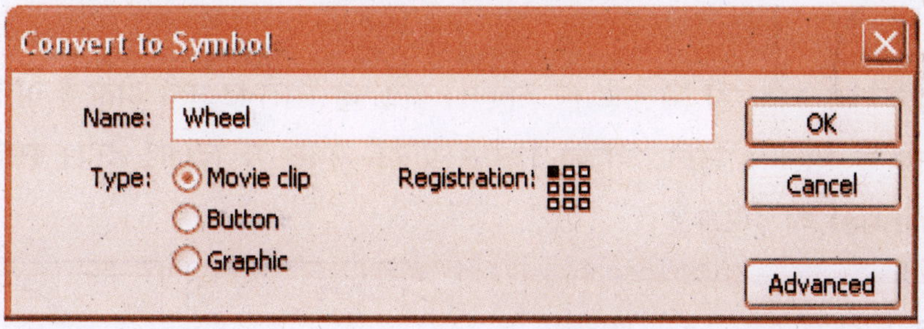

13. अब इमेज मूवी क्लिप सिंबल में बदल जाती है और लाइब्रेरी में दिखाई देती है।

14. **Wheel** सिंबल की ऑन स्क्रीन इंस्टेंस सिलेक्ट करिए और उसे पुनः सिंबल के बदलिये। **Modify > Convert to Symbol** चुनिए या **F8** दबाइए। इसको **Roatating Wheel** नाम दीजिए, यह सुनिश्चित करिए **Type** में **Movie Clip** चुना है और फिर **OK** पर क्लिक कर दीजिए।

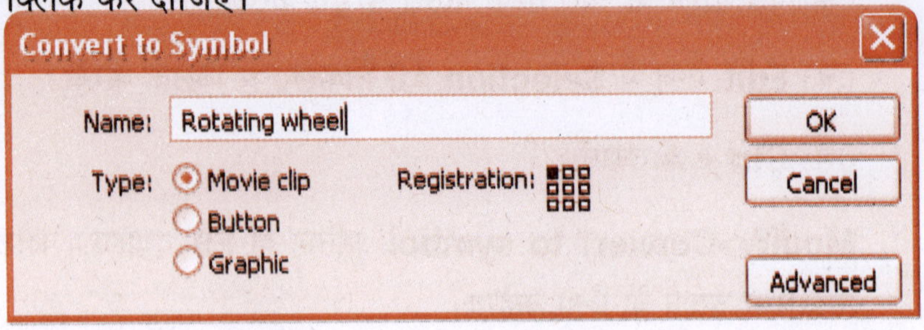

याद रखिए कि आप केवल सिंबल इंस्टेंस को मोसन ट्वीन दे सकते हैं। स्टेप 12 में आपने शेप को मूवी क्लिप सिंबल में बदलकर **Wheel** नाम से लाइब्रेरी में रखा था। स्टेप 13 में आपने **Wheel** की इन्सटेंस को **Rotating Wheel** सिंबल में रखा था।

पहिए को घुमाना

1. अब हम इस पहिए की मूवी क्लिप सिंबल को पिछली कक्षा में पढ़े मोसन ट्वीन टेक्निक से घुमाएँगे। स्क्रीन पर इंस्टेंस पर डबल क्लिक करके **Rotating Wheel** के मास्टर वर्जन के अंदर जाइए। **edit bar** में आप को **Scene 1: Rotating Wheel** दिखना चाहिए।

मूवी क्लिप के अंदर का ऑब्जेक्ट स्वतः ही सिलेक्ट हो जाएगा। यदि यह सिलेक्ट नहीं होता है तो इंस्टेंस **Inside wheel** को सिंगल क्लिक से सिलेक्ट करना चाहिए जिससे प्रॉपर्टी पैनल में दिखाई देगा। इसका अर्थ है कि **Rotating Wheel** में **Wheel** की इंस्टेंस है।

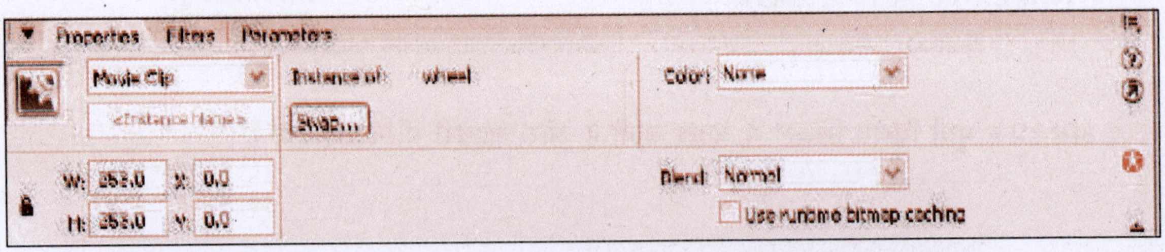

2. टाइमलाइन में **Frame 20** पर क्लिक करिए और **key frame** इंसर्ट करने के लिए **F6** दबाइए।

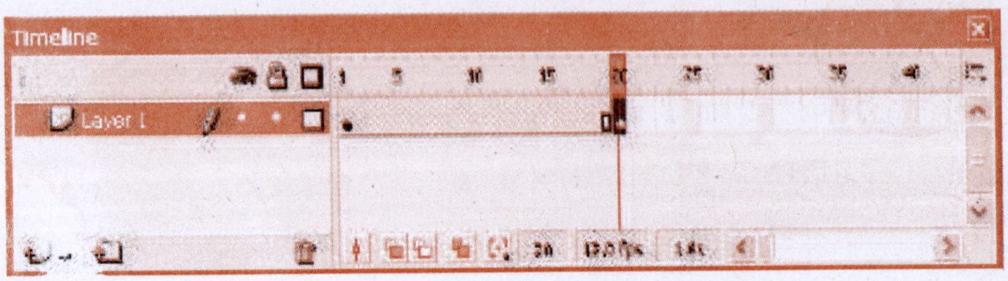

3. अब टाइमलाइन में **frame 1** पर क्लिक करिए और प्रॉपर्टीज पैनल से **Tween : Motion tween, Rotate: CCW** और **1 times** सिलेक्ट करिए जैसा कि दिखाया गया है।

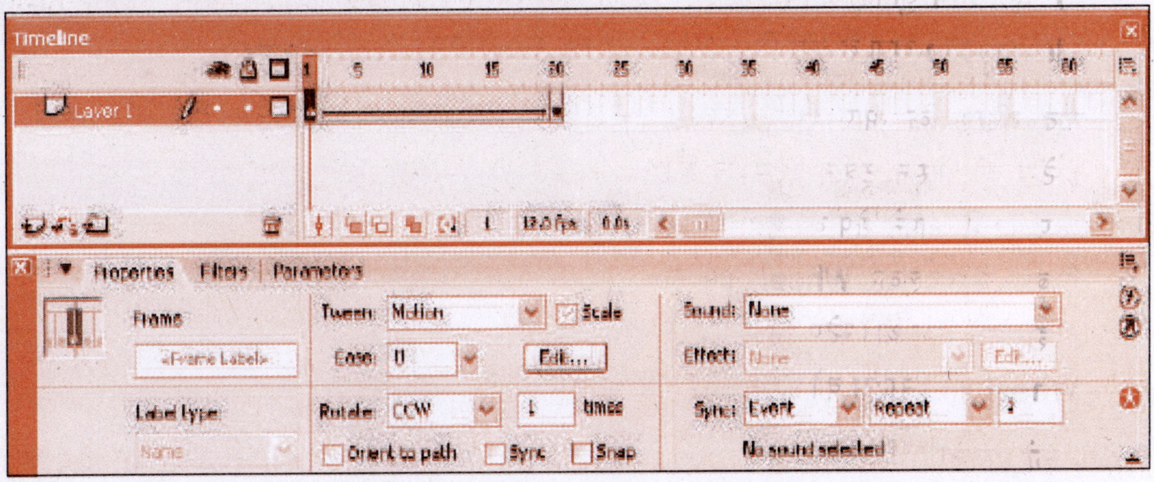

4. **Edit** टूलबार पर **back** बटन पर क्लिक करके सीन पर वापस जाइए।

5. **Rotating wheel** का एनिमेशन देखने के लिए **Ctrl+Enter** दबाइए या **Control>Test Movie** पर क्लिक करिए।

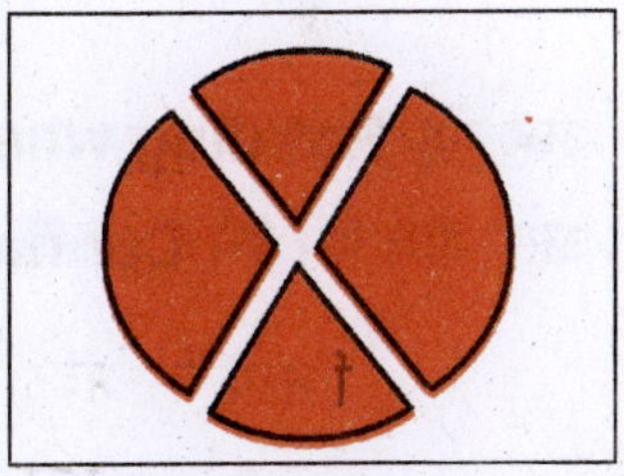

6. **Wheel** मूवी क्लिप सिंबल **Rotating wheel** मूवी क्लिप सिंबल के साथ इंबेडेड हो जाता है और दोनों ही सिंबल लाइब्रेरी में दिखाई देते हैं।

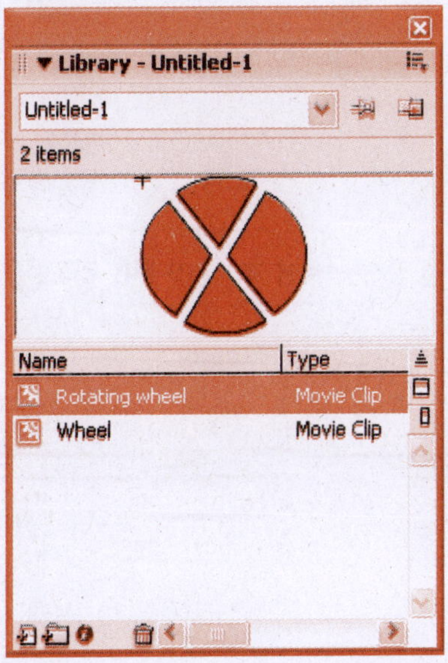

7. अब इस फाइल को **Wheel.fla** नाम से सेव करिए।

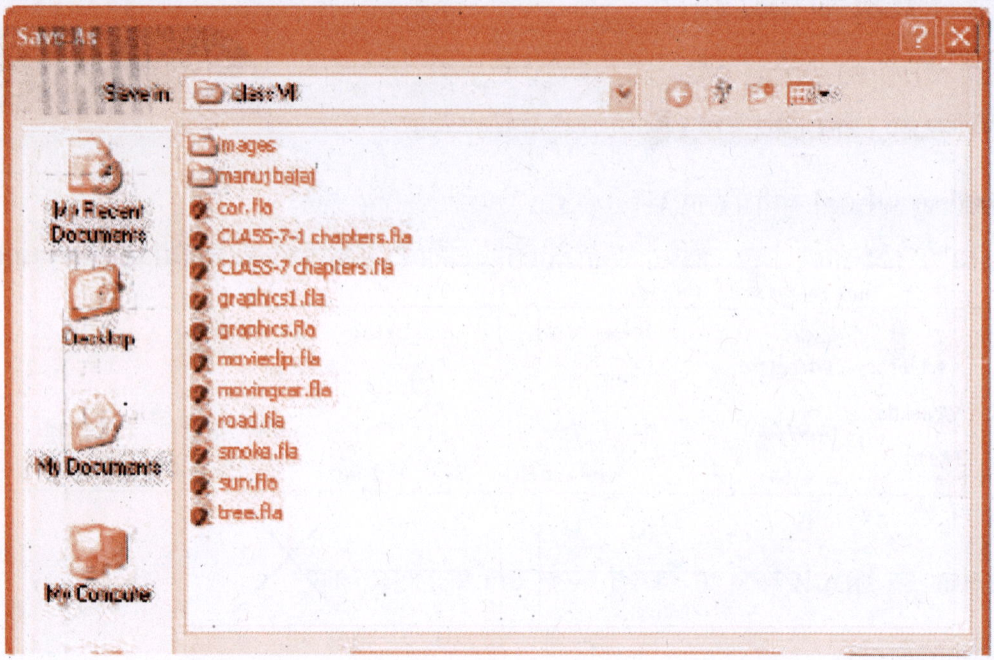

अब यह **Rotating wheel** मूवी क्लिप सिंबल किसी भी ग्राफिक्स या मूवी में अनेक बार इंसर्ट किया जा सकता है। अत: अब हम इसे **Car.fla** में कार के घूमते हुए पहिए की एनिमेशन के लिए इंसर्ट करेंगे। इन स्टेप्स का अनुसरण करिए।

1. पिछले अध्याय में बनाए गए **car.fla** को ग्राफिक्स सिंबल की तरह खोलिए।

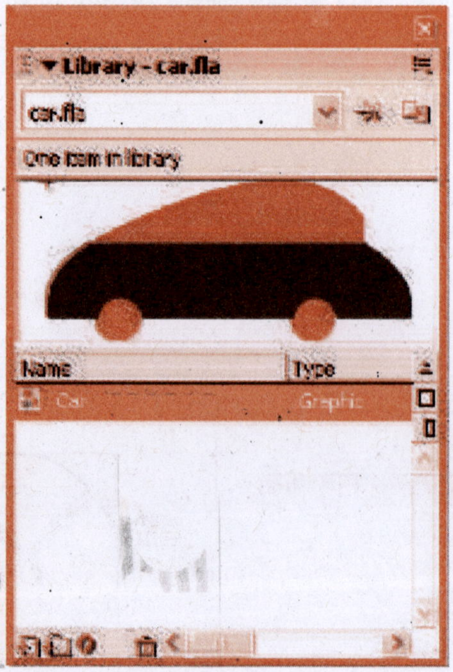

2. अब **Selection** टूल का प्रयोग करके सिंबल इंस्टेंस पर डबल क्लिक करिए। **Shift** की दबाए हुए।

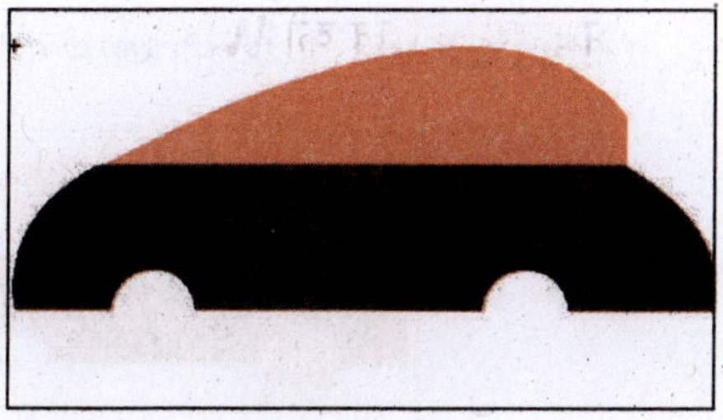

कार के दोने पहियों को सिलेक्ट करिए और कीबोर्ड से **DEL** की प्रयोग करके उन्हें मिटाइए। अब इमेज ऐसी दिखेगी जैसी यहाँ पर है।

3. अब **Rotating wheel** मूवी क्लिप **Wheel.fla** से कॉपी करिए और उसे **car.fla** में पेस्ट करिए। अब लाइब्रेरी सभी सिंबल दिखाती है, जैसा कि यहाँ चित्र में दिखाया गया है।

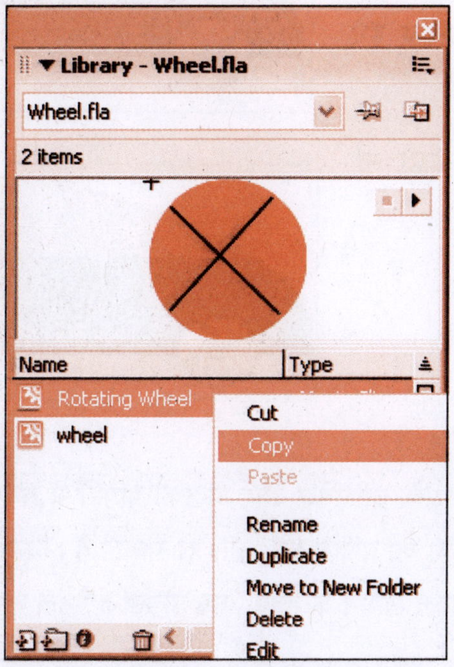

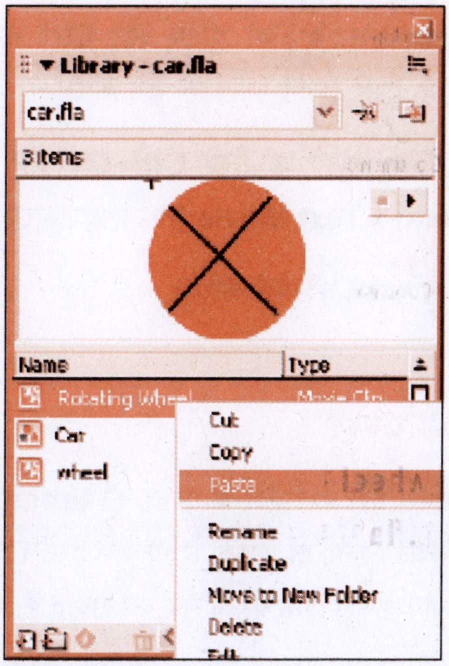

4. Rotating wheel सिंबल को लाइब्रेरी से स्टेज पर ड्रैग करिए।

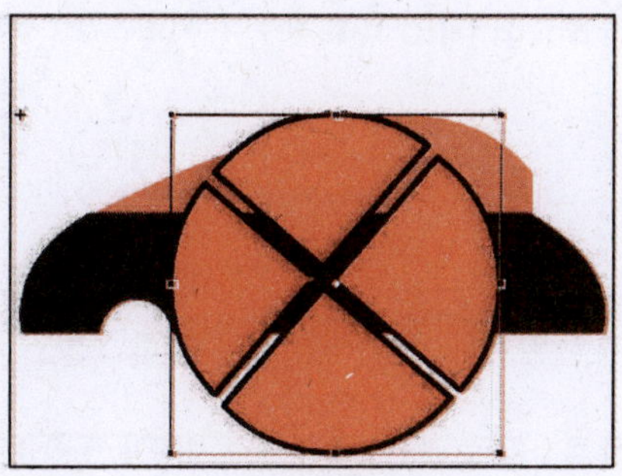

5. **Free Transform** टूल चुनिए और पहिए को छोटा करके फिर करने के लिए हैंडल को ड्रैग करिए।

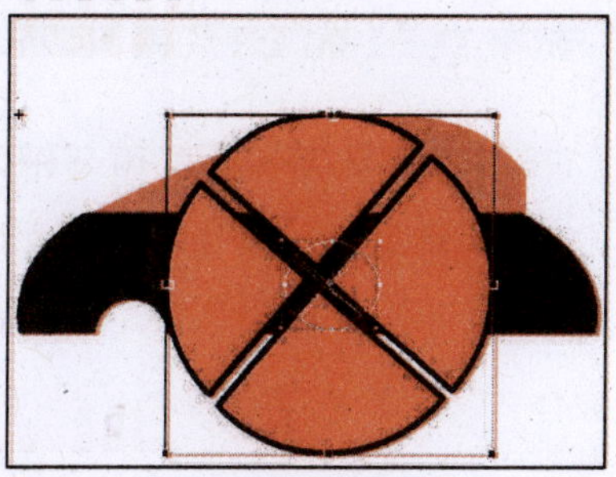

6. पहिए को कार के खाली स्थान पर लगाइए जैसा कि दिखाया गया है।

7. अब **Selection** टूल  को चुनिए और **Ctrl** की दबाए हुए पहिए को कार के दूसरे खाली स्थान पर ड्रैग करिए।

8. एनिमेशन का प्रिव्यू देखने के लिए **Ctrl+ENTER** दबाइए या **Control Menu > Text Movie** पर क्लिक करिए।

9. **car.fla** नाम से फाइल को सेव करिए।

कलर स्टाइल का प्रयोग

कलर स्टाइल में शामिल होते हैं इंस्टेंस के कलर की **tinting** उसके ब्राइटनेस और अलफा प्रॉपर्टी में बदलाव। जिस तरह प्रत्येक इंस्टेंस की स्थिति अलग हो सकती है, प्रत्येक इंस्टेंस के रंग का प्रभाव भी भिन्न हो सकता है। किसी इंस्टेंस को मूव करने के लिए उसे आप केवल पिक करके मूव कर सकते हैं, स्टाइल लगाने के लिए आप प्रॉपर्टीज पैनल का प्रयोग करते हैं।

इंस्टेंस की कलर स्टाइल बदलने के लिए आप केवल सुनिश्चित करिए कि प्रॉपर्टी पैनल दिखाई दे रहा है और फिर स्टेज पर इंस्टेंस को सिलेक्ट करिए। जब इंस्टेंस है तो आप कलर डाप डाउन लिस्ट से कोई भी स्टाइल चुनकर लगा सकते हैं।

ब्राइटनेस—यह इफेक्ट आपको इंस्टेंस में काला या सफेद रंग जोड़ने की अनुमति देता है। ये लाइट को जलाने और बुझाने की तरह होता है।

टिंट—यह इफेक्ट इंस्टेंस के किसी भी रंग को tints कर देता है।

अलफा—यह इफेक्ट, जो कि opacity जैसा है, यह स्पेसिफाई करने देता है कि आप इंस्टेंस को कितना देख सकते हैं।

एडवांस्ड—यह इफेक्ट टिंट और अल्फा को मिलाने की अनुमति देता है। यदि आप दोनों को प्रयोग करना चाहते हैं तो टिंट करके इंस्टेंस की ट्रांस्पैरेंसी बदलिए। एडवांस इफेक्ट विकल्प है, जो प्रयोग किया जा सकता है।

अब जब कार चलती है तो उससे धुआँ भी निकलता है। अब हम धुएँ के लिए एक और एनिमेशन बनाएँगे। यह कलर स्टाइल से संभव है। ये स्टेप्स लीजिए—

1. एक नई फाइल में **Oval** टूल सिलेक्ट करिए और प्रॉपर्टीज पैनल से उसकी प्रॉपर्टी बदलिए जैसा कि चित्र में दिखाया गया है।

2. अब एक गोला बनाइए जैसा कि दिखाया गया है।

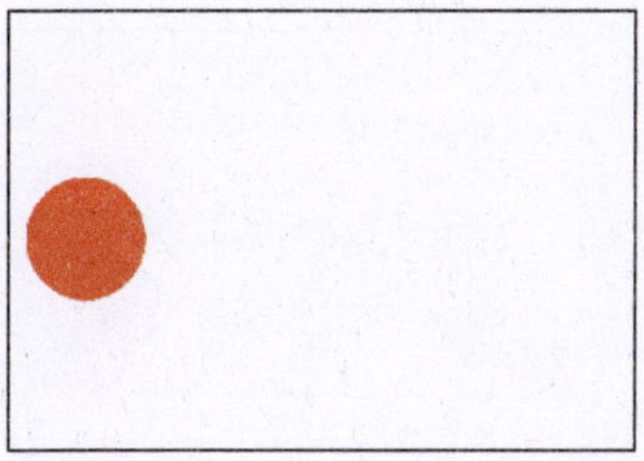

3. शेप को चुनकर सिंबल में बदल दीजिए। इसे। **smoke** नाम दीजिए और टाइप में **movie clip** करिए।

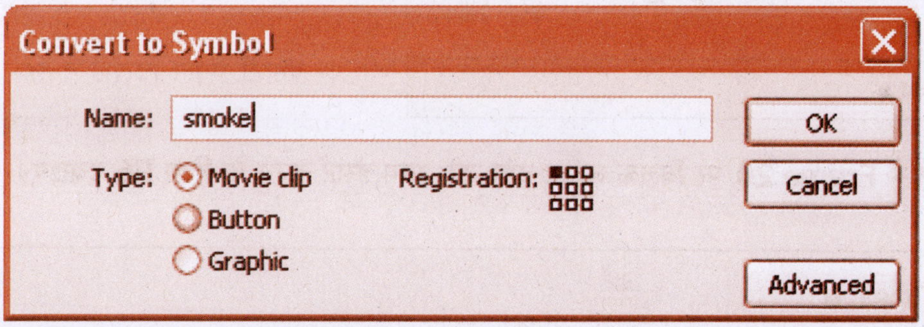

4. अब स्टेज पर इंस्टेंस **smoke** को सिलेक्ट करिए और इसे पुनः सिंबल में बदलिए इसे **Changing smoke** नाम दीजिए और टाइप में **movie clip** करिए।

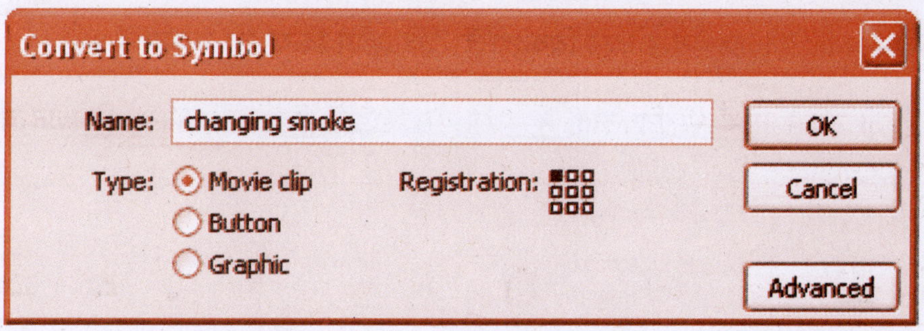

5. अब दोनों मूवी क्लिप सिंबल **smoke** और **Changing smoke** लाइब्रेरी में दिखाई देंगे।

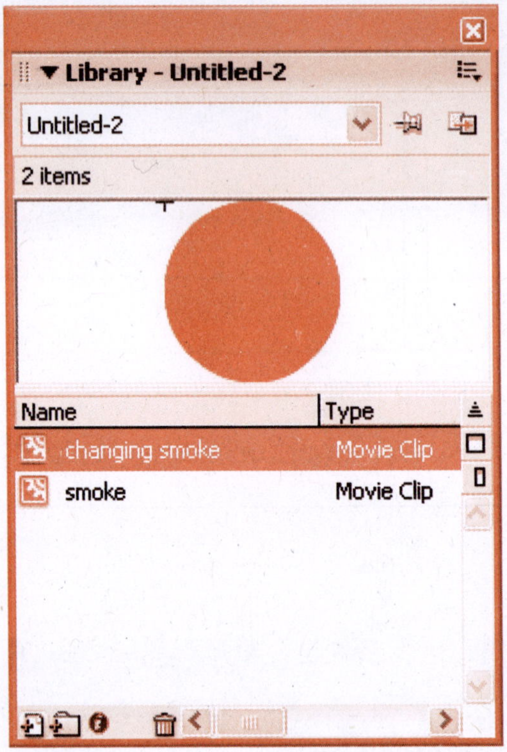

6. **Selection** टूल का प्रयोग करके स्टेज पर **smoke** के **Changing smoke** इंस्टेंस पर डबल क्लिक करिए। एडिट बार में। **Scene 1: Changing smoke** दिखाई देगा।

7. अब टाइमलाइन में **Frame 20** पर क्लिक करिए और की फ्रेम इंसर्ट करने के लिए **F6** दबाइए।

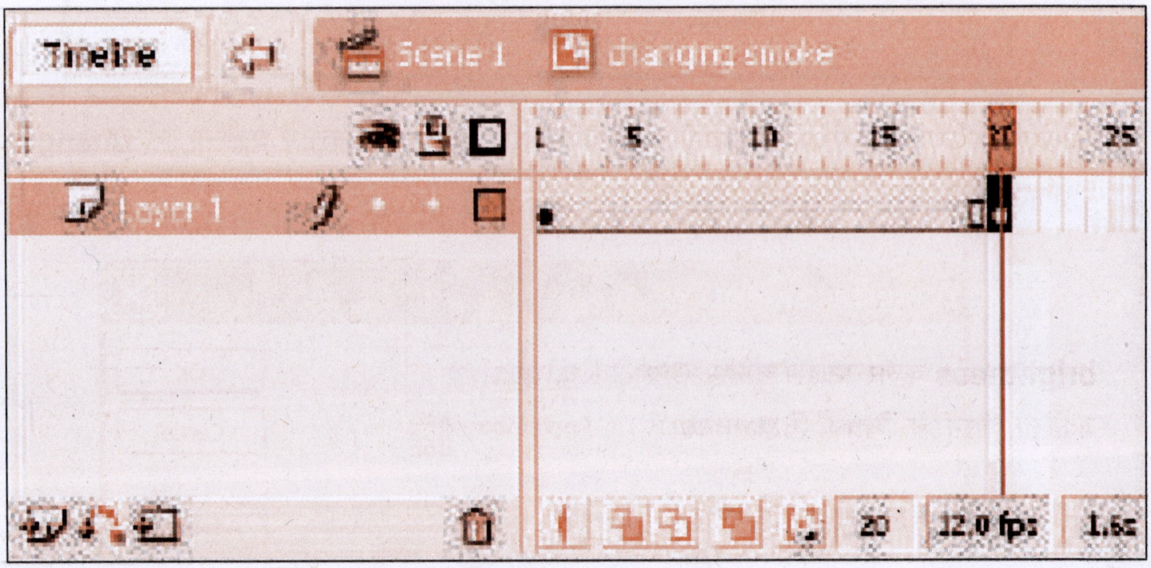

8. **Selection** टूल का प्रयोग करके गोले को नए स्थान पर ले जाइए और **Free Transform** टूल से उसका आकार बदलिए।

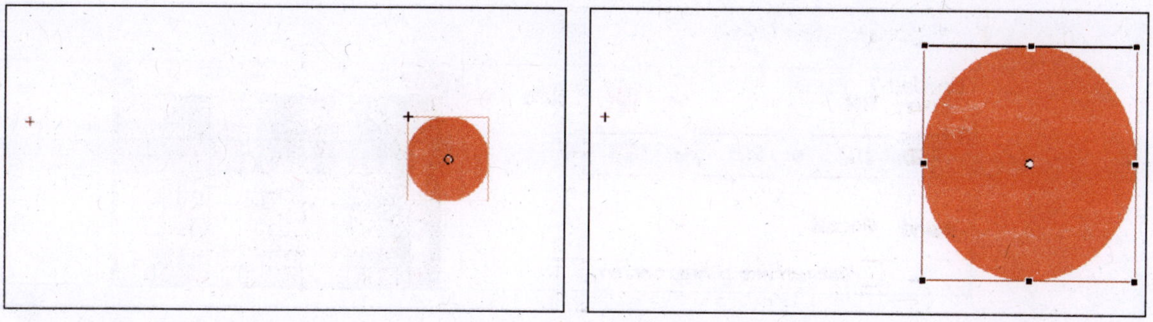

9. अब टाइमलाइन में **frame1** पर क्लिक करिए और प्रॉपर्टीज पैनल से **motion tween, auto** चुनिए।

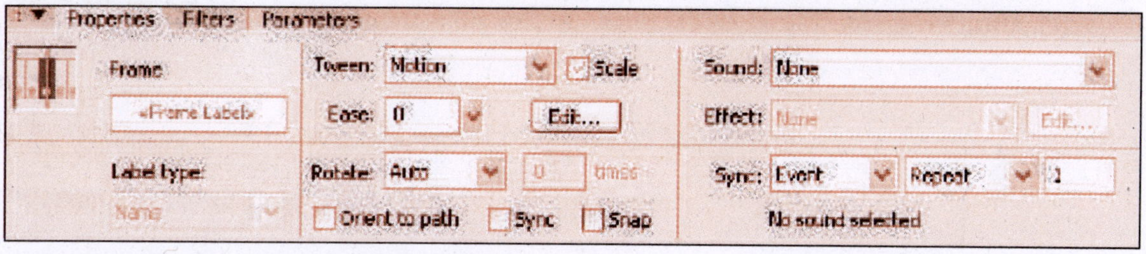

10. **edit** टूलबार में **back** बटन से सीन में वापस जाइए।

11. टाइमलाइन में **frame 20** पर इंसर्ट किए गए की फ्रेम पर क्लिक करिए। **Selection** टूल का प्रयोग करके। **smoke** इंस्टेंस पर क्लिक करिए। अब प्रॉपर्टीज पैनल से कोई कलर स्टाइल चुनिए।

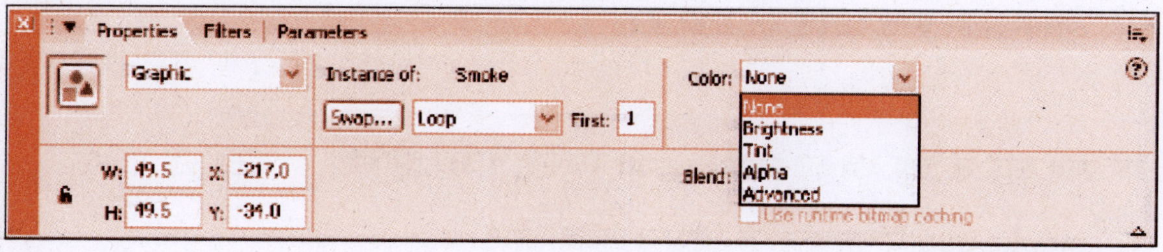

12. **brightness** कलर स्टाइल चुनिए। अब गोले की ब्राइटनेस बदलिए, जैसा कि चित्र में दिखाया गया है।

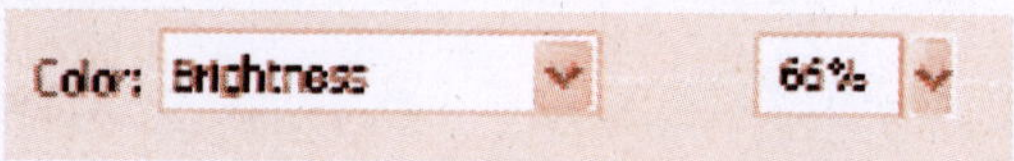

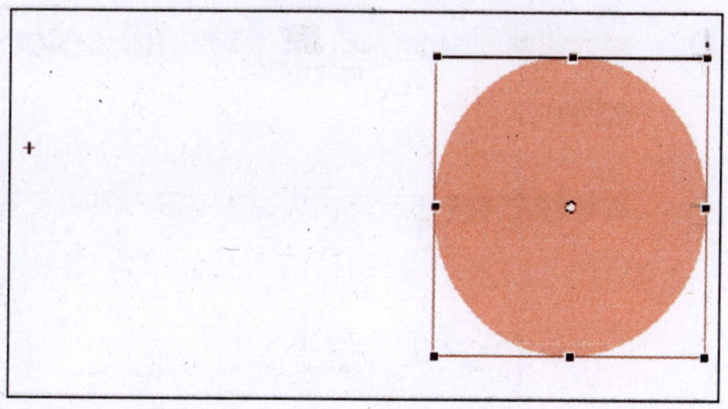

टाप टिंट इफेक्ट भी ट्राई कर सकते हैं। इस इफेक्ट को देखने के लिए टाइमलाइन में **फ्रेम** 20 पर इंसर्ट किए गए की फ्रेम पर क्लिक करिए। **Selection** टूल का प्रयोग करके गोले पर क्लिक करिए। **टिंट** कलर स्टाइल चुनिए। आप ड्रॉप डाउन कलर पैनल से टिंट के लिए कोई भी रंग चुन सकते हैं। RGB कोड उसी के अनुसार बदल जाएँगे।

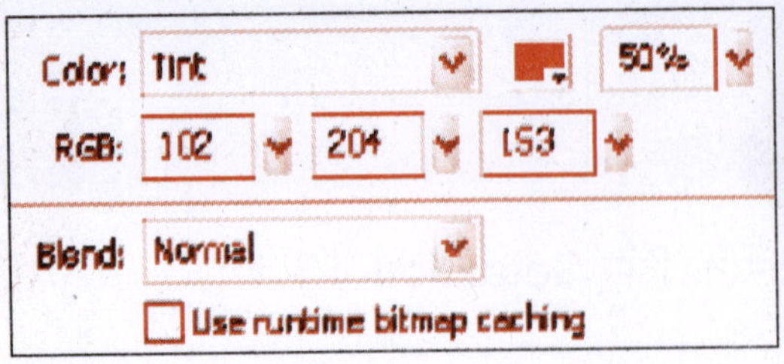

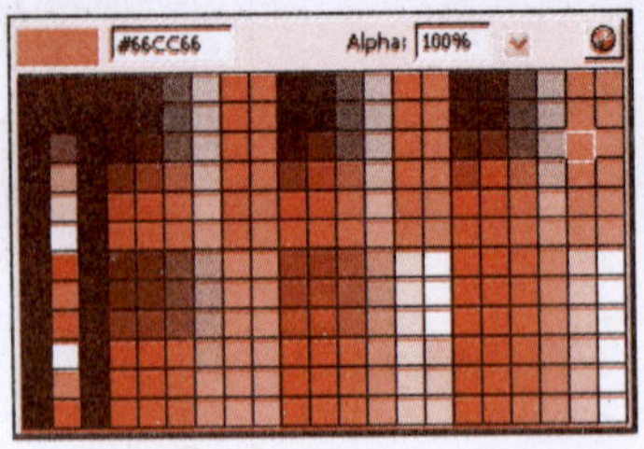

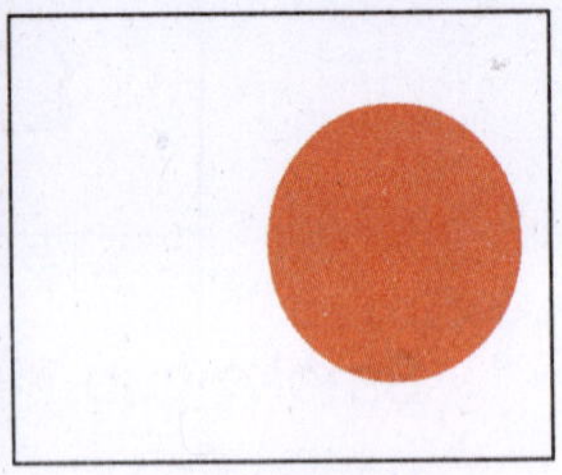

अल्फा इफेक्ट प्रयोग करने के लिए टाइमलाइन में **फ्रेम** 20 पर इंसर्ट किए गए की फ्रेम पर क्लिक करिए। **Selection** टूल प्रयोग करिए और गोले पर क्लिक करिए। **अल्फा** कलर स्टाइल चुनिए। जैसे दिखाई गई है वैसे सेटिंग बदलिए।

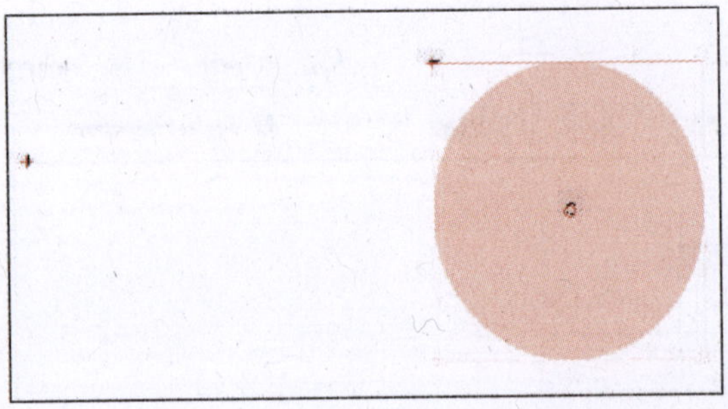

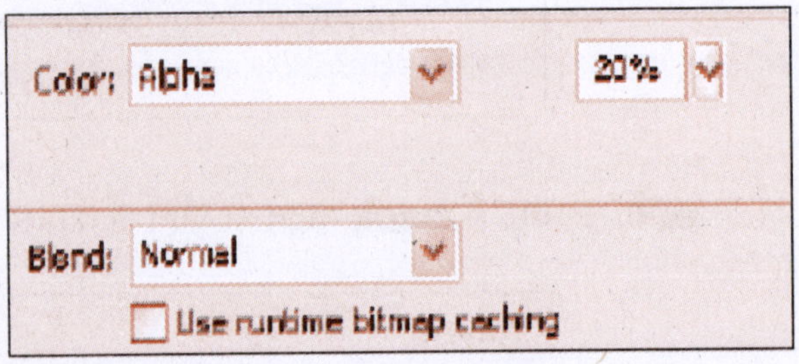

13. फाइल को **Changing smoke.fla** नाम से सेव करिए। **changing smoke** मूवी क्लिप सिंबल की विभिन्न इंस्टेंस दूसरे मूवी क्लिप सिंबल बनाने के लिए एक साथ जोड़ी जा सकती है। हम अलग-अलग इंस्टेंसेस के साथ अलग-अलग कलर स्टाइल चुन सकते हैं।

इसे प्राप्त करने के लिए अब हम **smoke gun** बनाएँगे। ये यहाँ लीजिए।

1. **smoke gun** सिंबल बनाने के लिए न्यू फाइल चुनिए।
2. **stroke color**  और **fill color**  बॉक्स से काला रंग चुनिए।
3. अब **रेक्टेंगल** टूल चुनिए और एक बॉक्स बनाइए, जैसा कि दिखाया गया है।

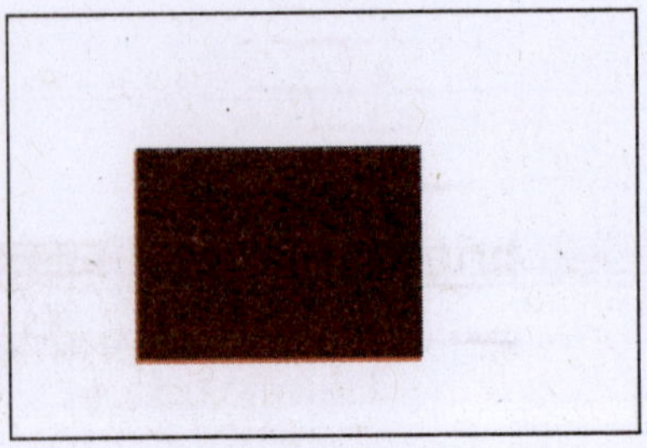

4. बॉक्स को निम्न प्रकार शेप देने के लिए **Selection** टूल का प्रयोग करिए।

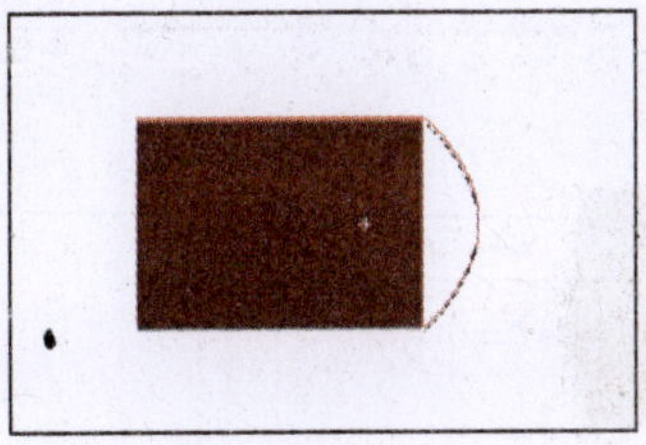

5. Smoke gun को जिस तरह दिखाया है, वैसा रखने के लिए **Selection** टूल का प्रयोग करिए।

6. अब फाइल को **multi smoke.fla** नाम से सेव करिए।

7. अब **Changing smoke.fla** खोलिए। **Changing smoke** मूवी क्लिप सिंबल को कॉपी करिए और उसे **multi smoke.fla** में पेस्ट करिए।

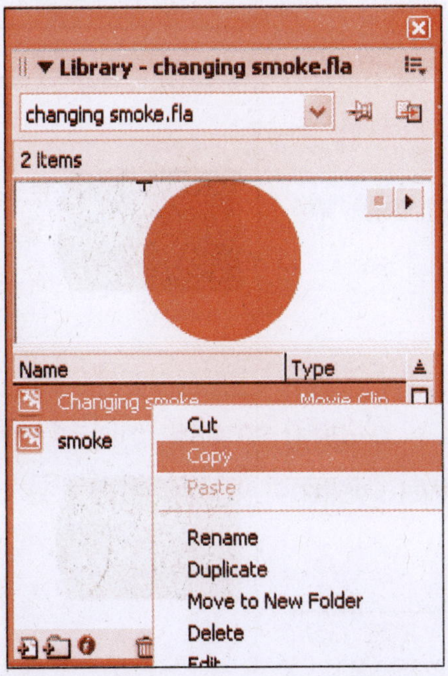

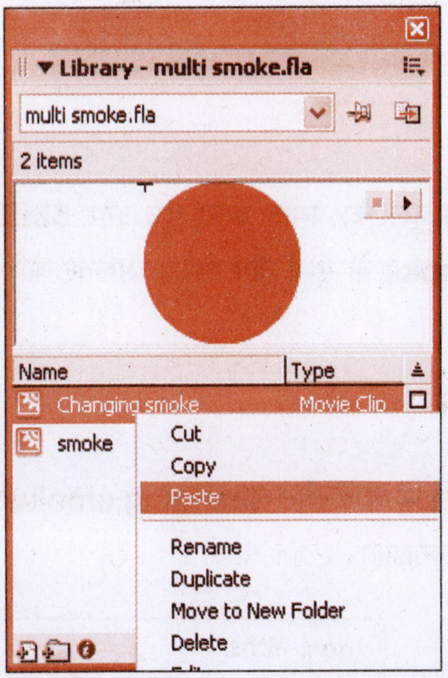

8. अब लाइब्रेरी से **changing smoke** सिंबल को ड्रैग करिए और smoke gun के सामने रखिए।

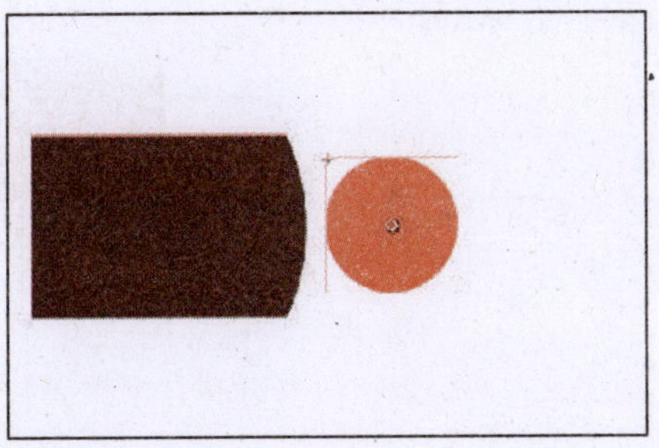

9. **Free Transform** tool का प्रयोग करके **Changing smoke** सिंबल का आकार घटाइए, जैसा कि दिखाया गया है।

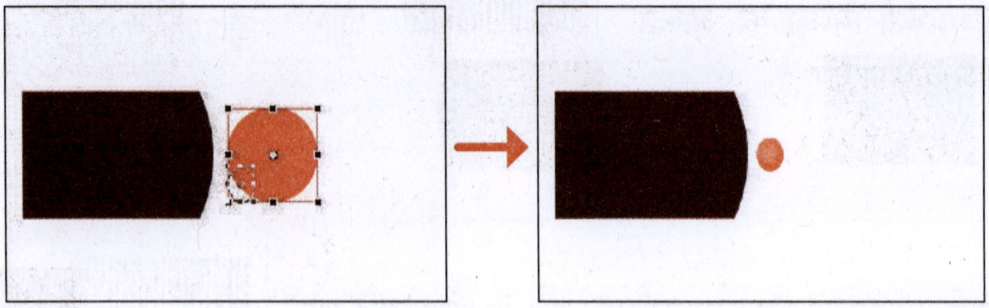

10. अब **Selection** टूल को चुनिए और **Ctrl** की दबाए हुए **Changing smoke** सिंबल को ड्रैग करके उसकी दो कॉपी बनाइए, जैसा कि दिखाया गया है।

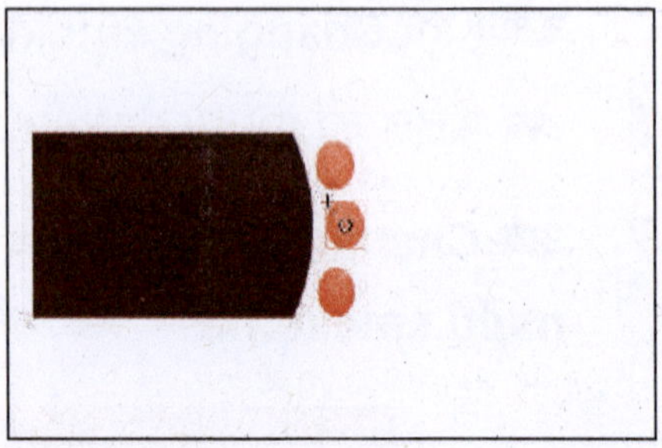

11. **Selection** अब टूल का प्रयोग करते हुए और **Shift** की दबाते हुए **Changing smoke** के सभी तीन इंस्टेंस सिलेक्ट करिए।

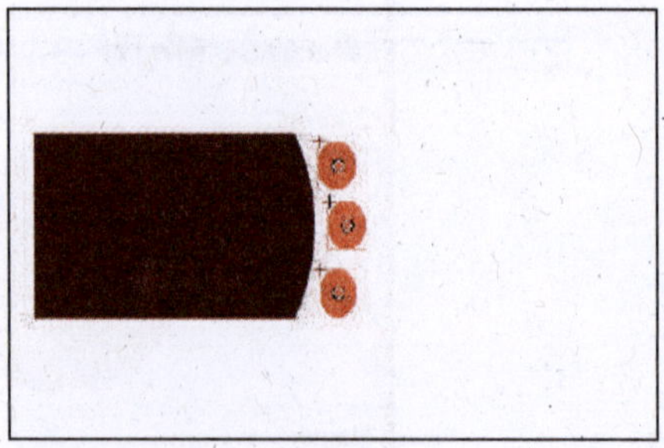

12. अब प्रोपर्टीज पैनल से सभी तीन **Changing smoke** सिंबल इंस्टेंसेस में **अल्फा** कलर लगाइए।

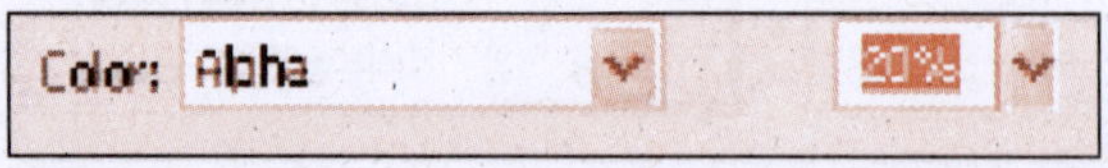

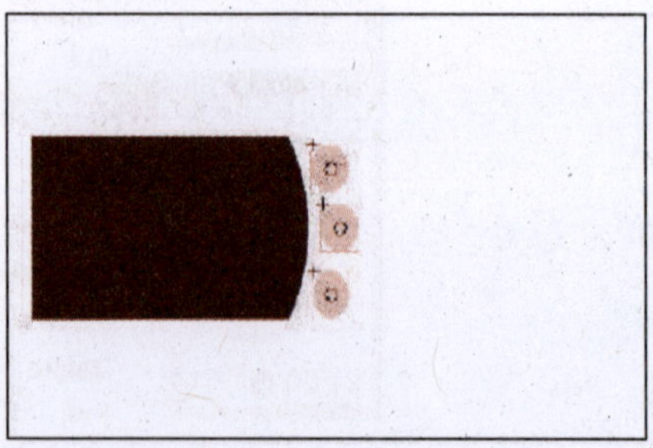

13. अब **Changing smoke** सिंबल को पुनः लाइब्रेरी से ड्रैग करिए।

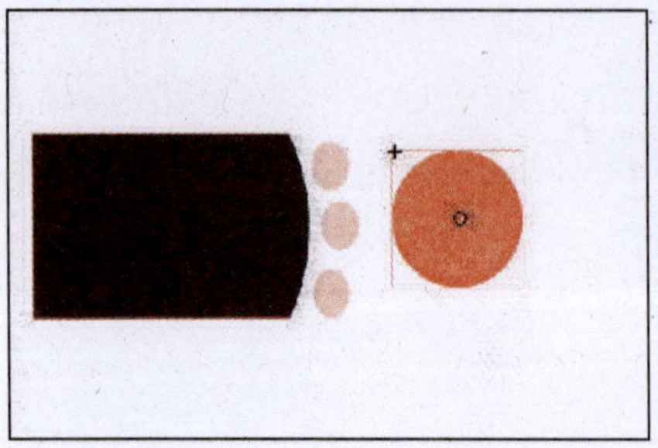

14. **Free transform tool** का प्रयोग करके **Changing smoke** सिंबल का आकार घटाइए, जैसा कि दिखाया गया है।

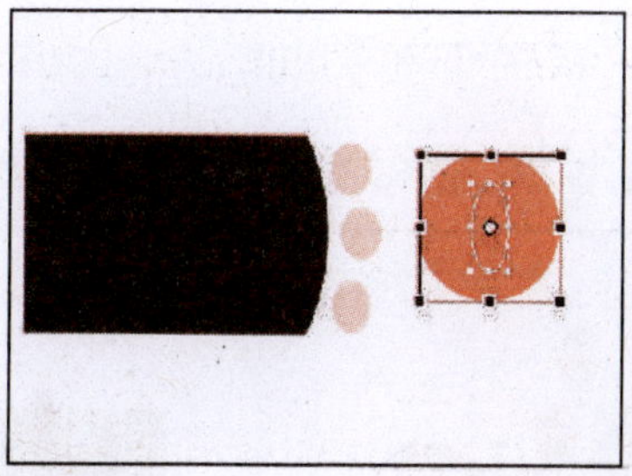

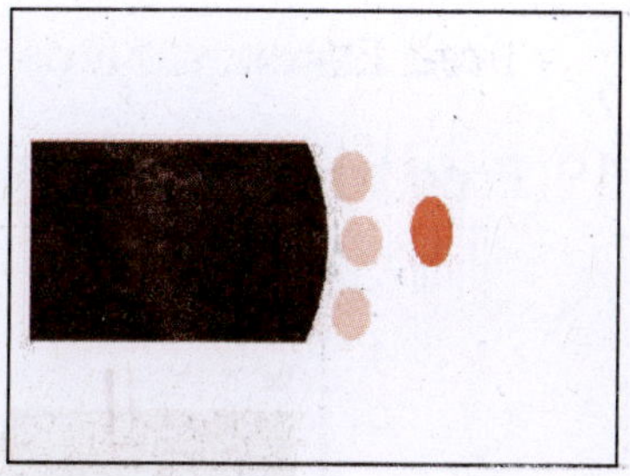

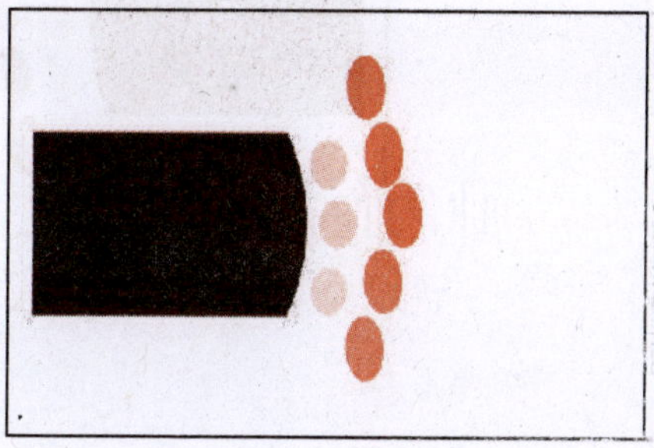

15. अब **Selection** टूल चुनिए और चार कॉपियाँ बनाने के लिए **Ctrl** की दबाए हुए **Changing smoke** सिंबल को ड्रैग करिए।

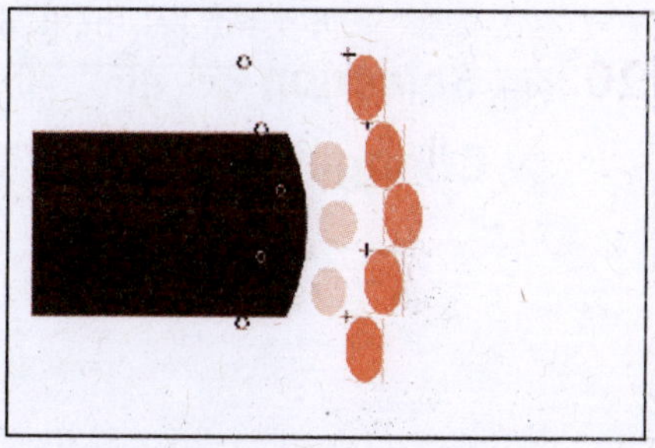

16. अब **Changing smoke** के सभी इंस्टेंसेस को स्टेज पर **Selection** टूल का प्रयोग करके **Shift** की के साथ चुनिए।

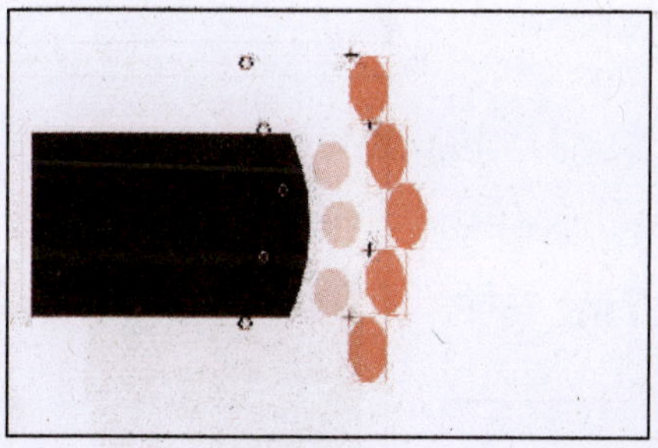

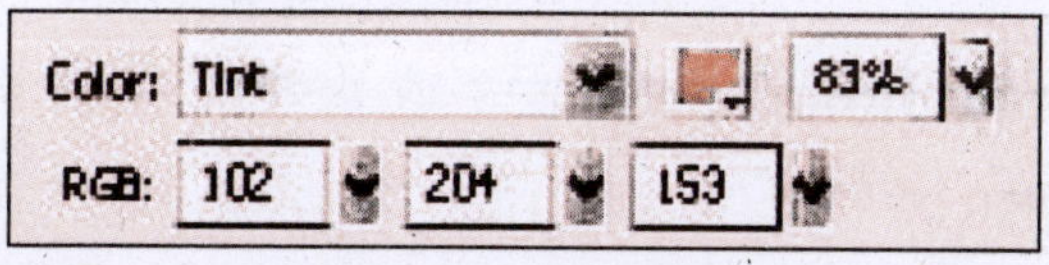

17. अब सभी पांच **Changing smoke** सिंबल इंस्टेंसेस पर प्रॉपर्टीज पैनल से **टिंट** कलर स्टाइल लगाइए।

18. अब पुनः लाइब्रेरी से **Changing smoke** सिंबल पर ड्रैग करिए।

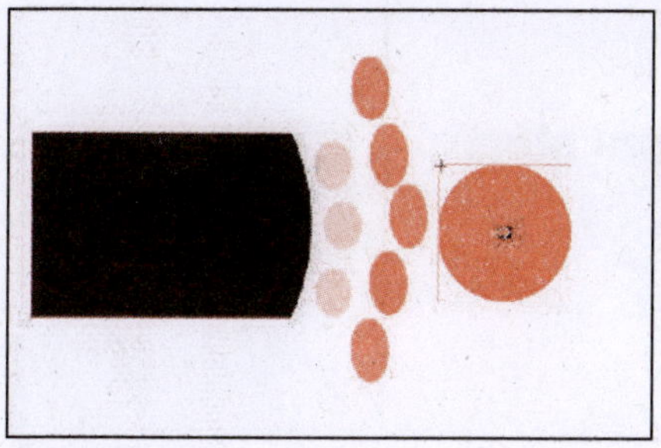

19. **Free transform** टूल का प्रयोग करके **Changing smoke** सिंबल का आकार घटाइए, जैसा कि दिखाया गया है।

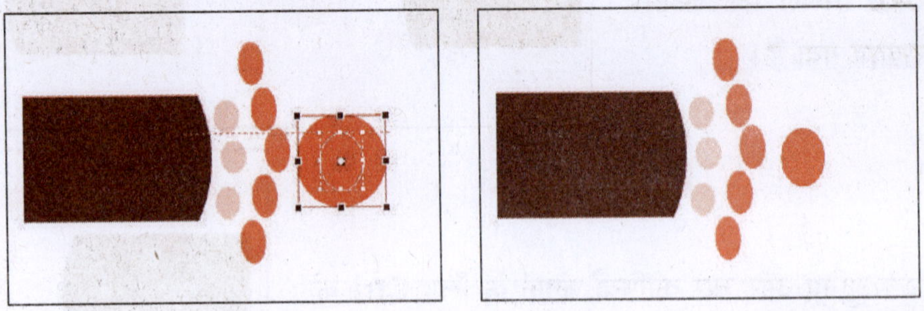

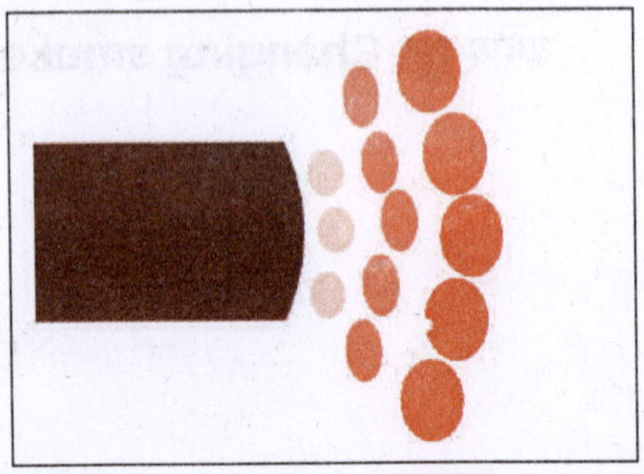

20. अब **Selection** टूल चुनिए और चार कॉपियाँ बनाए हुए **Ctrl** की दबाएँ हुए **Changing smoke** सिंबल को ड्रैग करिए।

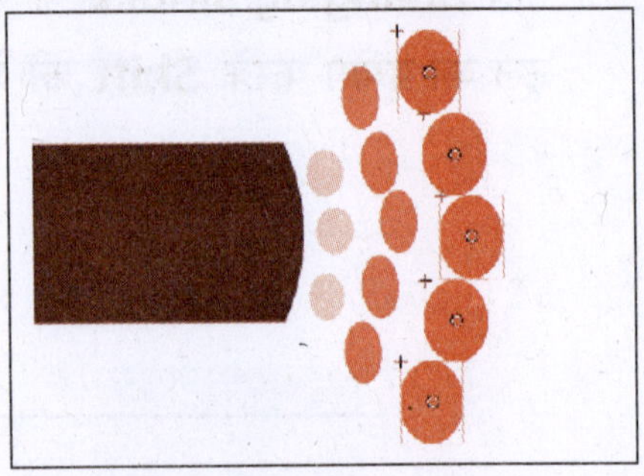

21. अब **Changing smoke** की सभी पांच इंस्टेंस करिए।

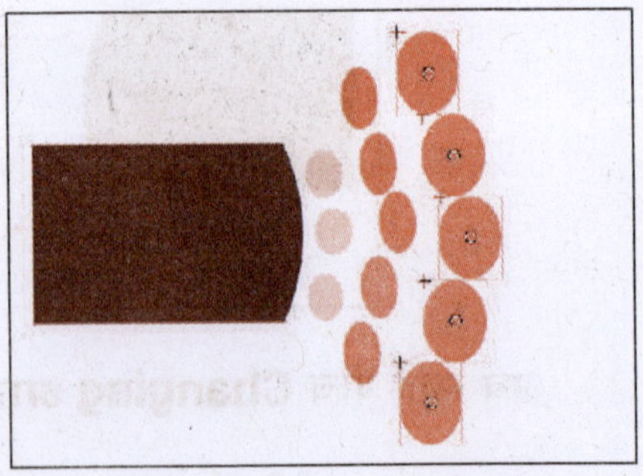

22. **Changing smoke** सिंबल इंस्टेंट पर प्रोपर्टीज पैनल से **Tint** कलर स्टाइल लगाइए।

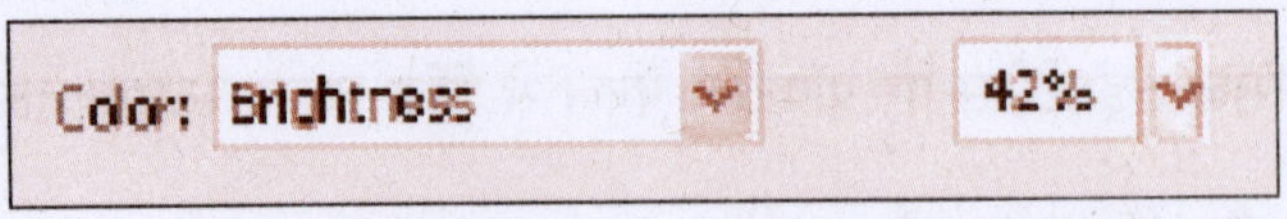

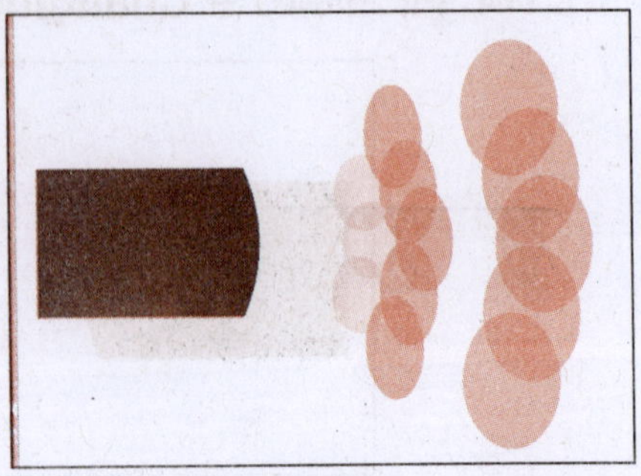

23. एनिमेशन का प्रिव्यू देखने के लिए **Ctrl+ENTER** या **Control Menu > Test Movie** दबाकर सिलेक्ट करिए।

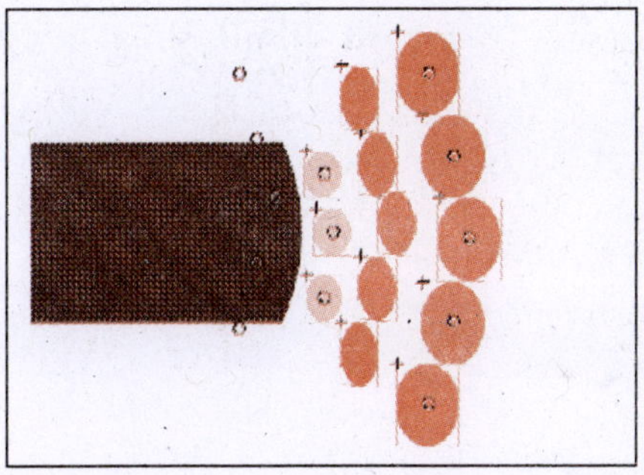

24. स्टेज पर प्रत्येक सिंबल को **Ctrl+A** दबाकर सिलेक्ट करिए।

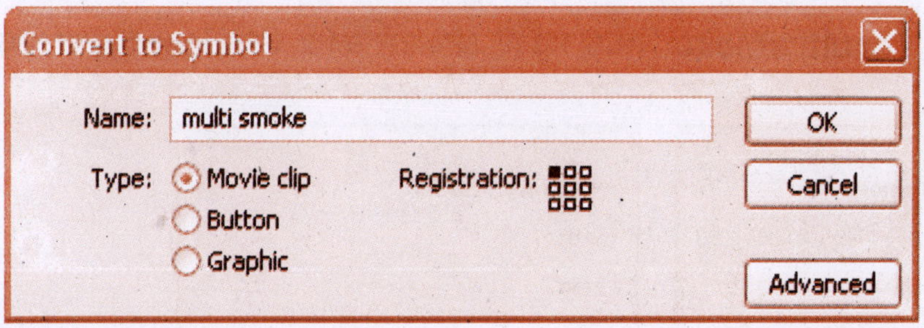

25. इसे सिंगल मूवी क्लिप में बदलने के लिए **F8** दबाइए और **multi smoke** नाम दीजिए।

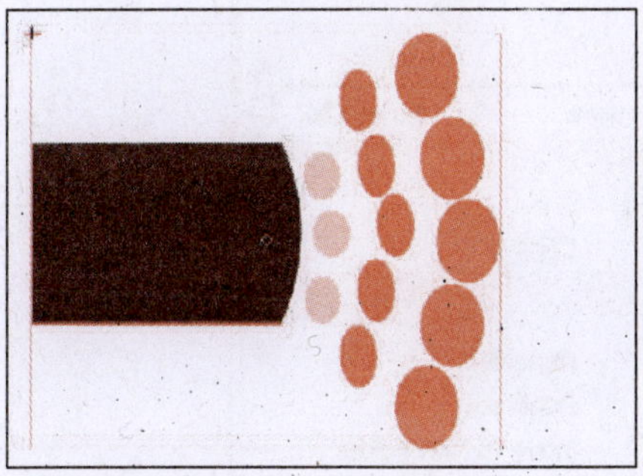

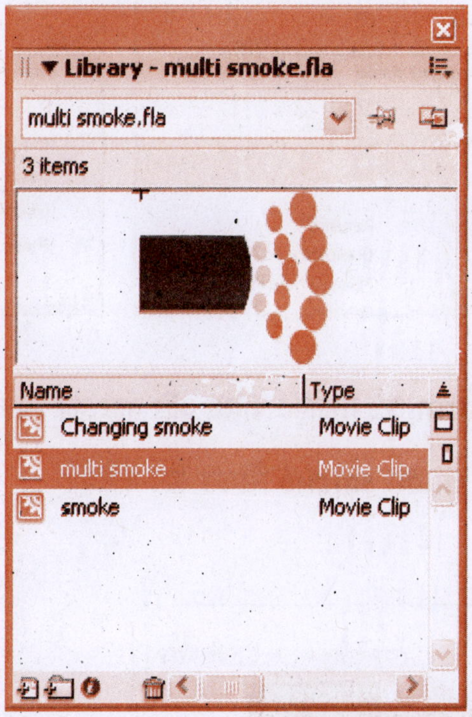

26. अब सभी सिंबल लाइब्रेरी में दिखाए जाएँगे।

27. **Ctrl + S** दबाकर अंतिम रूप से फाइल को सेव करिए।

अब चलती हुई कार से धुँआ निकलने का वास्तविक प्रभाव देने के लिए **multi smoke** मूवी सिंबल को **car.fla** में इंसर्ट किया जा सकता है। यह काम करने के लिए नीचे दी गई स्टेप्स लीजिए।

1. पहले से बनाई गई **car.fla** खोलिए।

2. अब **multi smoke.fla** में **multi smoke** सिंबल चुनिए और उसे कॉपी करके **car.fla** पर पेस्ट करिए।

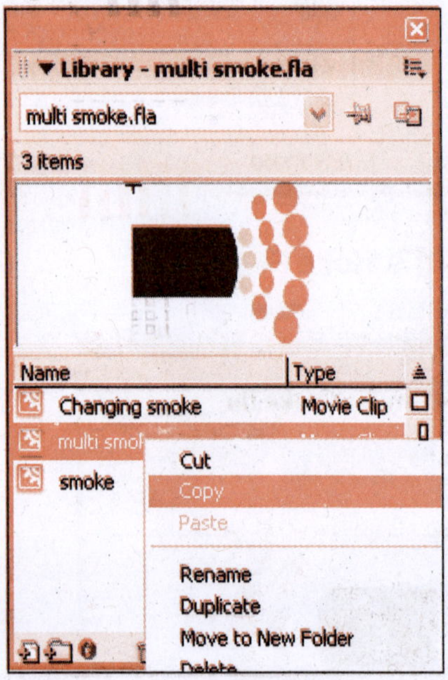

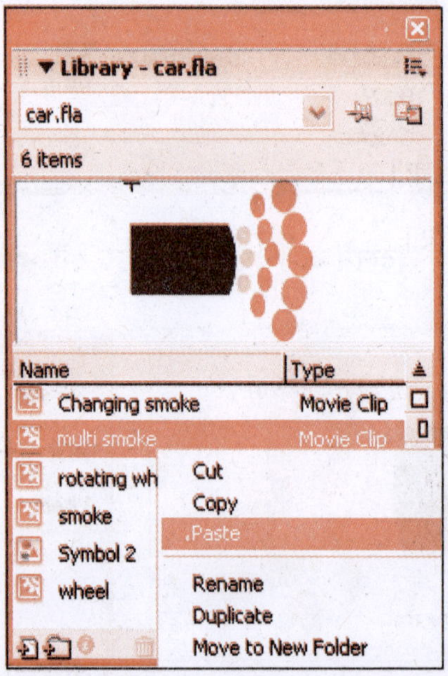

3. **Free transform** टूल सिलेक्ट करिए और कार का आकार घटाइए।

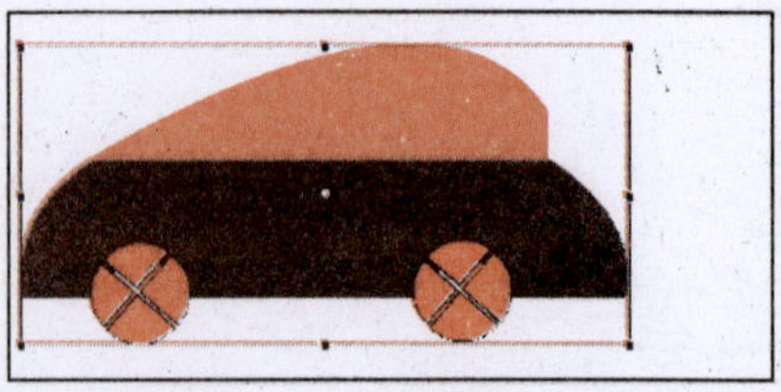

4. अब लाइब्रेरी से **multi smoke** सिंबल ड्रैग करिए।

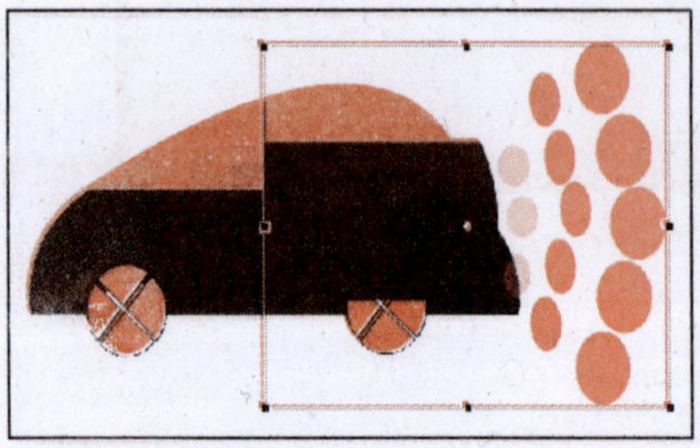

5. **Free transform** टूल प्रयोग करके **multi smoke** सिंबल का आकार घटाइए और उसे कार के पीछे लगाइए, जैसा कि दिखाया गया है।

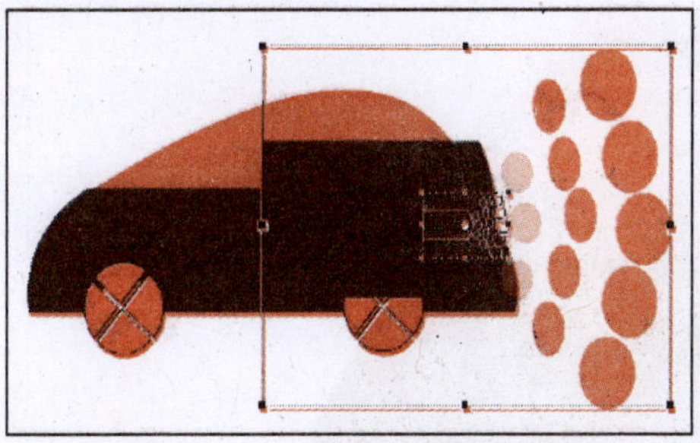

6. स्टेप पर प्रत्येक सिंबल को चुनिए और सिंगल मूवी क्लिप में बदलिए।

7. इसे सिंगल मूवी क्लिप सिंबल में **F8** दबाकर **new car** नाम में बदलिए।

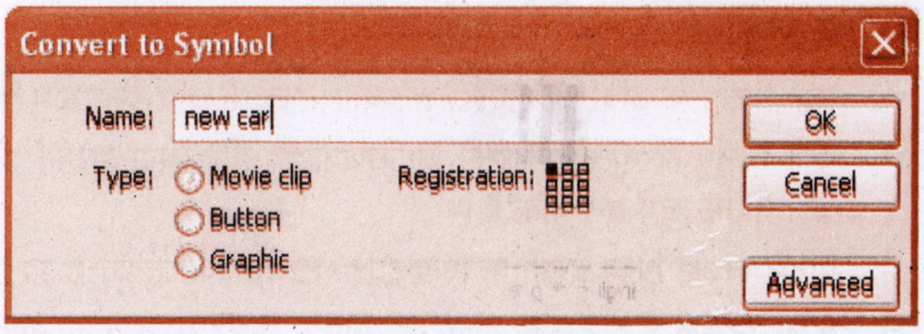

8. अब सभी सिंबल लाइब्रेरी में दिखाई देंगे।

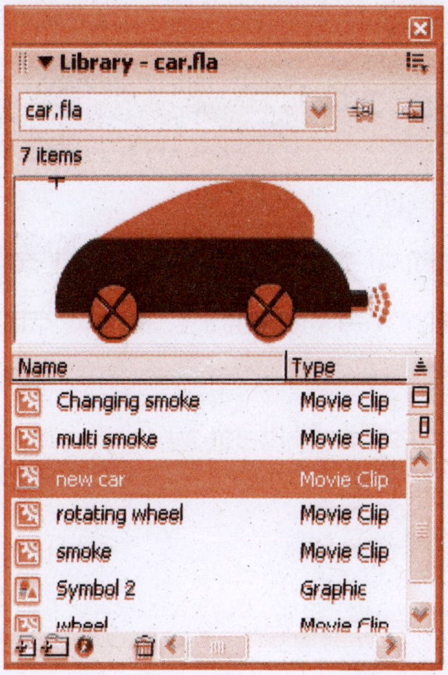

9. car.swf बनाने के लिए और एनिमेशन **Ctrl+Enter or Control> Test Movie** पर क्लिक करिए।

10. पुनः फाइल को **car.fla** नाम से सेव करिए।

याद करें

1. मूवी क्लिप के अंदर आप एनिमेशन बना सकते हैं और फिर उस क्लिप के इंस्टेंस को एनीमेट कर सकते हैं।
2. मूवी क्लिप में एनिमेशन रखी जा सकती है और बिना इसकी परवाह किए कि आप इसके इंस्टेंस को कहाँ रखते हैं। ऑटोमैटिक लूप बन जाता है।
3. एनिमेशन का प्रिव्यू देखने के लिए Ctrl+Enter की दबाते हैं या Control > Test Movie पर क्लिक करते हैं।
4. कलर स्टाइल में इंस्टेंस के कलर की टिंटिंग, ब्राइटनेस बदलना शामिल होता है।
5. ब्राइटनेस, टिंट, अल्फा और एडवांस चार कलर स्टाइल है।

अभ्यास

(अ) रिक्त स्थान भरो—

1. ....इफेक्ट आपको इंस्टेंस में अपको काला या सफेद रंग भरने की अनुमति देता है।
2. ....इफेक्ट इंस्टेंस को किसी भी कलर में, जिसमें आप चाहते हैं, टिंट कर देता है।
3. ....इफेक्ट ओपेसिटी के समान होता है।
4. ....इफेक्ट आपको टिंट और अल्फा मिलाने की सुविधा देता है।

(ब) निम्न सिंबल का लेबल करिए—

1. .... 
2. .... 

3. .... 

4. .... 

(स) टूलबार को पहचानिए—

(द) मूवी क्लिप सिंबल बनाने की स्टेप्स लिखो—

निम्नलिखित के लिए मूवी क्लिप सिंबल बनाइए।

1. Bow
2. Arrow
3. Target

(ध) से ऐरो शूटिंग का एक तीर धनुष से निकलकर इसे लक्ष्य पर मारने में एक मूवी क्लिप सिंबल तैयार कीजिए।

बहुविकल्पीय प्रश्न

निम्नलिखित चार विकल्पों में से सही विकल्प पर (✔) निशान लगाएँ।

1. ....के अंदर आप एनिमेशन बना सकते हैं और फिर उस एनिमेशन की इंस्टेंस को एनीमेट कर सकते हैं।

   अ. बटन — ब. ग्राफिक

   स. मूवी क्लिप — द. इनमें से कोई नहीं

2. एनिमेशन देखने के लिए..................की दबाइए।

   अ. Shift+Enter — ब. Ctrl+Enter

   स. Alt+Enter — द. इनमें से कोई नहीं

3. ....इफेक्ट इंस्टेंस में काला या सफेद रंग भरने की अनुमति देता है।

   अ. ब्राइटनेस — ब. टिंट

   स. अल्फा — द. एडवांस्ड

4. ....इफेक्ट इंस्टेंस को किसी भी रंग में बदल देता है, जिसमें आप चाहते हैं।

   अ. ब्राइटनेस — ब. टिंट

   स. अल्फा — द. एडवांस्ड

5. ....इफेक्ट ओपेसिटी के समान है।

   अ. ब्राइटनेस — ब. टिंट

   स. अल्फा — द. एडवांस्ड

6. ……………… इफेक्ट टिंट और अल्फा मिलाने की सुविधा देता है।

अ. ब्राइटनेस
ब. टिंट
स. अल्फा
द. एडवांस्ड

7. सही वक्तव्य पर टिक करिए।

अ. मूवी क्लिप दूसरी मूवी क्लिप में इंसर्ट हो सकती है।
ब. मूवी क्लिप बटन सिंबल में इंसर्ट हो सकती है।
स. ग्राफिक सिंबल बटन और मूवी क्लिप सिंबल दोनों में इंसर्ट हो सकता है।
द. उपर्युक्त सभी।

8. मूवी क्लिप MC1 को मूवी क्लिप MC2 में इंसर्ट करने के लिए आप करेंगे—

अ. MC1 में सभी कलर इफेक्ट एप्लाई करके
ब. MC2 पर केवल एडवांस्ड इफेक्ट एप्लाई करके
स. अ और ब दोनों
द. इनमें से कोई नहीं

9. मूवी क्लिप में ट्रांसपैरेंसी लेवल 100% से 0% करने के लिए आपको यह प्रयोग करना होगा—

अ. Alpha color इफेक्ट
ब. Opacity color इफेक्ट
स. Transparency color इफेक्ट
द. उपर्युक्त सभी

10. आपने F8 दबाकर एक बनाई शेप को ग्राफिक सिंबल में बदला है। अब आप इस सिंबल की ट्रांसपैरेंसी सेटिंग और रंग बदलना चाहते हैं। आपको यह प्रयोग करना चाहिए।

अ. पहले टिंट इफेक्ट फिर अल्फा इफेक्ट
ब. पहले ब्राइटनेस इफेक्ट से रंग बदलें, फिर अल्फा इफेक्ट प्रयोग करें।
स. Advanced इफेक्ट
द. इनमें से कोई नहीं

12 फ्लैश में लेयर

हम पिछले अध्याय में फ्लैश में निम्नलिखित कार्य करना सीख चुके हैं—

1. **टूलबार टूल्स का प्रयोग करके ड्रॉइंग बनाना।**
   [car.fla, tree.fla, sun.fla and road.fla]
2. **ग्राफिक्स सिंबल बनाना।**
   [Smoke]
3. **किसी ड्रॉइंग को ग्राफिक्स सिंबल में बदलना।**
   [Car, road, sun and tree]
4. **मूवी क्लिप सिंबल बनाना।**
   [Wheel, smoke]
5. **विभिन्न कलर स्टाइल लगाना।**
   [Brightness, Alpha, Tint]
6. **मूवी क्लिप सिंबल का एनिमेटिंग इंस्टेंस।**
   [Rotating wheel, changing smoke, multi smoke]

आप हमारी ऑफिशियल वेबसाइट **www.mtgcss.com** से सभी फाइलें डाउनलोड कर सकते हैं। इस पुस्तक में प्रयोग होनेवाली सभी फाइलें अध्याय के अनुसार उपलब्ध हैं।

इस अध्याय में हम पहले सीखेंगे कि लेयर कैसे प्रयोग करते हैं। और फिर सिंगल फ्लैश मूवी बनाने के लिए, जो पिछले अध्याय में सीखा है, उसका प्रयोग करेंगे।

एनिमेशन में लेयर का प्रयोग

लेयर्स का प्रयोग दूसरे ग्राफिक्स के ऊपर या नीचे किसी ग्राफिक्स को रखने के लिए किया जाता है। प्रत्येक लेयर एक वरित टाइमलाइन है, जहाँ एनिमेशन चलाया जाता है। फ्लैश में लेयर विजुअल टूल उपलब्ध कराती है, जिससे ड्रॉइंग ऑब्जेक्ट, ग्रुप या सिंबल का क्रम नियतित किया जाता है।

लेयर का वास्तविक उद्देश्य

फ्लैश में मल्टीपल लेयर वास्तव में मल्टीपल टाइमलाइन है। लेयर में ड्रॉइंग ऑब्जेक्ट दूसरी लेयर के ऊपर या नीचे लगे रहते हैं।

लेकिन उनका प्राथमिक उद्देश्य अलग से टाइमलाइन उपलब्ध कराना है, जिसमें आप स्वतंत्र रूप से एनिमेशन नियंत्रित कर सकते हैं। नई लेयर बनाने के लिए **Insert > Timeline > Layer** चुन सकते हैं या **Insert Layer button** जो टाइमलाइन के बाईं ओर नीचे होता है, उस पर क्लिक कर सकते हैं। यदि आप एक साथ कई सारे आइटम एनीमेट कराना चाहते हैं तो उन्हें प्रत्येक को अलग-अलग लेयर में रखना होगा।

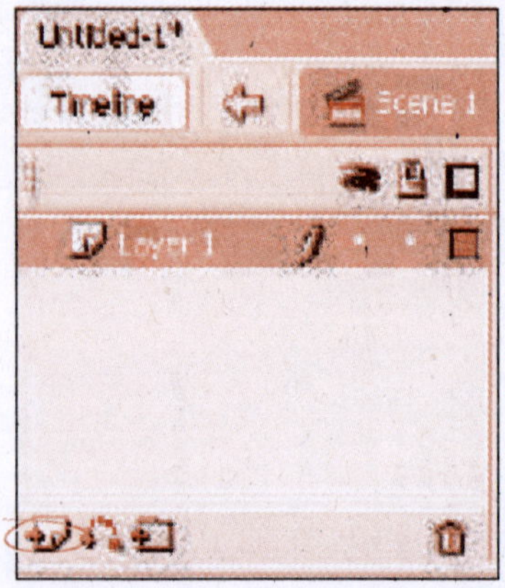

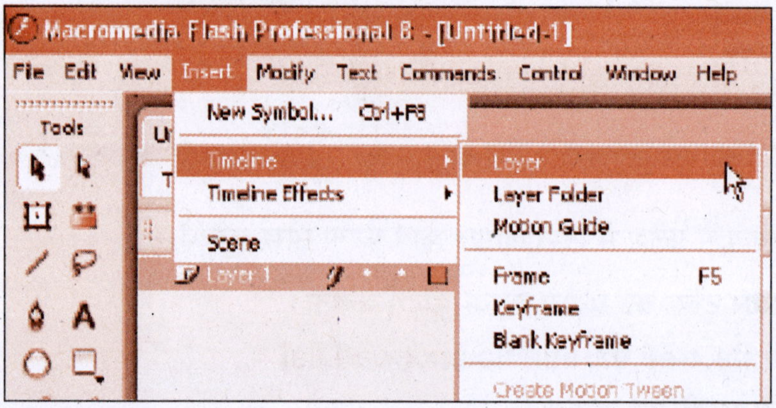

अब हम ग्राफिक्स और मूवी क्लिप सिंबल को एक फाइल में अलग-अलग लेयर का प्रयोग करके जोड़ेंगे। सिंगल फ्लैश मूवी फाइल बनाने के लिए नीचे दिए गए स्टेप्स का अनुसरण करिए।

1. एक नया फ्लैश डॉक्यूमेंट खोलिए।

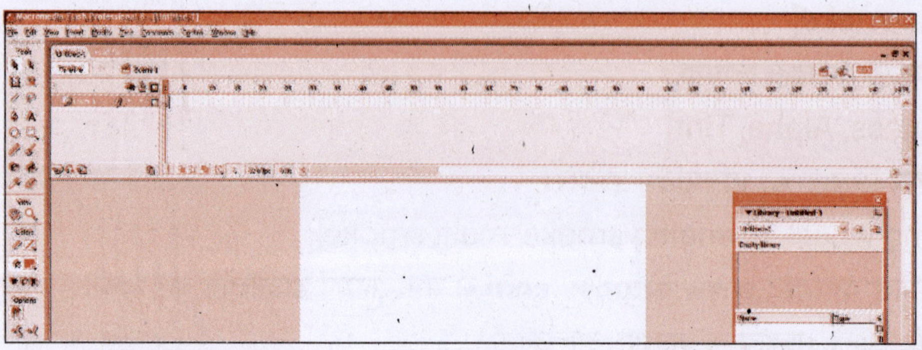

2. **“road.fla”** खोलिए। रोड ग्राफिक्स सिंबल को उसकी लाइब्रेरी से कॉपी करिए और नए फ्लैश डॉक्यूमेंट लाइब्रेरी में पेस्ट करिए।

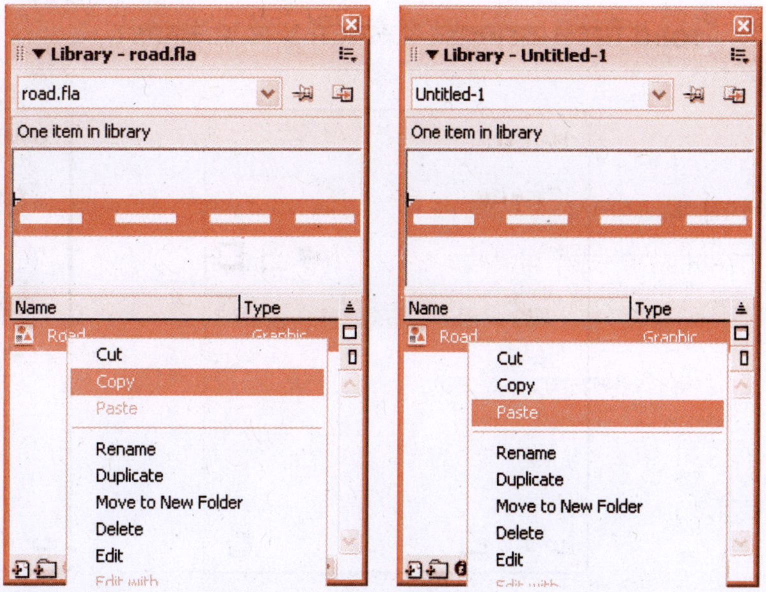

3. स्टेप 2 का अनुसरण करिए और दूसरी ग्राफिक्स जैसे **Sun** और **Tree** उनकी लाइब्रेरी को नए फ्लैश डॉक्यूमेंट लाइब्रेरी में कॉपी करिए। अब सभी सिंबल लाइब्रेरी में दिखाई देंगे।

4. road सिंबल लाइब्रेरी से स्टेप पर ड्रैग करिए जैसाकि दिखाया गया है।

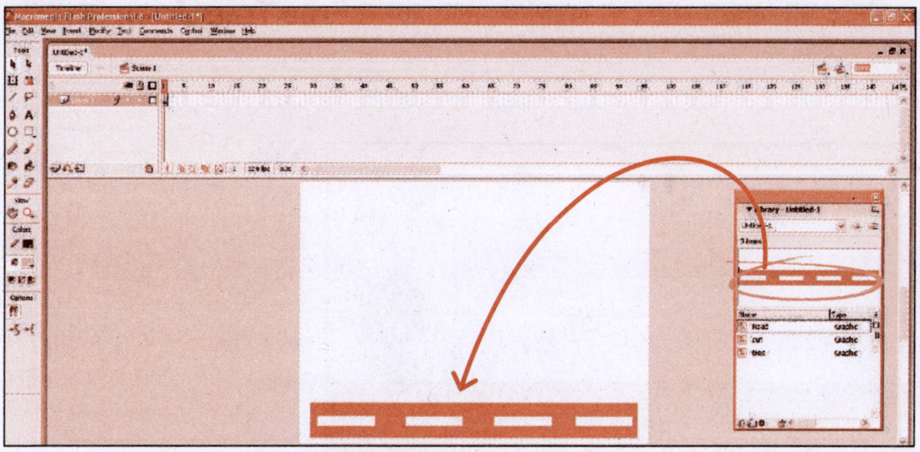

5. road सिंबल टाइमलाइन में लेयर में इंसर्ट हो जाएगा।

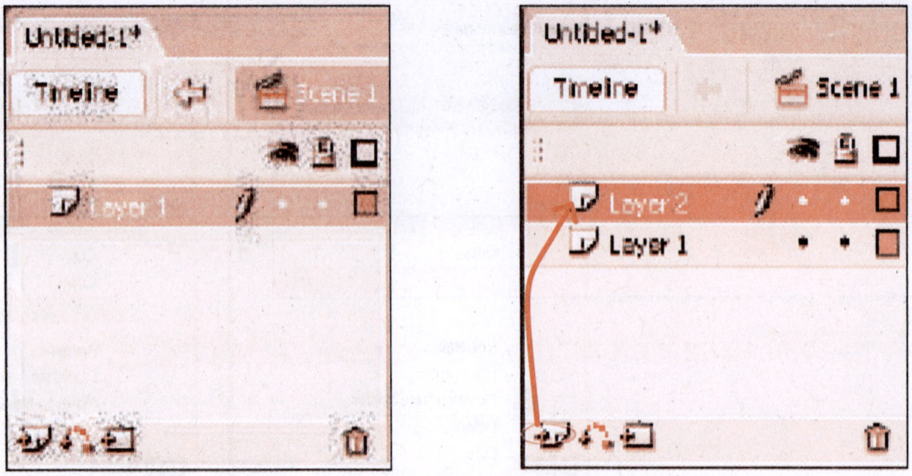

6. टब **Insert > Timeline > Layer** चुनकर या **Insert Layer button** पर क्लिक करके एक नई लेयर इंसर्ट करिए। टाइमलाइन में दूसरी लेयर दिखाई देगी, जैसा ऊपर दिखाया गया है।

7. स्टेप 4 का अनुसरण करिए और अब **tree** को **layer2** पर ड्रैग करिए।

   उसी तरह लेयर 3 इंसर्ट करिए और लाइब्रेरी से स्टेपपर **layer3** का सिंबल लगाइए। जैसा दिखाया गया है वैसा परिणाम जाने के लिए आपको इंस्टेंट को रिसाइस करना पड़ सकता है।

8. **road** और **sun** इंस्टेंट का आकार घटाने या बढ़ाने के लिए ज्तमम **Free Transform** का प्रयोग करेंगे।

9. **Ctrl** को दबाकर **Selection** टूल प्रयोग करके पेड़ की कई सारी कॉपियाँ बनाइए।

10. सभी पेड़ों को अलग-अलग आकार देने के लिए **Free Transform** का प्रयोग करिए।

11. **car.fla** खोलिए (अध्याय 12 से multi smoke सिंबल के साथ)। new car मूवी क्लिप सिंबल उसकी लाइब्रेरी से कॉपी करके नए डॉक्यूमेंट की लाइब्रेरी में पेस्ट करिए।

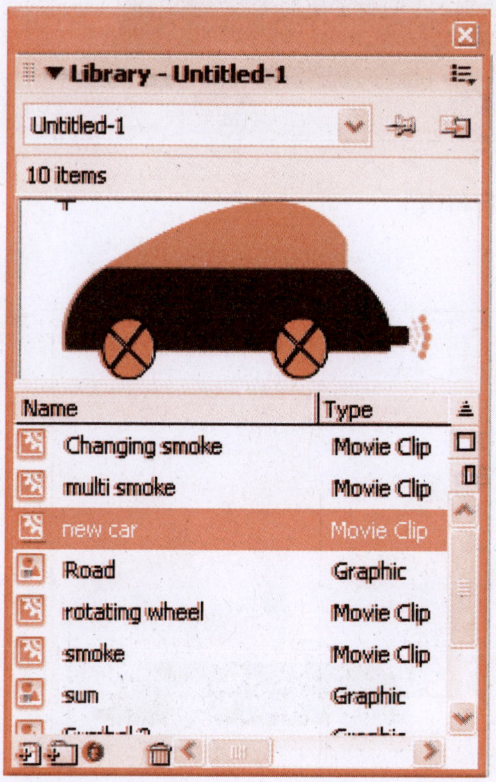

12. अब दूसरी लेयर **(layer4)** को कार सिंबल लगाने के लिए इंसर्ट करिए।

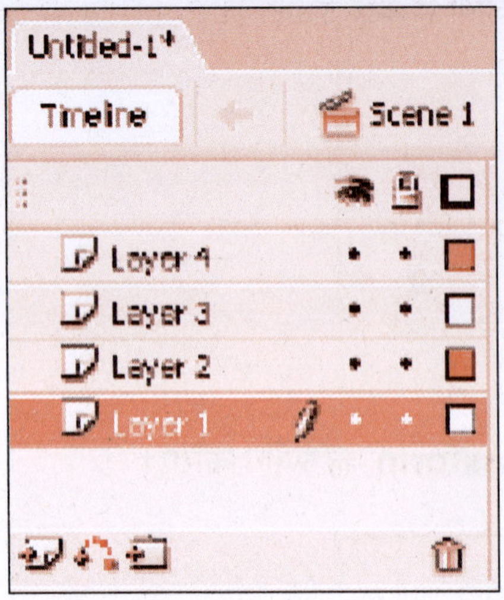

13. अब **new car** सिंबल लाइब्रेरी से स्टेप पर **लेयर 4** पर ड्रैग करिए, जैसा कि दिखाया गया है।

14. कार का आकार घटाने के लिए **Free from** का प्रयोग करिए।

15. **Selection** टूल का प्रयोग करके कार को सिलेक्ट करिए और उसे **moving car** नाम से मूवी क्लिप सिंबल में पुनः बदलिए। अब **moving car** सिंबल लाइब्रेरी में दिया जाता है और उसका डिस्टेंस स्टेज पर दिखाया जाता है। अब हम कार में चलने का प्रभाव दे सकते हैं।

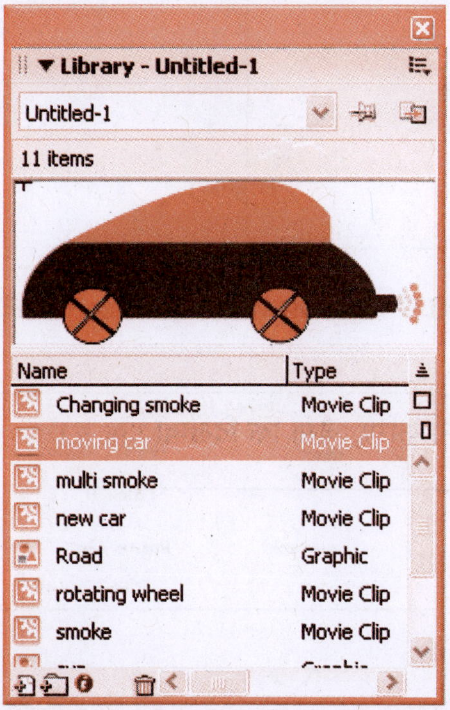

16. **Selection** टूल प्रयोग करके **new car** मूवी सिंबल के **moving car** इंस्टेंस पर डबल क्लिक करिए। **edit bar** पर **scene 1: moving car** दिखाया जाता है। और प्रोपर्टी पैनल में **instance of : new car** दिखाया जाता है।

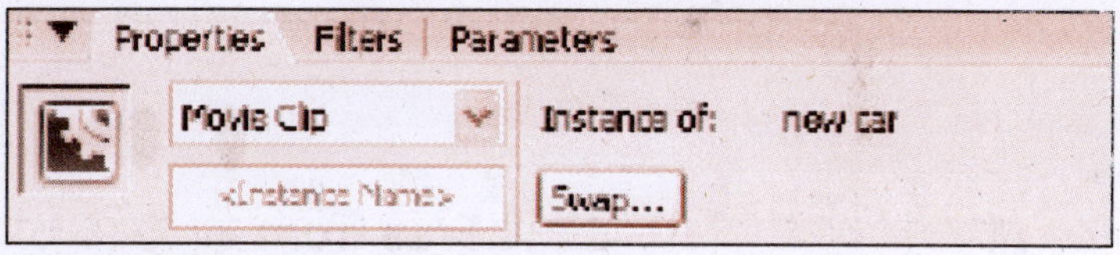

17. **layer 4** सिलेक्ट करिए। अब टाइमलाइन में **frame 20** पर क्लिक और फ्री फ्रेम इंसर्ट करने के लिए **F6** दबाइए।

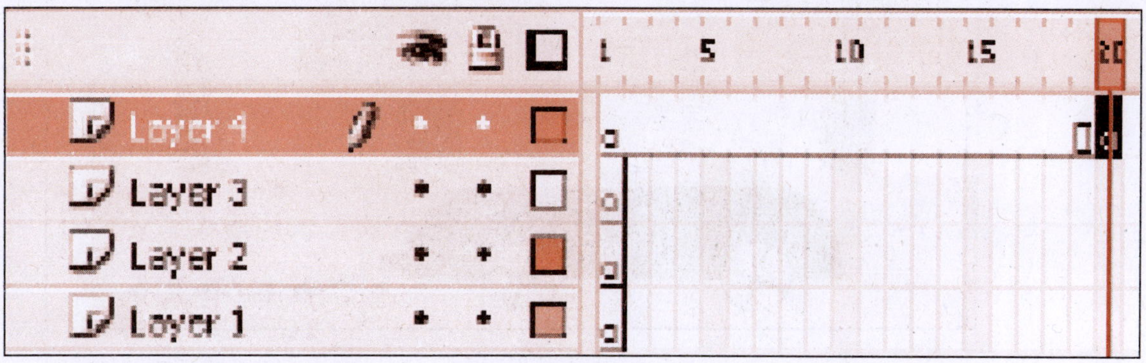

18. अब **frame 20** पर इंसर्ट किए फ्रेम पर क्लिक करिए और कार को इस स्थान पर ड्रैग करके ले जाइए।

19. अब टाइमलाइन में **फ्रेम** 1 पर क्लिक करिए और प्रोपर्टी पैनल से **motion tween, auto** सिलेक्ट करिए।

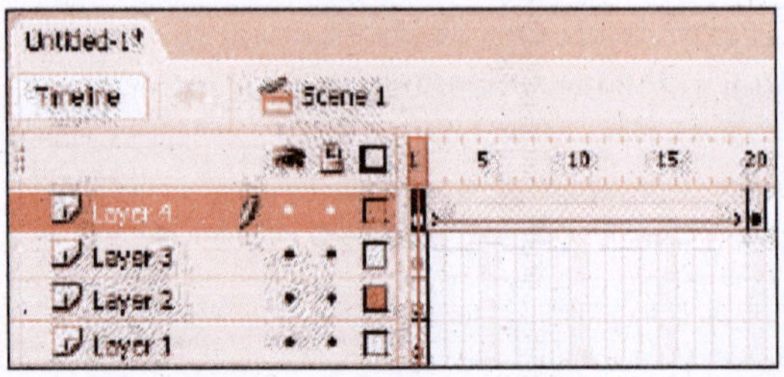

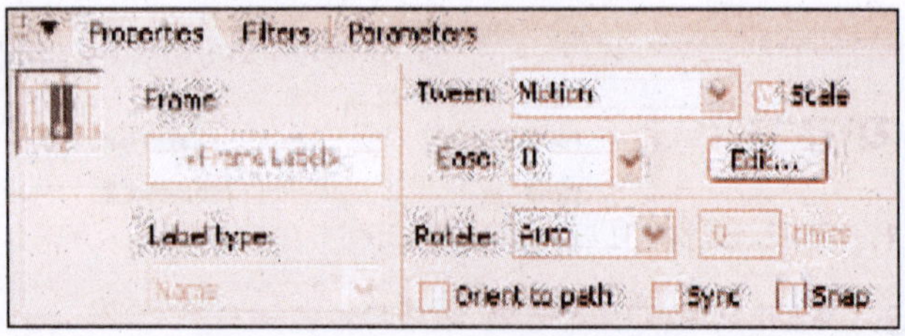

20. अब back बटन पर क्लिक करके एक सीन पीछे जाइए।

21. **Ctrl + Enter** की दबाइए या **Control Menu > Test Movie** से एनिमेशन का प्रिव्यू करिए।

22. अब फाइल **movie1.fla** से सेव करिए। जब आप **Ctrl + Enter** दबाते हैं तो मूवी फाइल स्वतः ही **movie.swf** नाम से बन जाती है।

अंततः आप चलती हुई कार, जिसमें से सड़क पर धुँआ निकलता हुआ दिखाई देगा, दिन के उजाले में और पेड़ों के साथ देख सकेंगे।

क्विक टिप : लेयर्स को बाँटना

प्रत्येक सिंबल के लिए अलग से लेयर बनाने की बजाय प्रत्येक सिंबल के लिए ऑटो में निकली लेयर बनाने के लिए एक शॉर्टकट है। ऐसा करने के लिए स्टेज पर सिंबल को Selection टूल से **Ctrl + A** प्रयोग करके सभी सिंबल को सिलेक्ट करिए। अब राइट क्लिक करके डिस्ट्रीब्यूट टू लेयर पर क्लिक करिए ध्यान दीजिए कि लेयर को बनते समय स्वतः ही सिंबलवाले नाम मिल जाते हैं जैसे उदाहरण के लिए यदि आपके पास स्टेज पर **layer1** पर चार सिंबल है। जिनके नाम road, sun, tree, और new car हैं। तो बनाई गई चार लेयरों के नाम भी क्रमशः यही होंगे।

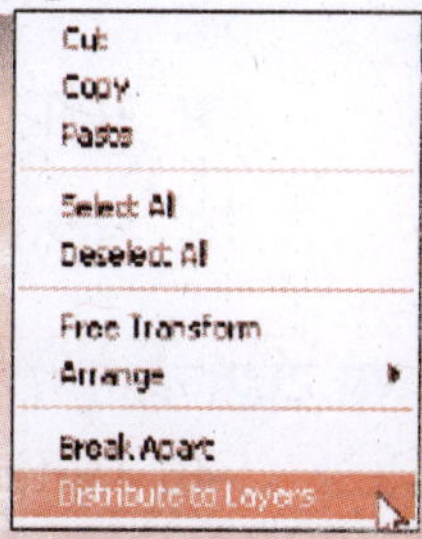

याद करें

1. लेयर का प्रयोग ग्राफिक्स को दूसरी ग्राफिक्स में नीचे या ऊपर रखने के लिए होता है।
2. फ्लैश में मल्टीपल लेयर मल्टीपल टाइमलाइन होती हैं।
3. नई लेयर बनाने के लिए **Insert > Timeline > Layer** सिलेक्ट करिए या **Insert Layer button** पर क्लिक करिए।
4. प्रत्येक सिंबल के लिए अलग से लेयर बनाने की बजाय ऑटोमेटिकली सिंबल बनाने के एक शॉर्टकट होता है। इसके लिए स्टेज पर रखे सभी ऑब्जेक्ट को सिलेक्ट करते हैं। फिर राइट क्लिक करके डिस्ट्रीब्यूट **distribute to layers** पर क्लिक करते हैं।

अभ्यास

(अ) रिक्त स्थान भरिए—

1. प्रत्येक लेयर एक स्वरित.......................है, जहाँ एनिमेशन चलाया जाता है।
2. लेयर ड्रॉइंग ऑब्जेक्ट, ग्रुप या सिंबल के लिए.......................क्रम नियंत्रित करने के लिए विजुअल टूल उपलब्ध कराता है।
3. यदि आप कई चीजें एक साथ एनिमेट कराना चाहते हैं तो प्रत्येक को अलग से उसकी अपनी.......................पर रखिए।

(ब) सिंबल को पहचानिए—

1. .... 
2. .... 
3. .... 
4. .... 

(स) कई तीर धनुष से निकलकर बारी-बारी से इसे लक्ष्य पर मारने में एक मूवी बनाइए।

बहुविकल्पीय प्रश्न

निम्नलिखित चार विकल्पों में से सही विकल्प पर (✔) निशान लगाएँ।

1. ....का प्रयोग ग्राफिक को दूसरी ग्राफिक के ऊपर या नीचे रखने के लिए होता है।

अ. मूवी क्लिप सिंबल्स ब. लेयर्स

स. बटन सिंबल्स द. टाइमलाइन

2. फ्लैश में मल्टीपल लेयर वास्तव में........................होती है।

अ. सिंगल ब. मल्टीपल

स. अ और ब दोनों द. इनमें से कोई नहीं

3. प्रत्येक सिंबल के लिए लेयर बनाने के लिए शॉर्टकट है।

अ. टाइमलाइन पर बना लेयर बटन

ब. सभी ऑब्जेक्ट सिलेक्ट करके राइट क्लिप पर Distribute to layers

स. अ और ब दोनों द. इनमें से कोई नहीं

4. नई लेयर बनाने के लिए आइकन है

अ.  ब. 

स.  द. 

5. आप लेयर 1 पर अभी काम कर रहे हैं। जब आप नई लेयर जोड़ेंगे तो वह लेयर........................जुड़ जाएगी।

अ. ऊपर

ब. लेफ्ट क्लिक के लिए ऊपर राइट क्लिक के लिए नीचे

स. नीचे द. इनमें से कोई नहीं

6. लेयर 1 पर आपके पास तीन सिंबल हैं **(sym1, sym2, sym3)** आप इन सभी सिंबलों को सिलेक्ट करके राइट क्लिक करिए और **Distribute to layers** पर क्लिक करिए। सभी तीनों सिंबल्स 3 भिन्न लेयरों पर चले जाएँगे।

अ. नई लेयर का नाम Layer 2, Layer 3, Layer 4 होगा

ब. नई लेयर का नाम sym1, sym2, sym3 होगा

स. नई लेयर का नाम Layer 2.sym1, Layer3.sym2, Layer4.sym3 होगा

द. इनमें से कोई नहीं

13 एड्रेस बुक मैनेजमेंट

जीमेल में एडवांस्ड इ-मेल

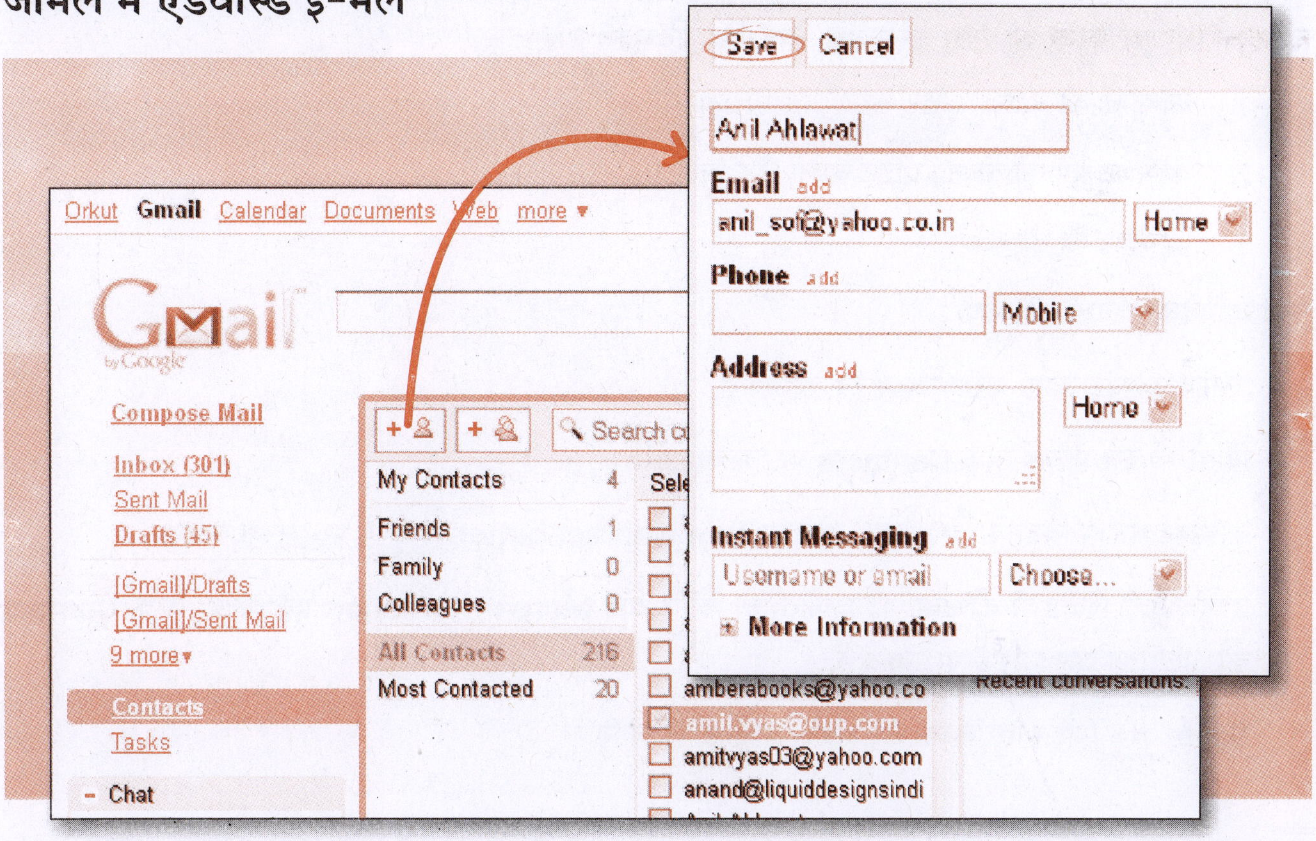

हम पिछली कक्षा में इ-मेल के बारे में पढ़ चुके हैं। हमने थोड़ा इ-मेल का प्रयोग भी किया है। क्या आप अपने मित्र, भाई बहन, चाचा आदि के इ-मेल एड्रेस भूल गए, जिनको आपने इ-मेल भेजा था?

इ-मेल एड्रेस को दुबारा याद करना काफी झुँझलाहट भरा हो सकता है और इसमें समय की काफी बरबादी भी होती है। और यदि आप उन सबको न याद कर सकें तो फिर क्या करेंगे। कोई बात नहीं, इसका भी हल है। जिन्हें कांटेक्स मैनेजर कहते हैं। ये उन सभी इ-मेल एड्रेस का रिकॉर्ड रखता है, जिन्हें आपने कभी जीमेल एकाउंट से मेल भेजा है। आइए, देखें कि हम इसे कैसे प्रयोग करते हैं।

कॉण्टेक्ट मैनेजर

एड्रेस बुक की तरह ही कॉण्टेक्ट मैनेजर उन लोगों तक पहुँचने की सुविधा देता है जिन्हें आप ढूँढ़ना चाहते हैं।

इसमें आपके सभी इ-मेल कॉण्टेक्ट स्टोर रहते हैं। जीमेल पेज के बाईं और **Contacts** पर क्लिक करके अपनी कॉण्टेक्ट की इन्फॉरमेशन खोलिए। इ-मेल एड्रेस आपकी कांटेक्स्ट लिस्ट में स्वत: ही जुड़ जाते हैं। और प्रत्येक बार जब आप Reply, Reply to all या Forward फंक्शन का प्रयोग करते हैं तो ये कॉण्टेक्ट लिस्ट से मिल जाते हैं। जब आप इ-मेल कंपोज करते हैं और इ-मेल एड्रेस To/CC/BCC में टाइप करना शुरू करते हैं तो आप देखेंगे कि स्वत: ही इ-मेल एड्रेस दिखाई देने लगेंगे, यदि ये

एड्रेस तुरंत ना आए तो थोड़ी देर प्रतीक्षा करिए या जीमेल एकाउंट से साइन आउट करके फिर से साइन इन करिए। प्रत्येक बार जब आप मेसेज को .... की तरह मार्क कर देते हैं। आप की कॉण्टेक्ट लिस्ट स्वत: ही अपडेट हो जाती है, जिससे प्रेषक द्वारा भेजे गए मेसेज को भविष्य में इनबॉक्स में प्राप्त किया जाता है।

कॉण्टेक्ट मैनेजर में आप नए कॉण्टेक्ट को स्वंय: भी ऊपर या नीचे जोड़ सकते हैं।

जीमेल में कॉण्टेक्ट मैनेजर का प्रयोग करके आप निम्न कार्य कर सकते हैं।

1. कॉण्टेक्ट को बनाना, एडिट करना और मिटाना
2. कॉण्टेक्ट ग्रुप को बनाना, एडिट करना और मिटाना
3. कॉण्टेक्ट को ढूँढ़ना।

नया कॉण्टेक्ट बनाने की स्टैप

1. जीमेल एकाउंट प्रयोग करके **साइन इन** करिए।
2. किसी भी पेज में बाईं तरफ **Contacts** पर क्लिक करिए।
3. कॉण्टेक्ट मैनेजर विंडो के ऊपर बाएँ कोने पर **New Contact button**  पर क्लिक करिए।
4. उपर्युक्त की फिल्ड में कॉण्टेक्ट की इन्फॉरमेशन भरिए आप **More Information** पर क्लिक करके **Contact** की अतिरिक्त जानकारियाँ भर सकते हैं।
5. **Save**  बटन पर क्लिक कर अपने कॉण्टेक्ट को जोड़िए।

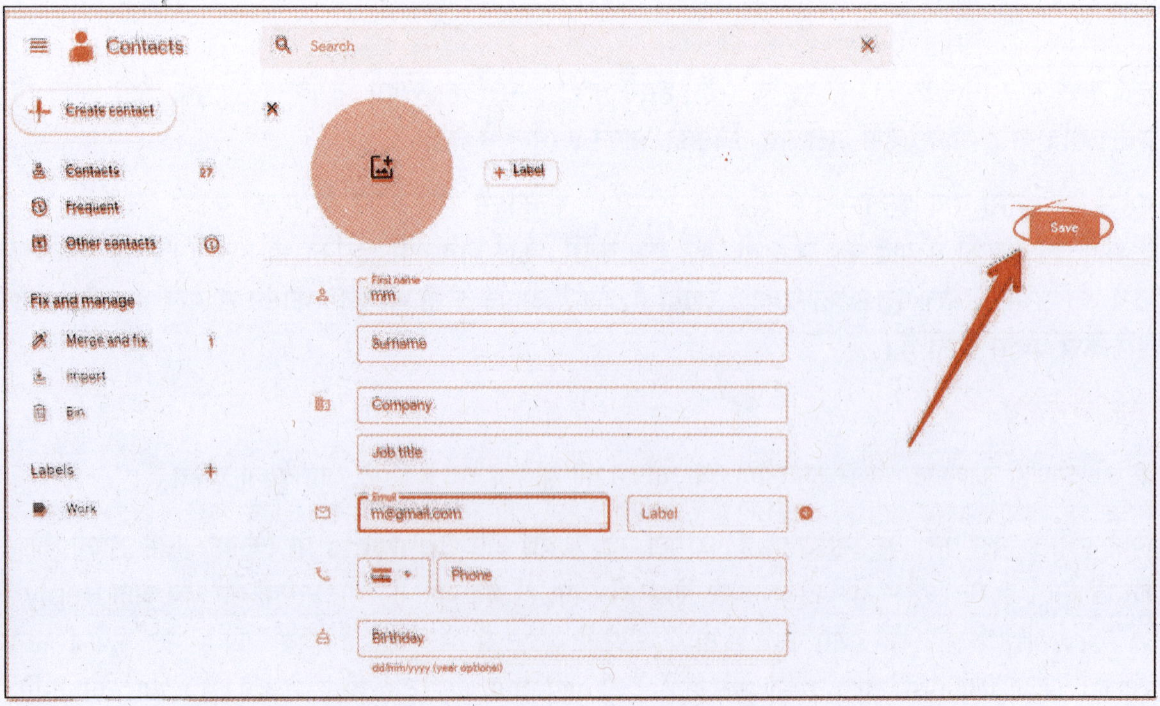

कॉण्टेक्ट एडिट करने की स्टेप्स

1. कॉण्टेक्ट लिस्ट में कॉण्टेक्ट चुनिए।

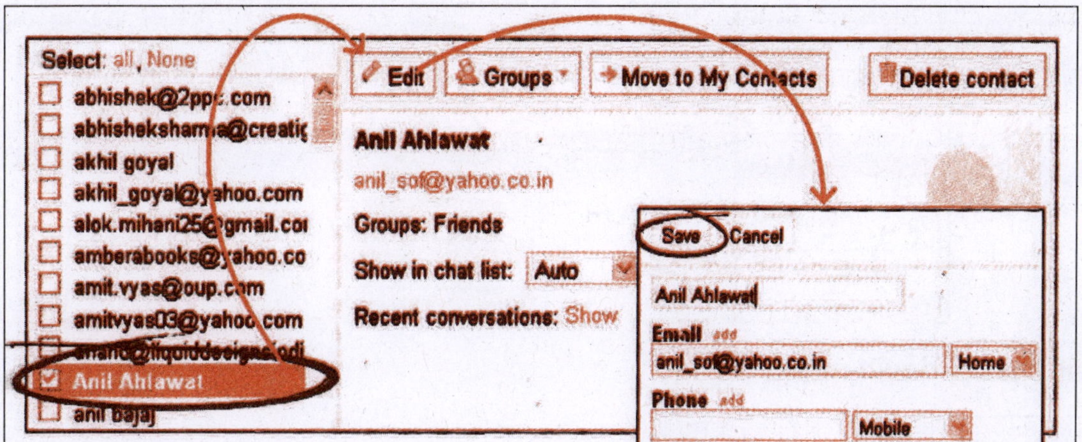

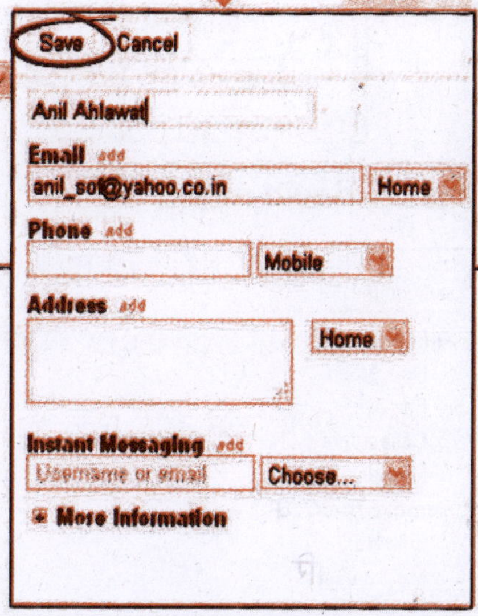

2. पेज के ऊपर **Edit** Edit बटन पर क्लिक करिए।
3. अपने मनचाहे बदलाव करिए।
4. पेज के ऊपर **Save** Save बटन पर क्लिक करिए।

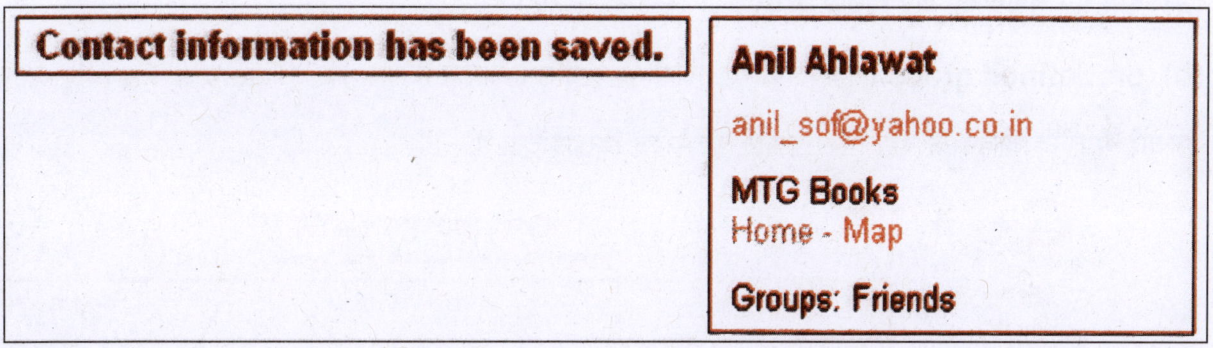

यदि आपको एक इ-मेल कई लोगों को भेजनी है तो या तो आप प्रत्येक इ-मेल एड्रेस को एक-एक करके चुनिए अथवा एक कॉण्टेक्ट ग्रुप बनाकर एक ग्रुप से संबंधित सभी एड्रेस उसमें रख सकते हैं जैसे स्कूल के मित्र कोचिंग सेंटर के मित्र, भाई-बहन आदि। एक बार जब आप इन्हें कॉण्टेक्ट ग्रुप में जोड़ लेते हैं, तो इस ग्रुप को सिलेक्ट कर लेने पर इसकी सूची के शामिल सभी इ-मेल एड्रेस पर स्वत: ही इ-मेल भेजी जाती ही या निश्चित ही चुस्त तरीका है। आइए, देखें कि कैसे करते हैं।

कॉण्टेक्ट ग्रुप में कॉण्टेक्ट जोड़ने की स्टेप्स

1. कॉण्टेक्ट लिस्ट में कॉण्टेक्ट चुनिए।

2. **Groups drop-down menu** खोलिए।

3. **Add to...** के नीचे आप सिलेक्ट चुनने के लिए ग्रुप सिलेक्ट कर सकते हैं।

   (a) नया ग्रुप बनाने के लिए **New group...** सिलेक्ट करिए।

   (b) **predefined group** सिलेक्ट करिए, जिसे आप जोड़ना चाहते हैं जैसे कि—Friends, Family आदि।

मनचाहे ग्रुप को जोड़ने के बाद निम्न प्रकार का मेसेज दिखाई देता है—

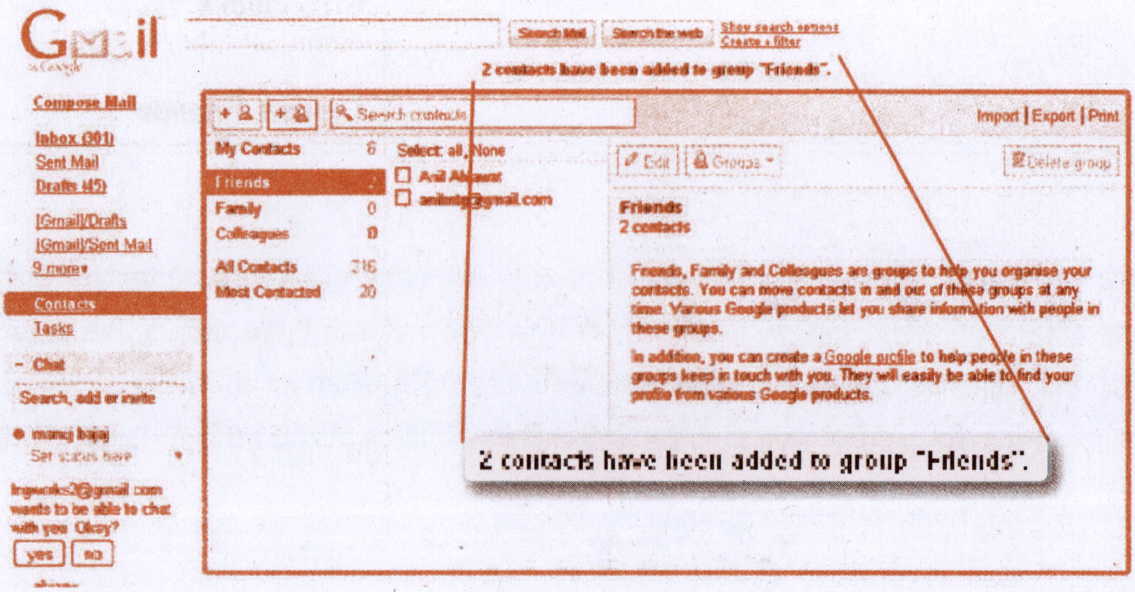

कॉन्टेक्ट ग्रुप से कॉण्टेक्ट हटाने की स्टैप

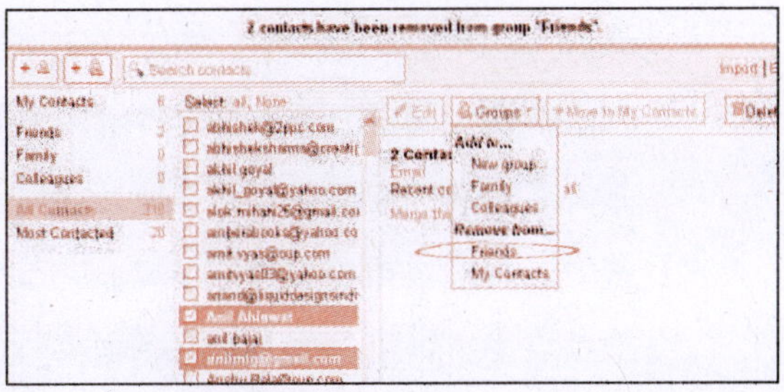

1. Contacts लिस्ट में कॉण्टेक्ट चुनिए।
2. Groups drop-down menu खोलिए।
3. अगर आप कॉण्टेक्ट लिस्ट को रिमूव करना चाहते हैं तो Remove from... के नीचे ग्रुप चुनिए।

कॉण्टेक्ट को स्थाई रूप से मिटाने के लिए स्टेप

1. कॉण्टेक्ट लिस्ट में कॉण्टेक्ट चुनिए।
2. पेज के ऊपर **Delete contact** बटन पर क्लिक करिए।
3. OK पर क्लिक करिए। कृपया ध्यान दीजिए कि कॉण्टेक्ट मिटाने के बाद उसे वापस नहीं पा सकते।

कॉण्टेक्ट को ढूँढ़ना

1. कॉण्टेक्ट सर्च बॉक्स में आप जिसे ढूँढ़ना चाहते हैं उसका नाम या इ-मेल एड्रेस दीजिए।

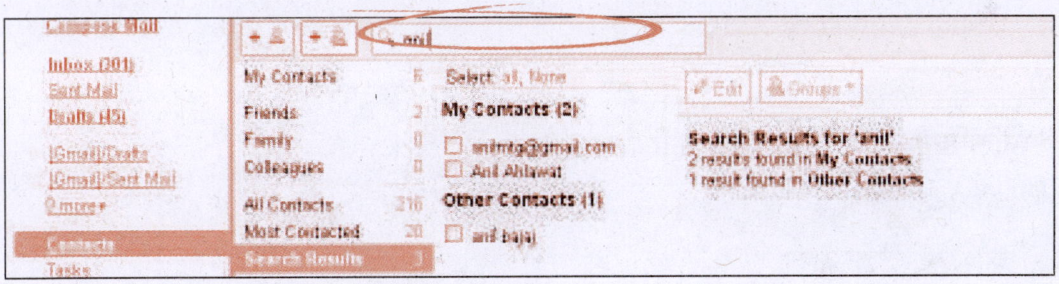

कॉण्टेक्ट को ढूँढ़ते समय निम्न इन बातों का ध्यान रखें—

अ. आप जैसा टाइप करेंगे, उसी से मिलते-जुलते परिणाम दिखाई देंगे।

ब. आप किसी व्यक्ति को उसके पहले और/या अंतिम नाम से ढूँढ़ सकते हैं।

स. आप डोमेन या यूजरनेम के आधार पर भी कॉण्टेक्ट को ढूँढ़ सकते हैं। उदाहरण के लिए 'gmail.com' से ढूँढ़ने पर gmail id वाले सारे कॉण्टेक्ट दिखाई देंगे।

द. अगर कॉण्टेक्ट में फोन नंबर या नोट्स दिए हुए हैं तो उनके आधार पर भी कॉण्टेक्ट ढूँढ़ सकते हैं।

आप अपने कॉण्टेक्ट को इंपोर्ट/एक्सपोर्ट और प्रिंट कर सकते हैं। आप कॉण्टेक्ट को दूसरे एप्लीकेशंस; जैसे माइक्रोसॉफ्ट आउट लुक एक्सप्रेस माइक्रोसॉफ्ट आउटलुक, याहूमेल आदि से प्राप्त कर सकते हैं। वैल्यू फाइल से इम्पोर्ट करके ला सकते हैं, यदि आपको अपना कॉण्टेक्ट move या copy करके दूसरे एप्लीकेशन का प्रयोग करता है तो आप एक्सपोर्ट जीमेल कॉण्टेक्ट का प्रयोग कर सकते हैं। **CSV** बहुत ही कॉमन फाइल फॉरमेट है, जिससे डेटा तरह-तरह के एप्लीकेशन में मूव किया जाता है। आप **CSV** फाइल एक्सेल में खोल सकते हैं और

याद करें

1. एड्रेस बुक की तरह कॉण्टेक्ट मैनेजर उन लोगों को प्राप्त करने में सहायता करता है, जिन्हें आप ढूँढ़ना चाहते हैं।
2. आप जीमेल में कॉण्टेक्ट मैनेजर का प्रयोग करके ये कार्य कर सकते हैं।
   - कॉण्टेक्ट को बनाना, एडिट करना और मिटाना।
   - कॉण्टेक्ट ग्रुप को बनाना।
   - एडिट करना या मिटाना।
   - ढंग से व्यवस्थित करना।

अभ्यास

उसके कॉण्टेक्ट देख सकते हैं या एडिट कर सकते हैं।

(अ) निम्न का वर्णन करिए—

1. .... 
2. .... 

(ब) निम्नलिखित कार्य के लिए स्टेप्स लिखिए—

1. कॉण्टेक्ट बनाना
2. कॉण्टेक्ट एडिट करना
3. कॉण्टेक्ट मिटाना
4. कॉण्टेक्ट ग्रुप बनाना
5. कॉण्टेक्ट ग्रुप एडिट करना
6. कॉण्टेक्ट ग्रुप मिटाना
7. कॉण्टेक्ट ढूँढ़ना

(स) कॉण्टेक्ट मैनेजर के लाभ लिखिए—

बहुविकल्पीय प्रश्न

निम्नलिखित चार विकल्पों में से सही विकल्प पर (✔) निशान लगाएँ।

1. ……………………ऑनलाइन एड्रेस बुक के समान है।

अ. इनबॉक्स	ब. कॉण्टेक्ट मैनेजर
स. कॉण्टेक्ट ग्रुप	द. इनमें से कोई नहीं

2. जीमेल में कॉण्टेक्ट मैनेजर का प्रयोग करके आप निम्न कार्य कर सकते हैं।

अ. कॉण्टेक्ट को बनाना, एडिट करना और मिटाना

ब. कॉण्टेक्ट ग्रुप को बनाना, एडिट करना और मिटाना

स. कॉण्टेक्ट ढूँढ़ना

द. उपर्युक्त सभी

3. जीमेल में कॉण्टेक्ट मैनेजर के लिए सही कथन पर टिक करिए।

अ. यदि एंटर किया गया है तो आप फोन नंबर ढूँढ़ सकते हैं।

ब. आप किसी व्यक्ति को पहले या अंतिम नाम से ढूँढ़ सकते हैं।

स. आप डोमेन या यूजर नेम से ढूँढ़ सकते हैं।

द. उपर्युक्त सभी

4. जीमेल में कॉण्टेक्ट मैनेजर में जब आप विभिन्न ग्रुप के नीचे कॉण्टेक्ट मार्क करते हैं—

अ. All contacts ग्रुप से कॉण्टेक्ट नहीं मिटता है

ब. All contacts ग्रुप से कॉण्टेक्ट मिटता है

स. All contacts ग्रुप से कॉण्टेक्ट हटता है

द. इनमें से कोई नहीं

5. आउट लुक से कॉण्टेक्ट डेटा जीमेल में मूव करने के लिए फाइल का फॉरमैट……………………प्रयोग करते हैं।

अ. TSV	ब. CSV
स. XLS	द. इनमें से कोई नहीं

6. जीमेल के कांटेक्ट……………………हो सकते हैं।

अ. दूसरे एप्लीकेशन से इंपोर्ट	ब. दूसरे
स. बैकप बनाने के लिए प्रिंट	द. उपर्युक्त सभी

उत्तरमाला

अध्याय 1

(अ) रिक्त स्थान भरो—

1. फाइल 2. Ctrl+P 3. पेपर, पेज सेटअप
4. मार्जिन 5. ऑप्शंस, टूल्स

बहुविकल्पीय प्रश्न

1. ब 2. द 3. द 4. अ

अध्याय 2

बहुविकल्पीय प्रश्न

1. ब 2. ब 3. अ 4. अ 5. ब 6. अ

अध्याय 3

बहुविकल्पीय प्रश्न

1. ब 2. ब 3. ब 4. अ 5. द 6. स

अध्याय 4

(ब) रिक्त स्थान भरो—

1. आर्क लेंथ 2. स्टैंडर्ड 3. इंसर्ट

बहुविकल्पीय प्रश्न

1. ब 2. ब 3. अ

अध्याय 5

(अ) रिक्त स्थान भरो—

1. स्टार्ट, रन 2. एंड 3. कंट्रोल
4. .vbp, .frm 5. प्रोपर्टीज

बहुविकल्पीय प्रश्न

1. ब 2. अ 3. ब 4. द 5. ब 6. स

अध्याय 6

(अ) रिक्त स्थान भरो—

1. Ctrl + N 2. .frm, .vbp 3. F5

बहुविकल्पीय प्रश्न

1. ब 2. अ 3. अ 4. स

अध्याय 7

(अ) रिक्त स्थान भरो—

1. इंटर्नल 2. कैप्शन 3. फॉण्ट 4. बैक स्टाइल 5. बॉर्डर स्टाइल

बहुविकल्पीय प्रश्न

1. ब 2. अ 3. स 4. अ 5. द 6. ब 7. अ

अध्याय 8

(अ) रिक्त स्थान भरो—

1. सही, गलत 2. बैककलर 3. फोरकलर 4. इमेज
5. Exe फाइल 6. टाइमर

बहुविकल्पीय प्रश्न

1. स 2. ब 3. ब 4. ब 5. स 6. ब

अध्याय 9

(अ) रिक्त स्थान भरो—

1. ब्रस, पेप्ट बकेट 2. टेक्स्ट 3. फोरकलर 4. लाइन, पेंसिल
5. Ctrl + S 6. Ctrl + N

बहुविकल्पीय प्रश्न

1. ब 2. ब 3. अ 4. ब 5. ब 6. अ 7. अ
8. ब 9. ब 10. अ

अध्याय 10

(अ) रिक्त स्थान भरो—

1. सिंबल्स 2. F8 3. इंसटेंस 4. मास्टर, इंसटेंस
5. लाइब्रेरी, इंसटेंस 6. टाइमलाइन

बहुविकल्पीय प्रश्न

1. द 2. अ 3. ब 4. ब 5. अ 6. स 7. स
8. स 9. स 10. ब

अध्याय 11

(अ) रिक्त स्थान भरो—

1. ब्राइटनेस 2. टिंट 3. अलफा 4. एडवांस्ड

बहुविकल्पीय प्रश्न

1. स 2. ब 3. अ 4. ब 5. स 6. द 7. द
8. अ 9. अ 10. स

अध्याय 12

(स) रिक्त स्थान भरो—

1. टाइमलाइन 2. स्टेकिंग 3. लेयर

बहुविकल्पीय प्रश्न

1. ब 2. ब 3. ब 4. ब 5. अ 6. ब

अध्याय 13

बहुविकल्पीय प्रश्न

1. ब 2. द 3. द 4. अ 5. ब 6. द